本丛书由贵州师范大学博士点建设专项资金资助出版

本书为贵州师范大学博士科研启动费项目"宗教与冷战初期的美苏外交研究（1945—1953）"［社科博2013（19）］的最终成果

中国特色政治文明建设研究丛书

宗教与冷战初期的美苏外交研究（1945—1953）

贾付强 著

ZONGJIAO YU LENGZHAN CHUQI DE
MEISU WAIJIAO YANJIU (1945—1953)

中国社会科学出版社

图书在版编目(CIP)数据

宗教与冷战初期的美苏外交研究：1945～1953 / 贾付强著. —北京：中国社会科学出版社，2015.7
（中国特色政治文明建设研究丛书）
ISBN 978-7-5161-6419-8

Ⅰ.①宗… Ⅱ.①贾… Ⅲ.①宗教-影响-美俄关系-研究-1945～1953 Ⅳ.①D871.22②D851.22

中国版本图书馆 CIP 数据核字(2015)第 146932 号

出 版 人	赵剑英
责任编辑	田　文
特约编辑	丁玉灵
责任校对	董晓月
责任印制	王　超

出　　版	中国社会科学出版社
社　　址	北京鼓楼西大街甲 158 号
邮　　编	100720
网　　址	http://www.csspw.cn
发 行 部	010-84083685
门 市 部	010-84029450
经　　销	新华书店及其他书店
印刷装订	三河市君旺印务有限公司
版　　次	2015 年 7 月第 1 版
印　　次	2015 年 7 月第 1 次印刷
开　　本	710×1000　1/16
印　　张	14
插　　页	2
字　　数	241 千字
定　　价	49.00 元

凡购买中国社会科学出版社图书，如有质量问题请与本社营销中心联系调换
电话：010-84083683
版权所有　侵权必究

《中国特色政治文明建设研究丛书》
编委会

主　　任：韩　卉　　李建军
执行主任：唐昆雄　　陈华森
委　　员：韩　卉　　李建军　　唐昆雄
　　　　　陈华森　　朱健华　　杨　芳
　　　　　欧阳恩良　阳黔花　　黎　珍
　　　　　岳　蓉

总　　序

"政者，正也。"政治文明是人类社会政治观念、政治制度、政治行为的进步过程以及所取得的进步成果。高度的政治文明，是有史以来人类共同憧憬的美好梦想。政治文明建设通过上层建筑的能动作用，推动公共权力的规范运行、社会治理体制机制的优化、社会共识的凝聚、社会资源的优化配置、社会力量的整合，为人类社会的持续进步提供丰沛的能量，为人们的社会福祉提供坚强的保障。

在人类文明奔涌不息的历史长河中，中华民族以深邃的政治智慧和深入的政治实践，为世界政治文明作出了独特的巨大贡献。历经两千多年的科举考试制度，就是古代中国政治文明的创举，并作为西方国家选修的范本，成就了西方的文官制度。新中国建立以来，中国人民立足中国国情、解决中国问题，在政治建设、经济建设、社会建设、文化建设、生态建设进程中，探索、确立、完善人民民主的政治进步成果，创造了令世界瞩目、具有中国特色的政治文明形态和制度体系。如今，"北京共识"获得了国际学界的广泛认可；"言必称孔子"成为西方社会的时尚。

"路漫漫其修远兮，吾将上下而求索。"进一步推进中国特色政治文明建设，以促进物质文明建设、精神文明建设、社会文明建设、生态文明建设，实现中华民族的伟大复兴，仍然是一项长期而艰巨的历史任务，也是每一个中国政治学人义不容辞的历史使命。为此，贵州师范大学聚集了一批年富力强、志趣高远的政治学人，他们以推进中国特色政治文明建设为己任，立足中国现实国情，深入中国现实社会，传承中国政治文明传统，借鉴西方政治文明成果，从丰富的多学科视角展开理论探讨和实践总结。《中国特色政治文明建设研究丛书》的出版，既是其研究成果的展示，更是引玉之砖，欢迎学界同仁评头品足、指点迷津，共同为推进中国特色政治文明建设、为人类社会的和谐和平与发展进步，贡献智慧和力量。

本丛书编委会
2015 年 1 月

序

  宗教、外交、国际关系目前在国内外均可堪称热门学科，有关论著可说是不胜枚举。但在过去关于宗教与外交、或宗教与国际关系的论著却屈指可数，宗教与此两大学科之间并无多少交集，形同"两股道上跑的车"。乔治·华盛顿大学著名美国外交史专家、复旦大学美国研究中心访问教授利奥·P. 里布福（Leo P. Ribuffo）曾指出，在21世纪的头10年，美国致力于研究宗教与美国外交的学者不会超过5位，而美国的"政治和外交史学者几乎一点也不知道像乔治·马斯登（George Marsden）和马克·诺尔（Mark Noll）这种重要的［宗教］学者"。此种"隔行如隔山"的现象在国际关系研究上同样存在，据此本人曾戏称被启蒙主义、理性主义和地缘政治考量所深度渗透的国际关系研究领域是"宗教无用论"的"重灾区"。

  然而，随着20世纪下半期全球性特别是发展中国家和地区的宗教复兴，以及宗教驱动的国际恐怖主义浪潮的来临，尤其是彻底打破长期以来隔离宗教与外交以及国际关系关联性的传统研究范式的九·一一恐袭事件的发生，在很大程度上催生了国际学界对宗教与外交和国际关系的关联性研究，有关论著大量涌现。以宗教与美国外交为例，除了本书在书目中所列举的论著外，尚有该领域长达832页的通史性和标志性巨著《灵魂之剑，信仰之盾——美国战争与外交中的宗教》（Andrew Preston, *Sword of the Spirit, Shield of the Faith: Religion in American War and Diplomacy*, New York: Knopf, 2012, 该书罗辉博士的中译本即将由人民出版社出版），以及反映该领域主要研究成果的文献选编《宗教与美国外交：基本读本》（Dennis R. Hoover and Douglass M. Johnston, eds., *Religion and Foreign Policy: Essential Readings*, Waco, Texas: Baylor University Press, 2012），而国内在相关领域的跟踪介绍和学术研究也取得了较快进展，这些都为国内宗教与外交及国际关系的跨学科研究奠定了基础。

  具体到冷战史研究领域，长期以来以地缘政治为核心的外交战略一直是研究者关注的焦点，而宗教因素则遭轻视和忽略。实际上，宗教领域在冷战期间并非"波澜不惊",而是"暗流汹涌"。上述《灵魂之剑,信仰之盾——美国战争与外交中的宗教》一书的作者安德鲁·普雷斯顿就在较大的程度上道出了其中的原委,即"冷战"不同以往战争的"革命性本质",也就是超级大国之间直接对抗的巨大风险和实际缺席,这便为其他竞争和冲突手段留下了空间,从而也为宗教和文化因素介入美国外交提供了可能性。因此,在任何其他非宗教性战争中极少采用的在宗教和文化领域的对抗在冷战期间反而被激活,从而使冷战带有一定的"宗教冷战"和"文化冷战"的色彩。只不过在带有世俗主义偏见的学术研究界的视野中,此种色彩不那么彰显而已。

"宗教冷战"虽非贾付强博士首先提出,却是本书的主线。冷战期间宗教影响美国外交政策或导致美苏博弈和直接对抗、甚至改变国际关系整体格局的主要事件,是1948年美苏承认以色列国,以及围绕苏联犹太人移民问题的斗争,其高峰是1973美国国会通过"杰克逊—瓦尼克法";而1983年美国天主教会关于核军备问题的题为"和平的挑战"主教牧函,则被认为是宗教团体方面影响美国公共政策和在国际事务领域发挥重要作用的界定性文件。贾付强博士并未选择去深耕这些已有较多研究成果的领域,而是把研究的视野转向宗教因素在美苏冷战政策形成过程中的影响和作用,并分别通过分析美国对外战略的"心脏地带"、"危险地带"、"边缘地带",苏联在"西方国家"、"卫星国"、"中东国家"的宗教活动等一些人们较少关注的个案,以及对美苏在冷战初期总体宗教战略进行比较研究,来演绎"宗教冷战"的主题。这一叙事和研究策略的运用倒也别开生面,并且使本研究超越美国外交史而具有一定的国际关系史气象。

不过研究"宗教冷战",或"美苏宗教冷战史",国内学者还要面临着不少研究上的困难以及该议题本身所固有的研究瓶颈。首先是美苏在宗教领域是否开展了全球范围的竞争和冲突。安德鲁·普雷斯顿在讨论包括冷战在内的美国外交史中的宗教因素时用了"宗教征战"(Crusade,亦可译成十字军讨伐、圣战等,不过"圣战"太容易引起当代而非中世纪的联想)一词,但美国在冷战期间宗教征战或宗教讨伐主要针对的是苏联共产主义意识形态,并且把无神论与共产主义意识形态划等号,因此宗教便成了反共意识形态工具和遏制政策的思想基础之一,美国杜鲁门政府和所谓公民宗教的拥护者竭力想要在"共产主义的无神论性质与美国国民性的宗教基础之间"划出清晰的界限,打出宗教旗号来进行社会和国际动员。而苏联政府与苏联东正教会则凭借"第三罗马"等传统宗教符号和所谓"新旧罗马之争"来扩张其政治和宗教势力范围，统一和收编境内外尤其是东欧卫星国内的东正教会或东仪天主教会，并通过东正教会在国际上开展公共外交。但苏联及其当时的社会主义阵营对抗以美国为首的北约，以及在世界范围内与资本主义阵营展开的"思想战"、"形象战"和"心灵争夺战"的主要武器，恐怕仍是世俗的共产主义意识形态，而且恐怕也并非主要透过"宗教棱镜"来看待美国。因此，把冷战称为"人类历史上最大的宗教战争之一，即有神论者和无神论者的全球冲突"（本书所引戴安娜·柯比语）失之于夸张，除非像不少西方人士那样把共产主义意识形态视为宗教或化约为无神论，以及把无神论视为彻底的反宗教主张。冷战期间东西方的"两军对垒"在宗教领域所运用的主要是"迂回战术"而非"遭遇战"。因此，冷战的宗教面向及宗教因素，或宗教是冷战的一大特点等提法，要比"宗教冷战"来得妥当。

其次是作为外交史或国际关系史研究，对资料和语言工具的掌握尤为重要。外交史研究重史料挖掘，国际关系研究重范式建构，作为介于两者之间的国际关系史，在学术诉求上则具有较多的综合性。在史料搜寻上虽不用"上穷碧落下黄泉"，但有关历史档案等第一手资料却也不可或缺，对现有研究成果等文献资料的要求则更高；在学术探索上虽不特别强调理论创新，但对现有国际关系理论的运用、论证、批评和修正，则是题中之义。国际关系史研究的跨国家、跨学科、跨语种、跨档案的学术要求，往往使有经验的学者望而却步。本书在国际关系史研究上作了大胆的尝试，并且在史料搜寻和理论探索上都下了一定的功夫且有一定的技术含量，反映了作者在相关领域的研究素养，但相比于成熟的国际关系史论著，则仍有改进之余地。

最后，如何评估宗教对外交和国际关系的影响从来就是一个难题，这与宗教的诸多属性有关。如宗教具有"虚实性"，具有意识形态和组织形态两大层面，在学术研究上也兼具人文和社科两大属性。作为意识形态的宗教虽极为重要，但与强调实证的社会科学却不太兼容。宗教又具有"双重性"或"多重性"：既可以成为"圣战工具"，又可以成为"和平使者"；既可以是对外扩展和征伐的"灵魂之剑"，又可以是倡导和平和反战主义的"信仰之盾"。各种文献资料均表明，在冷战初期，宗教对美国反共政治动员的作用力和反作用力同样强大，如包括几乎所有派别的美国基督教会、尤其是美国基督教协进会以及世界基督教协进会的强烈反对，致使杜鲁门政府为与梵蒂冈建立反共宗教统一战线而召开世界宗教峰会的计划最终流产。而美国的政教分离传统无疑也是对美国政府实施其宗教遏制政策的巨大牵制。同样，苏联政体的无神论性质和粗犷的国内宗教政策也使其实施宗教战略的能力大打折扣。本书对此均有所论及。宗教还具有较大的"依附性"：宗教在国际舞台上兼具"配角"和"主角"的双重身份。"配角"是宗教在国际关系中所扮演的主要角色。无论其作用或功能是正还是负，宗教在各种国际冲突中很少是单独起作用的，它通常所发挥的是推波助澜的"放大器"或"助推器"作用。鉴于宗教的上述属性，除非在某些个案上进行大量文献和口述资料考证，要在宗教与外交和国际关系事件之间建立某种因果链，决非易事。因此，如本书所论证的那样，我们完全可以把宗教视为冷战的"一个因素"，但这一因素究竟起多大，是因素之一、主要因素还是关键因素，大多数有关论著对此均语焉不详，给不出确切答案。这便是宗教与外交和国际关系难点和弱点所在。

  本书是贾付强博士在其博士论文的基础上完成的，是国内相当少见的关于宗教与冷战的论著。作为其博士论文指导老师，本人在此对贾付强博士表示衷心的祝贺。

徐以骅

2015 年 1 月 28 日于上海西郊寓所

目 录

导 论 …………………………………………………………………（1）
  一 选题的缘起 ………………………………………………………（1）
  二 关于本书的文献综述 ……………………………………………（8）
  三 研究主旨、观点、方法、创新点及资料来源 …………………（16）

第一章 冷战前美苏两国的"宗教遗产" …………………………（19）
  第一节 "天赋使命":冷战前美国的"宗教遗产" ………………（19）
    一 "山巅之城":殖民地时期的宗教精神 ……………………（20）
    二 "天定命运":美国"大陆扩张"的宗教动力 ………………（22）
    三 "基督使者":美国"海外扩张"的宗教理念 ………………（24）
  第二节 "战略资产"抑或"战略负担"?冷战前苏联的
        "宗教遗产" …………………………………………………（27）
    一 "战略负担":卫国战争前的俄罗斯东正教会 ……………（28）
    二 "战略资产":卫国战争时期的俄罗斯东正教会 …………（32）
  小结 …………………………………………………………………（37）

第二章 冷战初期美苏外交的宗教战略及行动 …………………（40）
  第一节 冷战初期美国外交的宗教战略及行动 …………………（40）
    一 国际反共"宗教战线":冷战初期美国外交的宗教战略 …（41）
    二 "重点捕鱼":美国建立国际反共"宗教战线"的行动 …（44）
  第二节 冷战初期苏联外交的宗教战略及行动 …………………（49）
    一 "第三罗马":冷战初期苏联外交的宗教战略 ……………（50）
    二 反"旧"反"新":苏联建立"第三罗马"的行动 ………（52）
  小结 …………………………………………………………………（58）

第三章 宗教与冷战初期的美国外交 ……………………………（61）
  第一节 "遏制"敌人:宗教与美国对"心脏地区"国家的
        外交 …………………………………………………………（62）

  一 美国对"心脏地区"国家的外交目标及策略 …………… (63)
  二 东正教与美国对"心脏地区"国家的外交 ……………… (66)
 第二节 拉拢"盟友"：宗教与美国对"危险地带"意大利的
    外交 ………………………………………………………… (69)
  一 美国对"危险地带"意大利的外交目标及策略 ………… (70)
  二 天主教与美国对"危险地带"意大利的外交 …………… (74)
 第三节 争夺"第三者"：宗教与美国对"边缘地带"泰国的
    外交 ………………………………………………………… (79)
  一 美国对"边缘地带"泰国的外交目标及策略 …………… (80)
  二 佛教与美国对"边缘地带"泰国的外交 ………………… (83)
 小结 ……………………………………………………………………… (86)

第四章 宗教与冷战初期的苏联外交 ……………………………… (88)
 第一节 培植"亲己者"：俄罗斯东正教会与苏联对西方国家的
    外交 ………………………………………………………… (88)
  一 苏联对西方国家的外交目标及策略 …………………… (90)
  二 俄罗斯东正教会与苏联对西方国家的外交 …………… (94)
 第二节 巩固盟友：俄罗斯东正教会与苏联对"卫星国"的
    外交 ………………………………………………………… (99)
  一 苏联对"卫星国"的外交目标及策略 ………………… (100)
  二 俄罗斯东正教会与苏联对"卫星国"的外交 ………… (106)
 第三节 争夺"第三者"：俄罗斯东正教会与苏联对中东国家的
    外交 ………………………………………………………… (112)
  一 苏联对中东国家的外交目标及策略 ……………………… (112)
  二 俄罗斯东正教会与苏联对中东国家的外交 …………… (117)
 小结 ……………………………………………………………………… (120)

第五章 异曲同工：宗教与冷战初期的美苏外交 …………………… (124)
 第一节 不约而"同"：宗教与冷战初期的美苏外交……………… (125)
  一 指导思想之"同"：宗教是一种外交工具 …………… (125)
  二 主要目的之"同"：为本国外交提供"合法性" ……… (127)
  三 服务领域之"同"：舆论宣传领域 ……………………… (129)

第二节 两者之"异":宗教与冷战初期的美苏外交 …………… (132)
- 一 地缘宗教战略之"异":"全球战略"与"地区战略" ……………………………………………………… (133)
- 二 宗教策略之"异":"求同存异"与"求异存同" ……… (134)
- 三 政府主导程度之"异":美"弱"苏"强" …………… (136)

第三节 "以史为镜":美苏案例的启示 ……………………… (139)
- 一 重叠与交错:一国信仰版图与政治版图的画卷 ……… (139)
- 二 一国权力之源:教会之间的"依附"关系 …………… (142)
- 三 宗教:一种重要的外交资源 …………………………… (144)
- 四 "宗教外交":一国增强"软实力"的可行手段 ……… (149)

小结 …………………………………………………………… (152)

结语 冷战:一场"宗教冷战"? ……………………………… (154)
- 一 冷战:一场美苏之间的"宗教对弈" …………………… (155)
- 二 冷战:教会之间博弈的"新舞台" ……………………… (157)
- 三 宗教:冷战舞台上的"配角"与"主角" ……………… (159)

参考文献 ……………………………………………………… (162)

附录一 关于美国信息交流项目中道德与宗教因素的报告 ……… (194)

附录二 卡尔波夫致苏联人民委员会斯大林同志的报告 ………… (204)

后记 …………………………………………………………… (210)

导　　论

一　选题的缘起

1991年12月25日，苏联总统米哈伊尔·戈尔巴乔夫（Mikhail S. Gorbachev）在电视演说中表示："鉴于独立国家联合体成立以后的情况，我终止自己以苏联总统身份进行的活动……我这是最后一次以总统的身份在大家面前发表演讲，我认为有必要说出自己对1985年以来所走过的道路的评价。"① 戈尔巴乔夫发表电视讲话的当晚19时38分，飘扬在克里姆林宫上空的苏联镰刀和锤子国旗徐徐降落，宣告成立于1922年12月30日的苏维埃社会主义共和国联盟"寿终正寝"，也标志着自第二次世界大战以降持续40多年的冷战正式结束。虽然冷战已终结20多年，世界也由冷战时期的两极格局演化为当今的"一超多强"格局②，但研究冷战时期的国际关系仍然是冷战史研究、国际关系研究的热门议题。其中，研究美苏两个超级大国利用各种资源，特别是利用宗教资源开展的外交博弈是一个十分值得研究的重要议题。研究"宗教与冷战初期③的美苏外交"问题有以下四个方面的原因：

（一）冷战：一场远未终结的辩论

自冷战伊始，冷战时期的国际关系就一直是国内外学界研究的焦点，

---

① "告苏联公民书"（代序），1991年12月25日，载［俄］米·谢·戈尔巴乔夫《戈尔巴乔夫回忆录》（全译本），述弢等译，社会科学文献出版社2003年版，第1页。

② 关于冷战后的世界格局，学者们有不同的看法。一些学者认为冷战后的世界是美国"一超独霸"的世界，一些学者认为冷战后的世界是"多极世界"，一些学者则认为冷战后的世界是"一超多强"的世界，还有学者认为冷战后的世界是美国与中国共治的世界。

③ 关于"冷战"的起止时间，学界有不同的观点。有学者把"杜鲁门主义"视为冷战的"序幕"，也有学者将1946年4月定为"冷战"的起点，而兰德尔·B. 伍兹等把"冷战"的起点定为1945年2月的雅尔塔会议，认为该次会议把欧洲分裂为东西方两大阵营，唐纳德·E. 戴维斯等则把"冷战"的起点推前至1917年。对此，笔者赞成兰德尔·B. 伍兹等的观点，认为雅尔塔会议实为冷战奠定了基础。参见 William H. McNeill, *America, Britain and Russia, Their Cooperation and Conflict 1941-1946*, London: Oxford University Press, 1953; Randall B. Woods & Howard Jones, *Downing of the Cold War*, Athens: The University of Georgia Press, 1991; H. Jones, *Quest for Security—A History of U. S. Foreign Relations*, New York: The McGraw-Hill, 1996; Caroline Kennedy Pipe, *Stalin's Cold War—Soviet Strategies in Europe, 1943 to 1956*, Manchester and New York: Manchester University Press, 1995;［美］唐纳德·E. 戴维斯、尤金·P. 特兰尼《第一次冷战：伍德罗·威尔逊对美苏关系的遗产》，徐以骅等译，北京大学出版社2007年版。

出版的相关著述汗牛充栋。学者们讨论了各种与冷战紧密相关的议题,并由此诞生了冷战史学的几大学派,如传统派（traditionalist school）、修正派（revisionist school）、新修正派（neo-revisionists）以及"新冷战史学"（the new cold war history）。以约翰·斯帕尼尔（John W. Spanier）和小阿瑟·施莱辛格（Arthur Schlesinger, Jr.）等为代表的传统派认为,战后斯大林时代的苏联对外政策目标是扩大苏联的势力范围,并试图通过国际共产主义运动来统治全世界,而美国的一系列对外政策是对苏联扩张的反应。因此,苏联是冷战得以发生的罪魁祸首,应为冷战担负首要责任。① 以威廉·威廉姆斯（William A. Williams）和大卫·霍洛维茨（David Horowitz）等为代表的修正派的观点则与以约翰·斯帕尼尔为代表的传统派的观点截然相反,认为冷战是战后美国对外政策的必然产物,而苏联的对外政策是一种自卫的表现。② 以卡罗琳·肯尼迪派普（Caroline Kennedy-Pipe）等为代表的"新修正派"认为,冷战是美苏双方对外政策相互作用、多种因素综合影响的产物,美苏双方对战后世界局势与对方的战略意图都存在误判。③ 80年代末90年代初,随着一些国家外交档案,特别是苏联与原中东欧社会主义国家外交档案的逐渐解密,"新冷战史学"逐

---

① Thomas A. Bailey, *America Faces Russia: Russian-American Relations from Early Times to Our Day*, New York: Cornell University Press, 1950; Herbert Feis, *From Trust to Terror: The Onset of the Cold War*, 1945—1950, New York: WW Norton, 1970; Hugh Thomas, *Armed Truce: The Beginning of the Cold War*, 1945—1946, London: H. Hamiton, 1986; John W. Spanier, *American Foreign Policy Since World War II*, Washington D. C.: CQ Press, 1992; Arthur M. Schlesinger, Jr., "The Origins of the Cold War", *Foreign Affairs*, 46 (October 1967), pp. 22 – 52.

② William A. Williams, *The Tragedy of American Diplomacy*, Cleveland: World, 1961; David Horowitz, *The Free World Colossus: A Critique of American Foreign Policy in the Cold War*, New York: Hill & Wang, 1965; Walter Le Feber, *America, Russia, and the Cold War*, New York: McGraw-Hill, 1967; Stephen E. Ambrose, *Rise to Globalism: America Foreign Policy: 1938—1970*, London: Penguin, 1971; Joyce and Gabriel Kolko, *The Limits of Power: The World and United States Foreign Policy*, 1945—1954, New York: Harper & Row, 1972; [苏] 谢沃斯季扬诺夫主编:《美国现代史纲》,生活·读书·新知三联书店1978年版;张宏毅、董宝才:《也谈二战后期冷战的责任者问题》,载《历史教学》1990年第9期,第23—29页。

③ John Lewis Gaddis, *The United States and the Origins of Cold War*, 1941—1947, New York: Columbia University Press, 1972; Caroline Kennedy-Pipe, *Stalin's Cold War: Soviet Strategies in Europe*, 1943 to 1956, Manchester and New York: Manchester University Press, 1995; 时殷弘:《美苏从合作到冷战》,华夏出版社1988年版;叶江:《斯大林的战后世界体系观与冷战起源的关系》,载《历史研究》1999年第4期,第52—65页;张盛发:《论苏联在冷战形成中的举措》,载《上海师范大学学报》1995年第1期,第104—109页;白建才:《论冷战的起源》,载《陕西师大学报》1995年第4期,第35—42页。

渐兴起。学者们在利用多国档案进行研究的基础上，或认为战后苏联的外交政策导致了冷战①，或持"综合作用论"②，或倾向于认为美国应对冷战担负首要责任③，等等。然而，正如有学者指出的那样，虽然冷战已结束20多年，但学术界对冷战的讨论依然是"一场远未终结的辩论"④，对冷战时期国际关系的研究依然是国内外学界研究的热点问题之一。

（二）宗教："威斯特伐利亚的放逐"到冷战后的"回归"

1648年欧洲"三十年宗教战争"结束后，战争双方签订了《威斯特伐利亚和约》（Peace of Westphalia）。和约的"去宗教化"⑤导致宗教被排除在威斯特伐利亚国际关系体系之外。但从20世纪60年代尤其是冷战结束以来，宗教影响在全球范围内又迅速增长。⑥ 世界三大传统宗教——基督教、伊斯兰教和佛教——不但在发生大规模"复兴"，而且民间宗教、新兴宗教也发展迅速。美国皮尤研究中心2012年12月发布的宗教与公共生活调查报告显示，在全球69亿人口中，基督宗教徒占世界总人口的31.5%，达到22亿人；穆斯林人口占世界总人口的23.2%，超过16亿人；佛教徒占世界总人口的7.1%，也近5亿人。此外，印度教教徒占世界总人口的15.0%，民间宗教信仰者也达世界总人口的5.9%。⑦ 英国著名差传统计学家托德·约翰森（Todd M. Johnson）等发布的2011年全球差传数据还表明，2011年全球信教人口仍在不断增长，而无宗教信仰者和"无神论者"的数量则呈下降趋势。⑧ 肯·达克（Ken R. Dark）也认为，如果目前的大规模全球宗教复兴速度能够持续，那么到2020年，

---

① John Lewis Gaddis, *We Now Know：Rethinking Cold War History*, Oxford：Clarendon Press, 1997.
② ［美］雷蒙德·加特霍夫：《冷战史：遏制与共存备忘录》，伍牛、王薇译，新华出版社2003年版。
③ 沈志华：《冷战的起源：战后苏联的对外政策及其转变》，九州出版社2013年版。
④ 冯绍雷：《一场远未终结的辩论——关于苏联解体问题的国外学术诠释》，载《世界经济与政治》2012年第3期，第138—155页。
⑤ 钮松：《超越威斯特伐利亚体系——国际体系中的宗教合法性问题》，《中国社会科学报》2012年9月12日。
⑥ 徐以骅：《宗教与当代国际关系》，载《国际问题研究》2010年第2期，第44—49页。
⑦ Pew Research Center's Forum on Religion & Public Life, Global Religious Landscape, December 2012, p. 9.
⑧ Todd M. Johnson, et al., Christianity 2011：Martyrs and the Resurgence of Religion, *International Bulletin of Missionary Research*, Vol. 35, No. 1 (January 2011), p. 29.

世界人口的 54.2% 将是基督徒，36.76% 的人口将是穆斯林。① 此外，全球化和信息技术的发展还进一步造成和加剧了宗教基要主义、政治伊斯兰、种族/宗教散居社会、宗教非政府组织、宗教恐怖主义、宗教人权运动等跨国宗教运动。② 这些跨国宗教运动对传统的威斯特伐利亚国际关系体系构成了重大挑战，而冷战后的巴以冲突、科索沃冲突、"9·11"事件等重大国际事件均凸显了宗教因素在国际关系中的重要性。因此，有学者表示，宗教已从"威斯特伐利亚的放逐"回归"国际关系的中心"③。还有学者认为，在冷战后，"不理解宗教就无法理解国际关系"④。而笔者要指出的是，早在冷战初期，宗教就已重返国际舞台，并成为美苏两国的一种外交工具。现在，不少学科的学者都承认，"在整个冷战时期，包括从战后初期欧洲的分裂到四十多年后共产主义在东欧与苏联的崩溃，宗教都是冷战的一个因素"⑤。因此，如若忽视或抛开宗教因素，将很难全面、有效地理解冷战初期的国际关系。

（三）宗教"无用论"：国际关系研究对宗教的忽视

虽然英国著名历史学家阿诺德·约瑟夫·汤因比（Arnold Joseph Toynbee）早就提出应从文化的角度来研究国际关系，国际关系英国学派（the English school of International Relations）的代表人物之一马丁·怀特（Martin Wight）也指出宗教应成为历史和国际关系研究的一个重要组成部分⑥，但两次世界大战的爆发以及持续 40 多年的冷战使国际关系学者们更多地关注地缘政治（geopolitics）、均势（balance of power）、核武器

---

① Ken R. Dark, ed., *Religion and International Relations*, Bashingstoke, Hampshire: Palgrave Macmillan, 2000, p. 73.

② 徐以骅：《当代国际传教运动研究的"四个跨越"》，载《世界宗教文化》2010 年第 1 期，第 61—66 页。

③ 徐以骅：《当前国际关系中的"宗教回归"》，载《宗教与美国社会——宗教与国际关系》第四辑（上），时事出版社 2007 年版，第 1 页。

④ Jonathan Fox and Shmuel Sandler, *Bringing religion into International relations*, New York: Palgrave Macmillan, 2004; Allen D. Hertzke, *Freeing God's Children: The Unlikely Alliance on Global Human Rights*, Lanham, Maryland: Rowman & Littlefield Publishers, 2004. 参见徐以骅等《宗教与当代国际关系》，上海人民出版社 2012 年版，第 2 页。

⑤ Philip E. Muehlenbeck, ed., *Religion and the Cold War: A Global Perspective*, Nashville: Vanderbilt University Press, 2012, p. xi.

⑥ Scott M. Thomas, "Faith, History and Martin Wight: The Role of Religion in the Historical Sociology of the English School of International Relations", *International Affairs*, Vol. 77, No. 4 (October 2001), pp. 905 – 929.

(nuclear weapons)、裁军(disarment)等议题,由此导致其在理论建构中均在不同程度上忽略了宗教在国际关系中的作用。① 可以说,国际关系学是"宗教无用论"的"重灾区"②。虽然冷战后的国际关系现实迫使国际关系学者不得不重视文化和宗教因素在国际关系中的作用,并涌现了一批从文化或宗教视角来研究国际关系的代表性论著③,宗教也似乎成为国际关系研究的"新边疆"④,但宗教在国际关系研究中的"边疆"地位并未改变。因此,顺应时势,消除"把宗教与国际关系公开联系起来的禁忌",打开"从不同角度研究宗教对国家关系影响的闸门"⑤,促进国际关系研究的"宗教转向(religious turn)"⑥,改善宗教在国际关系研究中的"边疆"地位,应成为研究宗教与国际关系学者的使命。

---

① Jack Snyder, ed., *Religion and International Relations Theory*, New York: Columbia University Press, 2011.
② 徐以骅:《当前国际关系中的"宗教回归"》,载《宗教与美国社会——宗教与国际关系》第四辑(上),时事出版社2007年版,第16页。
③ 有关文化与国际关系的论述参见 Jongsuk Chay, *Culture and International Relations*, New York: Praeger, 1988; G. Fisher, *Mindsets: The Role of Culture and Perception in International Relations*, Yarmouth, Maine: Intercultural Press, 1988; Julie Reeves, *Culture and International Relations: Narratives, Natives, and Tourists*, London: Routledge, 2004; Yosef Lapid and Friedrich Kratochwil, eds., *The Return of Culture and Identity in IR Theory*, Boulder: Lynne Rienner, 1996;[美]塞缪尔·亨廷顿:《文明的冲突与世界秩序的重建》,周琪等译,新华出版社1998年版;张骥:《国际政治文化学导论》,世界知识出版社2005年版;潘一禾:《文化与国际关系》,浙江大学出版社2005年版。有关宗教与国际关系的论述参见 K. R. Dark, ed., *Religion and International Relations*, New York: Palgrave, 2000; Fabio Petito and Pavlos Hatzopoulos, eds., *Religion in International Relations: The Return from Exile*, New York: Palgrave Macmillan, 2003; Jonathan Fox and Shmuel Sandler, *Bringing Religion into International Relations*, New York: Palgrave Macmillan, 2004; Scott M. Thomas, *The Global Resurgence of Religion and the Transformation of International Relations: The Struggle for the Soul of the Twenty-first Century*, New York: Palgrave Macmillan, 2005; Eric O. Hanson, *Religion and Politics in the International System Today*, New York: Cambridge University Press, 2006; Jeffrey Haynes, *Religion, Politics and International Relations*, New York: Routledge, 2011; Jack Snyder, *Religion and International Relations Theory*, New York: Columbia University Press, 2011; Philip E, Muehlenbeck, ed., *Religion and the Cold War: A Global Perspective*, Nashville: Vanderbilt University Press, 2012; Philip Seib, ed., Religion and Public Diplomacy, New Nork: Palgrave Macmillan, 2013;徐以骅等著:《宗教与当代国际关系》,上海人民出版社2012年版。
④ 徐以骅:《宗教与当代国际关系论丛》(序),上海人民出版社2010年版,第1页。
⑤ Jonathan Fox, Religious Discrimination: A World Survey, *Journal of International Affairs*, Vol. 61, No. 1 (2007), p. 48.
⑥ John A. Rees, *Religion in International Politics and Development: The World Bank and Faith Institutions*, Cheltenham: Edward Elgar Publishing Ltd., 2011, p. x.

(四) 学术意义与现实观照：本研究的价值所在

反思过去，是为了更好地把握现在。虽然冷战已成为"历史的记忆"，但全景展示冷战初期声称"政教分离"的美国与信仰"无神论"的苏联利用各种国内外宗教资源开展的外交活动依然是一个有意义的课题。

1. 本研究的学术意义

从学术角度来讲，首先，现存的有关冷战时期国际关系的理论研究成果均在不同程度上忽视了宗教因素的重要作用①，但历史的事实是，宗教在冷战国际关系中具有十分重要的作用。正如美国学者利奥·P. 里布福（Leo P. Ribuffo）指出的那样，冷战不但激起了宗教的觉醒，而且显著地影响了冷战的形态。② 在"如不将宗教引入国际关系学科，就无法全景地理解国际关系"③ 的情况下，需要把宗教引入国际关系学科，引进对冷战国际关系的研究；其次，冷战后的一些国际热点问题，如"9·11"事件、中东北非乱局、欧洲穆斯林移民问题、欧美国家的"恐伊症"、由电影《穆斯林的无知》引发的全球反美浪潮等，都明显与宗教问题有关。如何诠释宗教因素在国际关系中的作用与影响等问题是一个有待深入探讨的课题；再次，国际关系理论对宗教的"威斯特伐利亚的放逐"，要求学者加大对宗教与国际关系的研究，并通过具体的案例研究来弥补传统研究范式的不足④；最后，"政教分离"制度是美国的基本政治制度，宗教自由被视为第一自由，宗教如何影响美国对外政策也是学界讨论的议题之一。对苏联外交与政教关系的研究也有助于我们加深对宗教与政治关系的理解。

---

① 对国际关系理论忽视宗教的原因的分析，可参见徐以骅《当前国际关系中的"宗教回归"》，载《宗教与美国社会——宗教与国际关系》第四辑（上），时事出版社 2007 年版，第 12—14 页；Jack Snyder, *Religion and International Relations Theory*, New York: Columbia University Press, 2011; Jonathan Fox, "Religion as an Overlooked Element of International Relations", *International Studies Review*, Vol. 3, No. 3 (Autumn 2001), pp. 61 – 65.

② Leo P. Ribuffo, "Religion in the history of U. S. Foreign Policy", in Elliott Abrams, ed., *The Influence of Faith: Religious Groups and U. S. Foreign Policy*, Lanham, Maryland: Rowman & Littlefield Publishers, Inc, 2001.

③ Jonathan Fox and Shmuel Sandler, *Bringing religion into International relations*, New York: Palgrave Macmillan, 2004, pp. 1 – 2.

④ 有学者认为宗教既可以作为国际关系研究中的自变量，也可以作为一种干预变量。详见 Nukhet A. Sandal, Patrick James, "Religion and International Relations theory: Towards a mutual understanding", *European Journal of International Relations*, Vol. 17, No. 1 (2010), p. 19.

2. 本研究的现实观照

纵观冷战初期，甚至整个冷战时期美苏两国的外交史就可发现，美国、苏联两国都充分利用宗教及宗教组织为本国外交政策服务。探究这一问题，有助于我们从现实层面厘清国外宗教人权外交的表象和本质。研究宗教与冷战初期的美苏外交有以下现实意义：

首先，虽然冷战已成为历史，但当今世界共产主义意识形态与资本主义意识形态之间的斗争、社会主义经济制度与资本主义经济制度之间的"制度竞争"并未消失，一些西方国家的领导人也依然心怀"冷战思维"。因此，本研究仍具有明显的时代价值。

其次，有助于提升对宗教影响外交决策的认知。宗教作为国际关系中重要的非国家行为体，通过无形的宗教意识形态以及有形的组织机构两个维度，在全球、国家间、国家、社会和个人五个层次上对国际关系发生影响。[①] 宗教对国际关系的这种无形与有形的影响要求中国在制定相关政策之前必须重视宗教的作用与影响。

再次，有助于增进宗教在中美关系及其他国家关系中作用的认知。在西方大搞"人权外交"、美国战略重心明显转向亚太、中美关系风险增大[②]的背景下，被喻为中美关系"风向标"或"温度计（barometer）"[③]的宗教问题是中国在制定对美外交政策时一个几乎不可回避的议题。由于"宗教常常与现实的国际斗争和冲突相交织，是国际关系和世界政治中的一个重要因素"[④]，这就要求"我们必须注意研究宗教问题"[⑤]。洞察美国和苏联在外交中采取的宗教战略、策略，有助于给中国以启迪并做出相应的对策，破解国外特别是美国对中国的"宗教压力"，有效地维护中国国

---

① Scott M. Thomas, "The Revenge of God? The Twentieth Century as the Last Modern Century", in *The Global Resurgence of Religion and the Transformation of International Relations: The Struggle for the Soul of the Twenty-First Century*, pp. 28–37. 转引自徐以骅《当前国际关系中的"宗教回归"》，载《宗教与美国社会——宗教与国际关系》第四辑（上），时事出版社2007年版，第20页。

② 沈丁立：《中美关系：竞争合作 风险增大》，载《国际问题研究》2012年第6期，第32—34页。

③ Xu Yihua, "Religion in Current Sino-U. S. Relations", in Douglas G. Spelman, ed., *The United States and China: Mutual Public Preceptions*, Washington, D. C.: Woodrow Wilson International Center for Scholars, 2011, p. 111; 徐以骅等：《宗教与美国社会——宗教与美国对外关系》第七辑，时事出版社2012年版，第1页。

④ 《了解当今世界必须了解宗教》，《广州日报》2001年12月13日。

⑤ 钱其琛：《当前国际关系研究中的若干重点问题》，载《世界经济与政治》2000年第9期，第5—8页。

家利益。

最后，有助于中国"以史为鉴"。党的十八大提出要"扎实推进公共和人文外交"，"开展各种形式的对外文化交流活动，扎实传播中华优秀文化"。在这一进程中，"宗教作为传统文化的载体、国家统一的精神纽带以及塑造中国国家形象的要素"①，能为有效开展公共与人文外交提供合法性来源及群体认同。最新统计显示，中国的宗教信仰者已经接近4亿人，而其社会影响和辐射则更为广远。② 因此，充分挖掘各种国内外宗教资源来加强公共外交与人文外交，在现时代对努力实现中华民族伟大复兴梦的中国显得尤为重要。

二 关于本书的文献综述

虽然学界对宗教与冷战初期的美苏外交政策研究不多，但仍有一些学者的著述与之相关。受作者视阈所限，搜集的与本研究相关的国内外研究成果可以大致分为以下两个方面。

（一）关于宗教与外交的研究

斯科特·托马斯（Scott M. Thomas）认为，随着世界变得越来越宗教化，宗教有可能改变传统民族国家体系的关系，即改变1648年欧洲"三十年宗教战争"后建立的"威斯特伐利亚体系"。在最基本的层面上，宗教将成为理解许多国家总体外交目标的一个重要因素。③ 关于宗教与外交，学界的研究大致可以分为理论研究和实践研究两个方面：

1. 从理论层面探讨宗教影响各国外交的路径或机制

关于宗教对各国外交的影响，国内外学者较为一致的意见是，宗教作为具备无形（宗教思想）和有形（宗教机构）两种力量的因素④，会从两个层面对各国的外交政策产生影响：第一，宗教从意识形态层面作用于各国的外交政策。美国学者乔纳森·福克斯认为，宗教的信念体系能影响政策制定者的见解和行为，为外交政策提供合法性来源，并且由于能穿越

---

① 徐以骅：《全球化时代的宗教与国际关系》，载《世界经济与政治》2011年第9期，第17页。

② 卓新平：《宗教与文化战略》，载《天风》2012年第1期，第37页。

③ Scott M. Thomas, "A Globalized God", *Foreign Affairs*, Vol. 13, No. 11 (November/December 2010), p. 5.

④ 徐以骅：《当前国际关系中的"宗教回归"》，载《宗教与美国社会——宗教与国际关系》第四辑（上），时事出版社2007年版，第20页。

国家边境成为一种国际议题而影响国际政治。① 斯图亚特·克罗夫特（Stuart Croft）指出了宗教观念影响国家外交政策的另一种方式：即对于许多国家来说，宗教是它们身份的核心要素，宗教有助于建构国家认同，帮助它们在国际社会中辨别敌友。② 亨廷顿也持相似的观点，认为"国家都倾向于追随文化相似的国家，抵制与它们缺乏文化共性的国家"③。亨廷顿所指的"文化"、"文明"的核心就是宗教。亨氏还呼吁美国政府要大力捍卫和发扬"盎格鲁撒克逊—新教文化（WASP）"这一美国宗教特性，否则国家就会有分化、衰落的危险。④ 沃尔特·米德（Walter Russell Mead）指出，宗教一直是美国政治、外交、认同和文化中的主要力量，认为宗教能形塑国家的特性，有助于形成美国关于世界的观念，影响美国回应超越国家边界的事件的方式。⑤ 董小川教授回顾了20世纪两种不同制度和意识形态斗争的历史，认为宗教在其中曾起过独特的作用。⑥ 上述学者都倾向于认为，宗教在各国外交政策的制定过程中起着一种"路线图"的作用。

第二，宗教可利用其有形的组织——宗教机构（教会、宗教团体等）作用于各国的外交政策。杰弗瑞·海恩斯（Jeffrey Haynes）指出，在当代国际关系中有许多宗教行为体，这些宗教行为体对不少国家的对外政策拥有发言权。作者以美国、印度和伊朗的外交政策为例，论证了宗教在外交政策的制定与执行过程中所起的重要作用。此外，作者指出在下列情形下国内宗教行为体会影响一国外交政策：首先，在一些国家中当社会和政治

---

① 乔纳森·福克斯认为，宗教能从三个方面影响国际政治：首先，由于宗教常常是人们世界观的一部分，会影响人们对事件及行为的认知。因此，外交政策会受到政策制定者及其选民的宗教观念和信仰的影响。其次，宗教是合法性的一种来源，其在能为国内政治提供合法性源泉的同时，还能为一国的外交政策提供合法性。最后，地区宗教冲突或种族冲突、世界范围内不断增强的基要主义运动势力、受宗教驱动或影响的外交政策、由人权议题与宗教权利相交织引起的国际关注等都会导致宗教问题穿越国境成为国际议题。详见 Jonathan Fox, "Religion as an Overlooked Element of International Relations", *International Studies Review*, Vol. 3, No. 3（Autumn 2001）, pp. 53 – 73。

② Stuart Croft, "Religion and Foreign Policy", *Renewal*, Vol. 17, No. 1（2009）, p. 20.

③ Samuel P. Huntington, *The Clash of Civilization and the Remaking of World Order*, New York: Simon & Schuster Inc., 1996, p. 155.

④ ［美］塞缪尔·亨廷顿：《我们是谁？美国国家特性面临的挑战》，程克雄译，新华出版社2005年版。

⑤ Walter Russell Mead, "God's Country?", *A Journal of Theology*, Vol. 47, No. 1（Spring 2008）, pp. 5 – 15.

⑥ 董小川：《20世纪美国宗教与政治》，人民出版社2002年版，第219—223页。

中的宗教组织相比于其他团体具有较大优势时，这种可能性更大。第二，宗教行为体把其潜能转化为对国家外交政策实际影响的能力，在某种程度上依赖于它们是否能接近、从而潜在地影响外交政策的制定进程。第三，宗教行为体影响外交政策的能力也与通过其他方式影响政策的能力相关。① 罗辉在其博士学位论文《宗教对冷战时期美国外交政策的影响研究》中探讨了宗教影响冷战时期美国对外政策的两种路径，其中一种路径就是通过宗教团体的组织力量来影响美国的外交政策。② 邹函奇也认为，在冷战后宗教对美国外交政策的影响日益呈现出以宗教利益集团为动力、以在国会推进"1998 年国际宗教自由法"为路线、以国务院"国际宗教自由办公室"和国会"国际宗教自由委员会"互动合作为机制的发展趋势。③

此外，宗教还经常与其他议题，如民族主义、恐怖主义、集权主义、妇女权利、种族冲突与管理、战争与和平、全球化、堕胎等结合在一起影响一国的外交政策。④

2. 通过个案研究探讨宗教对一国外交政策的影响

K. 罗宾斯（K. Robbins）和 J. 费舍尔（J. Fisher）在研究英国的外交政策时指出，宗教在很多方面对英国海外利益的构想有重大的影响，但是长久以来却是英国外交研究中的缺项。作者回顾了英国国教会、新教徒对英国外交政策的影响，并通过案例研究探讨了英国近东政策、对日政策、与梵蒂冈⑤的关系、犹太人问题中的宗教因素，以及第二次世界大战之前大主教兰（Lang）的作用。⑥ 此外，克里斯托弗·克罗利

---

① Jeffrey Haynes, "*Religion and Foreign Policy*", in Jeffrey Haynes, ed., *Routledge handbook of religion and politics*, New York: Routledge, 2009, pp. 293–307.

② 罗辉：《宗教对冷战时期美国外交政策的影响研究》，复旦大学博士学位论文，2009 年。

③ 邹函奇：《冷战后宗教影响美国外交的动力、路线与机制》，载《史学理论研究》2011 年第 3 期，第 117—121 页。

④ Jonathan Fox, "Religion as an Overlooked Element of International Relations", *International Studies Review*, Vol. 3, No. 3（Autumn 2001）, p. 72.

⑤ 梵蒂冈在拉丁文中意为"先知之地"（Status Civitatis Vaticanar）。梵蒂冈（Vatican）一词经常指称 4 种不同的含义：(1) 指一个甚至早在基督教之前就已存在的地理区域名称；(2) 指现今罗马天主教会教宗和教廷的驻地；(3) 指 1929 年建立的梵蒂冈城国；(4) 指作为主权实体的罗马教廷。考虑到此用词在不同语境含义的变化，本书主要指罗马教廷。参见孔陈焱《罗马天主教会在当代国际外交中的身份辨析》，载《浙江学刊》2012 年第 6 期，第 149—153 页。

⑥ K. Robbins, J. Fisher, *Religion and Diplomacy: Religion and British Foreign Policy 1815–1941*, Dordrecht: Republic of Letters Publishing, 2010.

(Christopher P. Croly) 也研究了 1558 年至 1564 年间宗教对英国外交政策的影响。①

菲罗泽·卡沙尼·萨巴特（Firoozeh Kashani-Sabet）探讨了 1834 年至 1911 年间美国和伊朗之间的关系，指出传教士有关伊朗穆斯林的认知对美国民众理解伊朗及其民众留下了难以磨灭的印记。认为宗教意识形态常常歪曲认知，并影响美国对伊朗外交政策的制定。即使在经历了 100 多年的互动之后，文化的图景依然是通过宗教的异同反映出来的。虽然美国和伊朗在 20 世纪早期的世俗文化都有所增长，但宗教仍然是双方社会中民众的主要意识形态，并对美伊关系的性质产生了深远影响。②

詹姆斯·古斯（James L. Guth）和威廉·柯南（William R. Kenan, Jr.）利用阿克伦大学（the university of Akron）宗教与政治的国家调查报告发现了美国公众支持以色列的宗教根源，认为在预测公众对以色列政府的支持方面宗教因素远远重于其他因素。③ 埃利奥特·艾布拉姆斯（Eliot Abrams）详细探究了冷战后宗教议题和宗教游说团体对美国外交政策产生的现实影响④；约翰·米尔斯海默（John J. Mearsheimer）和斯蒂芬·沃尔特（Stephen M. Walt）对美国最为禁忌的问题之———以色列游说集团对美国外交政策的影响进行了深入研究，认为宗教价值观是美国对以色列实施援助的因素之一，但以色列已成为美国的"战略负担"⑤。威廉·马丁（William Martin）以基督教右翼（The Christian Right）团体为案例探讨了宗教组织对一系列美国外交政策议题（对以色列的支持、军控与防备、国际货币基金组织和联合国的资助等）的影响。⑥ 詹姆斯·古斯还与

---

① Christopher P. Croly, *Religion and English Foreign Policy*, 1558 – 1564, Cambridge: Cambridge University Press, 2000.

② Firoozeh Kashani-Sabet, "American Crosses, Persian Crescents: Religion and the Diplomacy of US-Iranian Relations, 1834 – 1911", *Iranian Studies*, Vol. 44, Issue5 (2011), pp. 607 – 625.

③ James L. Guth, William R. Kenan, Jr., *Religious Factors and American Public Support for Israel*: 1992 – 2008, Prepared for the Annual Meeting of the American Political Science Association Seattle, Washington, September 1 – 4, 2011.

④ Eliot Abrams, ed., *The Influence of Faith*: *Religious Groups &U. S. Foreign Policy*, Lanham Maryland: Rowman & Littlefield Publisher, 2001.

⑤ [美] 约翰·J. 米尔斯海默、斯蒂芬·M. 沃尔特：《以色列游说集团与美国对外政策》，王传兴译，上海人民出版社 2009 年版，第 68 页。

⑥ William Martin, "The Christian Right and American Foreign Policy", *Foreign Policy*, No. 114 (Spring 1999), pp. 66 – 80.

其他几位学者以基督教犹太复国主义运动为案例分析了宗教对一国外交态度的影响。① 此外，利奥·里布福（Leo P. Ribuffo）讨论了宗教与美国外交政策之间的复杂关系②，艾曼·阿尔·亚希尼（Ayman Al-Yassini）探讨了伊斯兰教对沙特外交政策的巨大影响③，卢西恩·鲁斯蒂恩（Lucian Leustean）以1947年至1965年间的罗马尼亚为案例，研究了罗马尼亚东正教会（the Romanian Orthodox Church，缩写为RomOC）与政府当局之间互动的动力以及罗马尼亚政府利用RomOC对西方国家开展的宗教外交（religious diplomacy）。④ 徐以骅教授则以美国宗教团体的"苏丹运动"为例，阐述了宗教团体如何通过媒体宣传、基层动员和社会运动等方式形塑美国外交政策的议题，指出宗教在美国的外交政策和国际事务中的作用已开始从隐性转为显性。⑤

虽然上述学者强调宗教对各国外交政策有着重要的影响，但学界关于宗教对外交政策的影响也存在一些不同意见。利奥·里布福（Leo P. Ribuffo）的观点可以说反映了学界对这一问题的主流看法：即没有一项主要的政策仅仅取决于宗教问题；重要的宗教思想充其量对决策者有着间接的影响。⑥

（二）关于宗教与冷战时期美苏外交的研究

尽管研究冷战史的学者们常低估甚至忽视宗教在冷战中所起的作用，但这一情况在近十年来有所扭转，一些学者开始研究冷战时期影响各国外交的宗教因素，特别是冷战期间宗教对世界各国内政外交的

---

① Guth, James L., Cleveland R. Fraser, John C. Green, Lyman A. Kellstedt, and Corwin E. Smidt, "Religion and Foreign Policy Attitudes: The Case of Christian Zionism", In John C. Green, James L. Guth, Corwin E. Smidt, and Lyman A. Kellstedt, eds., *Religion and the Culture Wars: Dispatches from the Front*, Lanham, MD: Rowman and Littlefield, 1996, pp. 330–360.

② Leo P. Ribuffo, "Religion and American Foreign Policy: The Story of A Complex Relationship", *The National Interest*, 52 (Summer 1998), pp. 36–51.

③ Ayman Al-Yassini, *Religion and Foreign Policy in Saudi Arabia*, Montreal, Québec: Centre for Developing Area Studies, McGill University, 1983.

④ Lucian Leustean, *Orthodoxy and the Cold War: Religion and Political Power in Romania, 1947–1965*, New York: Palgrave Macmillan, 2009.

⑤ 徐以骅：《宗教与冷战后美国外交政策——以美国宗教团体的"苏丹运动"为例》，载《中国社会科学》2011年第5期，第199—218页。

⑥ 关于这些观点及其不同意见的讨论可参见 Leo P. Ribuffo, "Religion in the History of U.S. Foreign Policy", in Eliot Abrams, ed., *The Influence of Faith: Religious Groups & U.S. Foreign Policy*, Lanham Maryland: Rowman & Littlefield Publisher, 2001, p. 21。

影响。

美国堪萨斯大学教授威廉·弗莱彻（William C. Fletcher）利用大量的文献资料研究了1945年至1970年间的苏联外交政策，发现莫斯科一直利用宗教作为影响和宣传的工具。威廉·弗莱彻指出，早在第二次世界大战中，斯大林就与教会，特别是俄罗斯东正教会（the Russian Orthodox Church）作"交易"，这一"交易"标志着苏联政教关系发生了转折。而在赫鲁晓夫时期，苏联政府甚至开始视教会为一种处理与那些宗教在国民生活中仍然重要的国家之间关系的积极资源。弗莱彻还认为，苏联通过国际宗教联系，特别是在中东和第三世界地区的宗教联系，促进了自身的国家利益。同时，宗教还被用来在海外提升苏联"爱好和平"的国际形象。不过弗莱彻也指出，宗教作为苏联外交政策的有效性一直受限于苏联的无神论政体。[1] 菲利普·沃尔特斯（Philip Walters）在研究中也发现斯大林和赫鲁晓夫都曾积极地利用东正教会为外交目的服务，而教会为提升苏联的海外形象做了大量的工作。[2]

美国学者威廉·因博登（William Inboden）也认为冷战在许多方面是一场宗教战争，并利用档案资料研究了宗教对美国在1945年至1960年期间外交政策的影响。威廉·因博登指出，虽然杜鲁门总统、艾森豪威尔总统以及其他美国领导人都更忧虑美国国家安全、经济等议题，但他们常利用"宗教话语"来界定美国的敌人，为其外交政策及行动辩护。作者还指出，由于厌烦美国国内宗教组织之间的"争斗"，杜鲁门和艾森豪威尔甚至尝试建立一种新的公民宗教以动员国内民众对冷战政策的支持。[3] 威廉·因博登强调美国外交政策的宗教因素是正确的，但其过于强调宗教因素在全球冲突中的重要性。安德鲁·罗特（Andrew J. Rotter）在分析冷战早期宗教在美国与南亚国家关系中的作用时指出，虽然美国一直被认为是一个"政教分离"的国家，但美国的基督教信仰常形塑美国政策制定者的思想，而印度的领导人在制定外交政策时也常受印度教和伊斯兰教的影响。在"宗教性"较强的国家里，宗教是一种身份认同的同时，也常常

---

[1] William C. Fletcher, *Religion and Soviet Foreign Policy*, 1945–1970, New York: Oxford University Press, 1973.

[2] Philip Walters, The Russian Orthodox Church, 1945–1959, *Religion in Communist Lands*, Vol. 8, No. 3 (1980), pp. 218–224.

[3] William Inboden, *Religion and American Foreign Policy*, 1945–1960: *The Soul of Containment*, New York: Cambridge University Press, 2008.

担负一种外交"使命"①。肯尼斯·奥斯古德（Kenneth Osgood）的《全面冷战——艾森豪威尔在国内外的秘密宣传战》一书也显示，在艾森豪威尔时期，美国中情局对宗教领域进行过"渗透"②。

美国学者戴安娜·柯比（Dianne Kirby）在其主编的《宗教与冷战》一书中指出，宗教——作为危险的冷战博弈的一个主要因素——一直未得到应有的重视。实质上，在冷战期间对宗教的利用和滥用升起了铁幕。梵蒂冈、东正教会、英国国教会、东西方教会都成为冷战竞技场上的游戏者。③戴安娜·柯比认为，基于宗教信念和价值观的意识形态不但形塑了苏联的认知，也形塑了苏联的反应。而美国在冷战期间特别强调他们的宗教性，领导人和民众的宗教信念促使美国采取体现那种信念的行动，以同苏联对抗。④菲利普·穆伦贝克（Philip E. Muehlenbeck）主编的《宗教与冷战：一种全球的视角》一书运用多学科研究方法，利用多国档案，从全球视角探讨了宗教对冷战国际关系的影响，其中特别探讨了宗教对冷战初期美国外交政策的形成与实施、朝鲜战争期间美国传教士在抵制共产主义中的作用、美国在伊朗开展的"真理运动"、苏联基于国内与国际考虑而开展的对伊斯兰世界的外交政策等。⑤

此外，冷战后特别是近十年来，不少学者们开始反思现有国际关系理论对宗教因素的忽视⑥，尝试把宗教因素融入对国际关系的研究⑦，提出要建立"国际政治神学"（International Political Theology）⑧，

---

① Andrew J. Rotter, "Christians, Muslims, and Hindus: Religion and US-South Asian Relations, 1947–1954", *Diplomatic History*, Vol. 24, No. 4 (Fall 2000), pp. 593–613.

② Kenneth Osgood, *Total Cold War: Eisenhower's Secret Proposal Battle at Home and Abroad*, Lawrence, KS: University Press of Kansas, 2006.

③ Dianne Kirby, ed., *Religion and the Cold War*, New York: Palgrave Macmillan, 2003, Xii.

④ Ibid., pp. 1–3.

⑤ Philip E. Muehlenbeck, ed., *Religion and the Cold War: A Global Perspective*, Nashiville: Vanderbilt University Press, 2012.

⑥ Scott M. Thomas, *The Global Resurgence of Religion and the Transformation of International Relations: The Struggle for the Soul of the Twenty-first Century*, New York: Palgrave Macmillan, 2005.

⑦ Jack Snyder, *Religion and International Relations Theory*, New York: Columbia University Press, 2011.

⑧ Pavlos Hatzopoulos and Fabio Petito, eds., *Religion in International Relations: The Return From Exile*, New York: Palgrave Macmillan, 2003.

并从宏观①和微观②两个视角分析了宗教对国际关系的影响。

综观国内外有关本研究的一系列代表性论著可以发现：第一，自冷战结束以来，国内外学者已经"意识"到了宗教因素在国际关系中的重要作用，并通过著书立说引起人们对宗教因素的重视；第二，在发现国际关系理论对宗教因素的"放逐"这一问题后，开始反思国际关系理论忽视宗教因素的原因，并探讨宗教在国际关系中的具体作用与影响，尝试把宗教带回国际关系理论研究的"中心"，甚至提出建立"国际政治神学"的目标；第三，学者们"宏观"与"微观"、"理论"与"实践"并举，详细研究宗教对各国内政外交、国际关系的影响。上述与本研究相关的成果对本研究的写作有很大的参考价值，但就目前情况而言，该研究领域存在的主要问题是：学者们仍"忽视"了宗教在冷战初期的重要作用。宗教作为政治的另一种形式的延续和国际舞台上各方争抢的资源③，在冷战初期不但强化了美苏两个超级大国及东西方阵营之间的意识形态冲突及"零和博弈"（Zero-Sum Game）思维，而且成为两国的一种外交资源（或手段）。美苏两国都曾积极利用宗教开展对外交往活动，以更好地维护与促进本国的国家利益。例如，冷战初期，"政教分离"的美国也曾精心策划了多个利用宗教反击共产主义的冷战项目，包括利用罗马天主教教廷的影响与苏东社会主义国家对抗；借助中东伊斯兰教领袖引导民众反击共产主义；利用东南亚国家佛教徒人数众多的特点鼓动当地佛教徒反华反共等。④ 令人遗憾的是，宗教在冷战中的角色却始终处于被忽视的地位，未

---

① Jonathan Fox and Shmuel Sandler, *Bringing Religion into International Relations*, New York: Palgrave Macmillan, 2004, pp. 163 – 165; Jeffrey Haynes, *Religion, Politics and International Relations*, New York: Routledge, 2011; 张志刚：《宗教与国际热点问题》，载《北京大学学报》（哲学社会科学版）2008年第4期，第42—54页。

② Eric O. Hanson, *The Catholic Church in World Politics*, Princeton: Princeton University Press, 1987; John L. Esposito and Michael Watson, eds., *Religion and Global Order*, Cardiff: University of Wales Press, 2000; Jeffrey Haynes, "Transnational Religious Actors and International Politics", *Third World Quarterly*, Vol. 22, No. 2 (2001), pp. 143 – 158; Jeffrey Haynes, *An Introduction to International Relations and Religion*, London: Pearson Education Limited, 2007; 徐以骅：《宗教与美国社会——宗教与国际关系》第四辑，时事出版社2007年版；徐以骅等：《宗教与当代国际关系》，上海人民出版社2012年版。

③ 徐以骅：《全球化时代的宗教与国际关系》，载《世界经济与政治》2011年第9期，第5页。

④ 张杨：《以宗教为冷战武器——艾森豪威尔政府对东南亚佛教国家的心理战》，载《历史研究》2010年第4期，第34—48页。

得到系统性的研究。因此,本研究拟以宗教与冷战初期的美苏外交为研究对象,试图解答:冷战前美苏两国有何"宗教遗产"?冷战初期美苏两国外交的宗教战略是什么?为实现各自外交目标,美苏利用国内外宗教资源开展了哪些活动?以及在这一进程中,两国的战略、策略等有何异同?冷战对宗教世界产生了何种影响?美苏宗教外交的历史经验有何启示?

三 研究主旨、观点、方法、创新点及资料来源

(一)研究主旨

本研究以中国和平崛起与当代中国人文外交与公共外交实践为时代背景,以冷战初期风云变幻的国际关系为历史背景,基于对宗教与冷战初期美苏两国外交实践的案例研究,探讨宗教在美苏外交中的作用及其对国际关系的影响,以及作为互动的结果冷战对宗教的影响,由此分析宗教在现时代人文外交与公共外交中的价值。

(二)主要观点

宗教作为文化的核心载体,能极大地影响人们的信念和行为,具有形塑群体认同的巨大功能。同时,宗教作为一种合法性的源泉,也常被一国政府用来论证其内外政策的合法性①,以最大限度地团结国内外一切可以团结的力量。因此,各国利用宗教从事对外交流活动的主要目的是使国外民众理解本国的政策及行为,并形成认同本国的国际舆论环境,以有效地维护本国的国家利益。在考察宗教与冷战初期美苏外交实践的过程中,我们发现虽然美苏两国意识形态不同、政教关系模式相异,但两国在外交实践中都会积极利用宗教,将其作为一种外交工具以实现其外交目标,并且取得了一定的效果。

本研究提出的主要观点如下:

(1)一国领导人对宗教功能的不同认知会导致其制定不同的宗教政策:过于强调宗教的负面、消极作用,会导致对宗教的限制政策,进而使政教关系变得"紧张",结果使宗教成为一种"战略负担";强调宗教的正面、积极作用,会导致对宗教的"宽容"政策,进而使政教关系变得"和谐",结果使宗教成为一种"战略资产"。

---

① Jonathan Fox, "Religion as an Overlooked Element of International Relations", *International Studies Review*, Vol. 3, No. 3 (Autumn 2001), pp. 65 – 67.

(2) 受冷战初期国际关系格局的影响，宗教从一开始就成为美苏两国占领舆论道德制高点、制定外交政策的"路线图"以及实现外交目标的"黏合剂"，由此也导致了宗教团体的冲突与分裂，因此冷战在一定程度上可以说是一场"宗教冷战"。

(3) 在重视权力、安全等"高级政治"的冷战时代，宗教虽成为美苏竞相争夺的冷战"武器"，但宗教在美苏的冷战冲突中只是起着推波助澜的"催化剂"或"助推器"作用。

(4) 宗教作为一种外交资源被美苏用于冷战博弈中，但与此同时，宗教也借助国家力量扩大了信仰版图。

(三) 研究方法

本研究采用了以下研究方法：

(1) 历史研究法：历史研究法是本研究的基本研究方法，其贯穿于对宗教与冷战初期美苏外交实践历史的客观描述、分析的全过程。

(2) 比较研究法：通过对宗教与冷战初期美苏外交实践进行深入的比较研究，总结两者的"异""同"，得出了一些带有规律性的经验。

(3) 案例研究法：本研究在研究宗教与外交的过程中，选取了美国和苏联两个国家作为案例进行深度研究，并在苏联案例中选择俄罗斯东正教会作为个案。

(4) 文献分析法：本研究对有关宗教与冷战初期美苏外交的文献资料（美苏两国已开放的外交档案、两国领导人的回忆录、有关冷战的著作与论文、有关苏联外交史的著作与论文、有关美国外交史的著作与论文等）进行了分析。

(5) 跨学科研究法：本研究运用历史学、宗教学、国际政治学、外交学的一些相关理论对宗教与美苏外交之间互动关系进行了解读。

(四) 创新点

本研究主要有以下几点创新：

(1) 在研究视角方面，从政治、经济、军事、安全、文化等视角分析冷战初期美苏外交的著述很多，也有个别学者从宗教的视角研究冷战时期的美苏外交，但国内几无从宗教视角研究冷战初期美苏外交的著述，而从宗教视角研究冷战初期的美苏外交正是本研究的出发点与创新之处。

(2) 在研究内容方面，本研究强调历史史实的当代价值，选择了信奉"有神论"的美国和信奉"无神论"的苏联为案例，从宗教与外交之间的互动出发,分析了冷战初期美苏在外交领域的"宗教博弈",并进行了对比研究。

(3) 在研究观点方面,学界常将冷战视为"安全冷战"、"经济冷战"、"文化冷战"、"意识形态冷战"等。本研究通过对冷战初期美苏外交的宗教战略、宗教实践以及两者在全球层面上宗教博弈的分析,认为宗教加强了美苏两国对冷战"零和博弈"性质的认知,加剧了美苏双方的意识形态冲突,加速了冷战两极格局的固化。同时,冷战也加剧了宗教社会内部的冲突与分裂。冷战在一定程度上也可被视为一场"宗教冷战"。

(五) 资料来源

本研究的文献资料主要来源于以下三个部分:

首先是美苏两国已公开的外交档案,主要包括收录于美国外交文件集(Foreign Relations of the United States,简称 FRUS)、解密文件参考系统(Declassified Documents Reference System,简称 DDRS)、数字化美国国家安全档案(Digital National Security Archive,简称 DNSA)、美国国家情报评估(National Intelligence Estimate,简称 NIE)、美国总统公开文件(Public Papers of the Presidents of the United States)、《苏联历史档案选编》(1—34 卷)、《1941—1945 年苏联伟大卫国战争期间苏联部长会议主席同美国总统和英国首相通信集》、英国海外政策文件(Documents on British Policy Overseas,简称 DBPO)等中的档案文件。

其次是美苏两国领导人的回忆录以及有关美苏两国领导人的传记等,如《杜鲁门回忆录》、《艾奇逊回忆录》、《杜鲁门传》、《列宁选集》、《斯大林全集》、《斯大林选集》、《斯大林文集(1934—1952)》、《斯大林私人翻译回忆录》、《同斯大林的谈话》、《同莫洛托夫的一百四十次谈话》等。

最后是与本研究有关的大量著作与论文,如冷战史、冷战时期苏联外交、冷战时期美国外交、宗教与外交等方面的著述。

第一章 冷战前美苏两国的"宗教遗产"

在美国，绝大多数公民都信仰上帝，并声称自己是基督徒。每一个月，都有一半以上公民至少去过一次教堂。① 因此，作为世界上最为宗教化的国家，宗教可以说是美利坚民族的精神源泉。有学者就认为："世俗化了的宗教是美国国家政治的基本依托。美国宗教与政治的关系过去是、现在是、将来一定还是密不可分的；研究和探索美国宗教与政治及其相互关系是我们了解美国文化和美国文明的基础和钥匙。"② 在宗教对美国外交政策的影响方面，美国学者莫瑞尔·赫尔德（Morrell Held）也指出：考察美国对外政策的起点是这样一种信仰，即在与外部世界的关系中美国拥有一种任何"他者"都不享有的天赋使命。③ 反观"十月革命"前的俄国，自988年基辅罗斯公国弗拉基米尔大公决定接受拜占庭帝国（Byzantine Empire）东正教神甫们的"洗礼"后，东正教（Eastern Orthodox Church）就成为俄国的国教，并孕育了俄罗斯民族的"救世主"观念、特殊使命感等"宗教情怀"。这种"政教合一型"的关系也使俄罗斯东正教会常常成为俄国对外扩张的"鼓吹者"与"先遣军"。"十月革命"后，苏维埃领导人对宗教负面作用的认知以及采取的宗教限制政策不但使两者的"蜜月期"戛然而止，也使俄罗斯东正教会由国家的一种"战略资产"转变为国家的一种"战略负担"，进而给苏联政府的内政外交都带来了一定的"困扰"。

第一节 "天赋使命"：冷战前美国的"宗教遗产"

美国著名历史学家小阿瑟·施莱辛格（Arthur Schlesinger, Jr.）认

---

① Lee Marsden, *For God's Sake: The Christian Right and US Foreign Policy*, London & New York: Zed Books, 2008, p. 11.
② 董小川：《20世纪美国宗教与政治》，人民出版社2002年版，第2页。
③ Morrell Heald, Lawrence S. Kaplan, *Culture and Diplomacy: The American Experience*, Westport, Conn: Greenwood Press, 1977, p. 4.

为,美国的外交政策到处充斥着"宗教"的信念,有着悠久的神学与宗教传统。美国"像其他国家一样具有天使的冲动和掠夺愿望的倾向",同时还怀有强烈的"上帝所选择的救世主来拯救堕落的世界"的宗教信念。① 库尔特·格拉瑟(Kurt Glaser)也指出,美国对外政策的基本道德常有着至高无上的宗教伦理根基。② 可以说,小阿瑟·施莱辛格和库尔特·格拉瑟对美国外交的历史洞若观火,宗教理念自殖民地始就渗透于美国外交政策与实践之中。

一 "山巅之城":殖民地时期的宗教精神

在哥伦布(Cristoforo Colombo)发现"新大陆"后,欧洲殖民者纷纷前往美洲开荒拓殖,建立殖民地。在英国,随着对清教徒(the Puritans)迫害的升级,一些清教徒"感到自己所在社会的日常生活有损于自己教义的严格性,所以去寻找世界上人迹罕至的不毛之地,以便在那里照旧按原来的方式生活和自由崇拜上帝"③。于是,一批批不甘忍受"宗教压迫"的分离派清教徒心怀创建"山巅之城"(city upon a hill)的宗教理想开始移民"新英格兰"(New England)。1620年,101名清教徒从莱顿(Leiden)出发,在威廉·布拉德福德(William Bradford)牧师的率领下乘坐"五月花号"帆船前往北美。在海上漂泊了66天后,于11月11日到达了马萨诸塞州(Massachusetts)的科德角(Cape Cod),并在离船登岸前签订了著名的"五月花号公约"(Mayflower Compact):"为了弘扬上帝的荣耀,发扬基督教的信仰,提升我们君主和祖国的荣誉,我们以上帝的名义用契约形式组成政治团体,以推进殖民地的共同利益。"④ "五月花号公约"成为北美英裔移民中第一项自愿达成的社区自治协议,其虽然是避免移民团体今后发生分裂和内讧而采取的一种权宜之计,但这种订立契约或协议来处理社区政治事务的方式却成为以后英裔移民群体的惯用方式,并成为未来美国的一项政治传统。⑤

---

① Arthur M. Schlesinger Jr., *The Cycles of American History*, Boston: Houghton Mifflin Company, 1986, p. 54.
② Kurt Glaser, *A Philosophy of American Foreign Policy*, Taipei, Graduate Institute of American Studies, Tamkang University, 1990, p. 30.
③ [法]托克维尔:《论美国的民主》,董果良译,商务印书馆1995年版,第40页。
④ Mayflower Compact, November 11, 1620.
⑤ 刘绪贻、杨生茂主编:《美国通史》第1卷,人民出版社2002年版,第116页。

1630年4月，在律师约翰·温斯罗普（John Winthrop）的率领下，近千名英国移民分乘4艘船只离开南安普顿（Southampton），前往马萨诸塞湾殖民地（Massachusetts Bay Colony），清教徒移民"大迁徙"（The Great Migration）开始。温斯罗普在"阿贝拉号"（Arbella）上发表了著名的"基督慈善之典范"（A Model of Christian Charity）的演讲。他说："我们将成为山巅之城，所有人的眼睛都在注视着我们。因此，如果我们在从事这项事业的过程中欺骗了我们的上帝，导致上帝不再像今天这样帮助我们，那么，我们只能留给世人一段故事并成为全世界的笑柄。我们将留给敌人诋毁上帝以及诋毁信仰上帝之信徒的口实；我们将使上帝的很多尊贵仆人遭受羞辱，导致其祈祷变成对我们的诅咒，直至我们被毁灭在这片希望之地。"① 为使越来越多的移民遵守上帝的法律，当选马萨诸塞湾殖民地总督的温斯罗普在1636年建立了哈佛大学（Harvard University），以培养牧师，确立移民者的清教观念。在日常的布道中，牧师们也常向清教徒们发问："你们来到这块土地上的目的是什么？"② 牧师们意在提醒清教徒们，他们远离故土来到新大陆，目的就是建立一个人人信仰上帝、享受宗教自由、成为世界标杆的"山巅之城"。

在殖民地，恶劣的自然环境要求建立高度一致的清教社会，但这种绝对一致的要求也导致信仰的封闭性，导致清教徒对非清教徒的排挤。一些非清教徒开始离开马萨诸塞，前往他地拓殖。例如，牧师威廉·布莱克斯（William Blacks）就对马萨诸塞殖民地当局不满，前往罗德岛拓殖，而清教的另一个反对派人物罗杰·威廉斯（Roger Williams）则率领一部分追随者也至罗德岛，由此建立了一个独立于马萨诸塞的新殖民地。③ 虽然在前往他地拓殖的进程中充满着危险与艰辛，但人们都坚信他们是上帝的选民，他们的使命是在新大陆建立"新以色列"④，一个注定与世界上的其他国家不同的国家。⑤ 托马斯·杰斐逊（Thomas Jefferson）也曾宣称，美

---

① John Winthrop, *A Model of Christian Charity*, 1630.
② James Axtell, *The School upon a Hill: Education and Society in Colonial New England*, New York: Norton, 1975, p. 4.
③ 刘绪贻、杨生茂主编：《美国通史》第1卷，人民出版社2002年版，第122页。
④ Larry Witham, *A City upon a Hill: How Sermons Changed the Course of American History*, New York: Harper Collins Publishers Inc., 2007, p. 2.
⑤ 周琪：《"美国例外论"与美国外交政策传统》，载《中国社会科学》2000年第6期，第83—94页。

国对世界的最好服务是建立一个《圣经》中记载的"山巅之城",向全人类召唤。①

二 "天定命运":美国"大陆扩张"的宗教动力

美国建国后,美国领导人一直坚持"孤立主义",以避免被卷入到"旧世界"的未来战争中去。需要指出的是,美国的这种"孤立主义"并非真正孤立,而是一种鉴于美国建国初期弱小综合国力的"权宜之计"。与"旧世界"相隔绝的同时,也向世界昭示"新大陆"是美国的地盘。作为"上帝的选民"的美利坚民族有"使命"、有义务把美国人的"公民自由和宗教自由"传播到"新大陆"的各个角落。在哥伦布发现"新大陆"300周年纪念日上,埃尔赫南·温切斯特(Elhanan Winchester)赞美上帝为所有国家受迫害的人准备了一个避难所,"使美国成为地球上第一个建立了平等的公民自由和宗教自由的地方",政教分离,"共存共荣"。温切斯特甚至认为圣·约翰(Saint John)对古费城(Philadelphia)教会的预言已经实现。"'看,我已在他们面前打开一扇门,没有人会关闭它。'(《启示录》2:8)这是一扇公民自由和宗教自由的大门;它已在北美的费城开启……它将扩大到整个世界。"② 威廉·詹姆斯(William James)也认为,上帝要求我们美国人"成为文明的传教士……因此,我们必须播种我们的希望,建立我们的秩序,把我们的上帝强加于人"③。

在大陆扩张时代,美国人不断开疆拓土,最终使美国达到了现今的近350万平方英里的陆地版图。在这一过程中,"天定命运"(Manifest Destiny)成为美国人行动的"精神指南"。美国领导人与社会名流也常借助这一"精神指南"为美国的扩张政策进行辩护。美国第三任总统托马斯·杰斐逊主张履行上帝的"使命",通过大陆扩张,走向太平洋。他因此也被誉为美国史上"天定命运"思想的首要阐述者。④ 约翰·亚当斯(John Adams)也认为,美国命中注定"要扩展到整个北美大陆,上帝和大自然

---

① 王玮、戴超武:《美国外交思想史:1775—2005年》,人民出版社2007年版,第34页。
② Walter A. McDougall, *Promised Land, Crusader State: The American Encounter with the World since 1776*, Boston: Houghton Mifflin Company, 1997, pp. 17 – 18.
③ 转引自周琪《"美国例外论"与美国外交政策传统》,载《中国社会科学》2000年第6期,第83—94页。
④ 王玮、戴超武:《美国外交思想史:1775—2005年》,人民出版社2007年版,第73页。

命中注定要它成为联合在一份社会契约下的人口最多、势力最强的民族"①。1811年，约翰·亚当斯在写给他父亲的信中指出："上帝似乎已经预定整个北美大陆要由一个国家的国民定居，他们说同一种语言，信奉同样的宗教和政治原则，习惯于相同的政治习俗。"② 在1819年的一次内阁会议上，他又指出，美国对整个大陆的控制如同密西西比河要流向海洋一样，完全是自然法则。③ 美国第七任总统安德鲁·杰克逊（Andrew Jackson）在谈到沿墨西哥湾（the Gulf of Mexico）的西南边疆时指出，"上帝已经把这片大峡谷给予了一个国家"，这个国家很明显就是美国。④ 1845年，纽约的一个杰克逊派人物（Jacksonian）约翰·奥沙利文（John O'Sullivan）认为，"我们的天定命运是，为了每年大幅增加的数百万人口的自由发展，向上帝指派给我们的这个大陆扩张"⑤。奥沙利文的意思很明显，美国作为上帝所选定的优秀民族，命中注定要向美洲大陆及世界其他地方扩张，这种扩张是执行上帝的意旨，是一种"天定命运"。针对西进运动，美国总统詹姆斯·波尔克（James Knox Polk）在1945年3月4日就职演说中称："外部强国似乎并未理解我国政府的真正特性。扩大它的疆界就是将和平的统治权扩大到其他领土和其他民众。"⑥ 19世纪美国著名小说家、诗人赫尔曼·梅尔维尔（Herman Melville）曾宣扬："我们美国人是特殊的选民——我们时代的以色列人，我们驾驶着世界自由的方舟。……上帝已经预言，人类也期望我们的民族作出伟大的事情。"⑦ 在美国内战后，随着西进运动的继续，到1890年左右西部已没有大片可以拓殖的"边疆"了，而海外扩张成为美国人合乎逻辑的选择。

---

① Bradford Perkins, "The Creation of a Republican Empire, 1776 – 1865", in Warren I. Cohen, ed., *The Cambridge History of American Foreign Policy*, Vol. I, Cambridge: Cambridge University Press, 1993, p. 4.

② 亚历山大·德孔德：《美国外交史百科全书》第2卷，第527页。转引自刘绪贻、杨生茂主编《美国通史》第2卷，人民出版社2002年版，第235页。

③ 同上书，第236页。

④ Robert V. Remini, *Andrew Jackson*, New York: Palgrave Macmillan, 2008, p. 1.

⑤ Bradford Perkins, "The Creation of a Republican Empire, 1776 – 1865", in Warren I. Cohen, ed., *The Cambridge History of American Foreign Policy*, Vol. I, Cambridge: Cambridge University Press, 1993, p. 177.

⑥ James K. Polk, Inaugural Address, March 4, 1845, Online by Gerhard Peters and John T. Woolley, *The American Presidency Project*, http://www.presidency.ucsb.edu/ws/?pid=25814.

⑦ 转引自 Andrew Delbanco, *The Real American Dream: A Meditation on Hope*, Cambridge: Harvard University Press, 1999, p. 57。

三 "基督使者":美国"海外扩张"的宗教理念

在海外扩张时期,一种新的"天定命运说"流行起来。该学说认为,盎格鲁—撒克逊民族是世界上最优秀的民族,美国人是上帝的选民,是被上帝挑选出来领导落后民族的基督教徒,它注定要担任"文明传播者"的使命。因此美利坚民族"有能力把它的制度传播于全人类,把它的统治扩大到整个地球"①。美国哈佛大学历史学教授约翰·菲斯克(John Fiske)则用社会达尔文主义来解释美国的对外扩张。他在《天定命运》一文中宣称:"美国经过自然选择,已经成为最优秀的国家。这也表明适于生存的美国人统治不适于生存的人是自然的选择。"② 美国著名福音派牧师约西亚·斯特朗(Josiah Strong)在1885年出版的《我们的国家:可能的未来与当前的危机》(*Our Country: Its Possible Future and Its Present Crisis*)一书中极力讴歌盎格鲁—撒克逊(Anglo-Saxon)民族的扩张主义,认为美国肩负着"基督教化"世界的神圣使命。③ 此外,该学说还与地缘政治结合起来,宣称美国必将控制亚洲,成为世界文明的中心。布鲁克斯·亚当斯(Brooks Adams)就宣扬:"世界文明的一些中心,都是随着经济财富和边疆提供的机会环绕地球向西伸展,并且这条伸展的路线是显而易见的:从地中海沿岸地区通过西欧到大不列颠,然后横越大西洋到北美大陆。"④ 亚当斯的意思很明显,就是美国随着财富的增长,以及不断地拓展边疆,将成为世界文明的中心。美国总统威廉·麦金莱(William McKinley)也比较赞成进行海外扩张,他在1898年的一份报告中声称,美国人民一致认为美国在亚洲负有使命。⑤ 针对菲律宾问题,美国的扩张主义者认为,"取得这些领土显然是我们天赋的使命"。此外,"我们作为一个开明的国家和一个基督教国家,有责任使那些地方愚昧和误入歧

---

① 刘绪贻、杨生茂主编:《美国通史》第3卷,人民出版社2002年版,第337页。
② John Fiske, Manifest Destiny, *Harper's Magazine*, Vol. 120 (1895), pp. 578 – 590.
③ Walter LaFeber, "The American Search for Opportunity, 1865 – 1913", in Warren I. Cohen, ed., *The Cambridge History of American Foreign Policy*, Volume Ⅱ, Cambridge: Cambridge University Press, 1993, p. 99.
④ 丁则民:《"边疆学说"与美国对外扩张政策》(上),载《世界历史》1980年3月,第16—23页。
⑤ Walter LaFeber, "The American Search for Opportunity, 1865 – 1913", in Warren I. Cohen, ed., *The Cambridge History of American Foreign Policy*, Volume Ⅱ, Cambridge: Cambridge University Press, 1993, p. 159.

途的居民获得新生"①。1901年1月9日,美国共和党参议员艾伯特·贝弗里奇(Albert Beveridge)在国会发表演讲说:"菲律宾永远属于我们美国的领土,我们将不会放弃在该群岛海域的责任。我们将不会抛弃在上帝庇佑下我们的种族和作为托管人以及世界文明的使命的所属部分。"② 在美国人的眼中,中国不但是一个巨大的市场,也是美国传教士要"基督化"的一个"禾场"。卫三畏(Samuel W. Williams)早就宣称中国不但需要西方的技术,也需要基督教义。③ 明恩溥(Arthur H. Smith)也声称,要改造中国,只有"永久地、彻底地接受基督教文明"④。

美国总统伍德罗·威尔逊(Woodrow Wilson)曾宣称,"我比其他任何人更深信美国的命运,我相信她有一种精神能量,任何其他国家都不能用此帮助人类获得解放。……(在战争中)美国享有履行其使命和拯救世界的无限特权"⑤,并试图使世界相信"美国进入墨西哥是为了人类的利益"⑥。有学者甚至将威尔逊在总统任期内实施的外交政策贴上"传教士外交(missionary diplomacy)"⑦ 的标签。第二次世界大战期间,美国总统富兰克林·罗斯福(Franklin D. Roosevelt)曾私下声称美国是"一个新教国家"⑧,并在给国会的信息中表示:"我们努力奋斗的目的是使我们神圣的遗产变为现实。"⑨ 为号召美国民众团结一致,反对德国法西斯,罗斯福于1941年10月27日发表广播演说,宣称获得了"一份德国政府制

---

① [美]乔治·凯南:《美国外交》,葵阳等译,世界知识出版社1989年版,第12页。
② 刘绪贻、杨生茂主编:《美国通史》第4卷,人民出版社2002年版,第113页。
③ 张仲礼、黄仁伟:《中美关系的深刻底蕴:两种文化的底蕴》,载《社会科学》1998年第8期,第21—25页。
④ [美]亚瑟·亨·史密斯:《中国人的性格》,乐爱国、张华玉译,学苑出版社1998年版,第284页。
⑤ Arthur M. Schlesinger, Jr., *The Cycles of American History*, Boston: Houghton Mifflin Company, 1986, p. 16.
⑥ Kenneth W. Thompson, ed., *Moral Dimensions of American Foreign Policy*, New Brunswick, New Jersey: Transaction publishers, 1984, p. 3.
⑦ Alexander DeConde, et al., *Encyclopedia of American Foreign Policy: Studies of the Principal Movements and Ideas*, New York: Charles Scribner's Sons, 2002; Klaus Schwabe, *Woodrow Wilson, Revolutionary Germany, and Peacemaking, 1918–1919: Missionary Diplomacy and the Realities of Power*, Chapel Hill: University of North Carolina Press, 1985.
⑧ Kevin M. Schultz, "Religion as Identity in Postwar America: The Last Serious Attempt to Put a Question on Religion in the United States Census", *The Journal of American History*, Vol. 93, No. 2 (September 2006), pp. 359–384.
⑨ John B. Judis, "The Chosen Nation: The Influence of Religion on U. S. Foreign Policy", *Policy Brief* 37, Washington D. C., Carnegie Endowment for International Peace, 2005, pp. 1–7.

定的文件。这是一个消灭所有现存宗教——新教、天主教、伊斯兰教、印度教、佛教、犹太教等——的计划。所有教会的财产将会被德意志帝国及其傀儡所占有。十字架和宗教的所有其他象征将被禁止。在集中营的惩罚下，所有的牧师将保持缄默，而那些无所畏惧的人将受到折磨，因为其将上帝置于希特勒之上"①。德国法西斯的极权主义对宗教，特别是对基督教构成了巨大的威胁，美国必须捍卫世界各地的自由。

从历史的视角来说，美国是一个"年轻的国度"，但其却为冷战初期的杜鲁门政府留下了丰富的宗教遗产。这些宗教遗产体现在三种不同但又紧密相连的"宗教理念"中：第一种宗教理念是，美利坚民族是上帝挑选的民族，美国人是上帝的选民，因此美国作为"山巅之城"是世界的"灯塔"与"榜样"，其他国家应该仿效美国；第二种宗教理念是，因为美利坚民族是上帝挑选的民族，因此美国肩负着改变和"基督化"世界的"使命（mission）"；第三种宗教理念是，在执行上帝赋予的改变世界的神圣使命时，美国代表着战胜邪恶的正义力量。这些宗教理念暗含着美国人看待世界的一种二元对立式的思维方式：优等民族与劣等民族、文明与野蛮、正义与邪恶，等等，并为美国对外扩张提供了"合法性"根基。冷战前美国的"宗教遗产"可以简表形式列于下：

冷战前美国的"宗教遗产"

时　　期	宗　教　理　念
殖民地时期（1600—1776）	"山巅之城"（city upon a hill）
革命与建国初期（1776—1815）	上帝的选民
大陆扩张时期（1815—1897）	天定命运（Manifest Destiny）
海外扩张时期（1898—1945）	基督使者

第二次世界大战结束后，许多美国官员也开始利用这些"宗教遗产"来美化美国的外交政策，用《启示录》上的术语来渲染"苏联威胁论"，把苏联丑化为不但威胁西欧也威胁美国的"恶魔中心"（the demonic center），将美苏冷战描述为《圣经》中所说的世界末日的善恶大决战（Armageddon）。② 对此，布莱恩·赫尔（Bryan J. Hehir）曾提醒人们要清醒

---

① William Inboden, *Religion and American Foreign Policy*, 1945 – 1960: The Soul of Containment, New York: Cambridge University Press, 2008, p. 16.

② John B. Judis, "The Chosen Nation: The Influence of Religion on U. S. Foreign Policy", *Policy Brief* 37, Washington D. C., Carnegie Endowment for International Peace, 2005, pp. 1 – 7.

地认识到:"宗教信念和考虑渗透于整个冷战时期的美国政治与政策中。"①

第二节 "战略资产"抑或"战略负担"? 冷战前苏联的"宗教遗产"

在谈及以色列(The State of Israel)对美国的战略价值时,A. F. K. 奥根斯基(A. F. K. Organski)认为,以色列是美国在冷战中的主要战略资产。约翰·J. 米尔斯海默与斯蒂芬·M. 沃尔特则认为,以色列不是美国的战略资产,相反,它已经成为美国的战略负担。② 俄罗斯东正教会对于俄国及苏联政府来说也具有相似的情势。自"罗斯受洗"、东正教成为罗斯公国的国教后,教会就常宣扬皇权神授,"鼓吹"王权统治的合法性,在东正教徒的心目中树立王者"神圣的光环"。在沙俄时期,俄罗斯东正教会也常鼓吹沙皇政权的合法性与神圣性,极力维护俄国的君主专制制度。在面临外敌入侵时,教会人士也表现出了传统的爱国主义精神,奋力拯救国家。③ 从这一时期俄罗斯东正教会对世俗政权的作用来说,其显然是世俗政权的一种"战略资产"。十月革命后,苏维埃政府更为强调宗教"两面性"中的负面、消极的一面,因此采取了限制宗教的政策,结果导致大量宗教难民涌入他国,从而使国内宗教议题穿越边界成为国际议题,④ 进而使宗教成为苏维埃政府的一种"战略负担"。在卫国战争时期,苏联政府停止了反宗教宣传及限制宗教的政策⑤,结果俄罗斯东正教会为卫国战争作出了很大贡献,成为国家的一种"战略资产"。

---

① Bryan J. Hehir, "Religious Freedom and U. S. Foreign Policy: Categories and Chocies", in Elliott Abrams, ed., *The Influence of Faith: Religious Groups and U. S. Foreign Policy*, Lanham MD: Rowman and Littlefield, 2001, p. 36.

② [美] 约翰·J. 米尔斯海默、斯蒂芬·M. 沃尔特:《以色列游说集团与美国对外政策》, 王传兴译, 上海人民出版社2009年版, 第67—68页。

③ 乐峰主编:《俄国宗教史》(上), 社会科学文献出版社2008年版, 第485—495页。

④ Jonathan Fox and Shmuel Sandler, *Bringing Religion into International Relations*, New York: Palgrave Macmillan, 2004, pp. 164 – 165.

⑤ 如战斗的无神论者同盟在1941年被取消, 宣传无神论的出版物被停办; 政府支持的"生活教会"(Living Church) 最终失败, 苏联境内的教堂又重新开放。参见 Felix Corley, *Religion in the Soviet Union: An Archival Reader*, London: Macmillan Press LTD., 1996, p. 130.

一 "战略负担":卫国战争前的俄罗斯东正教会

有学者认为,在苏联统治的第一个十年期间,宗教对苏联外交政策的影响主要是消极的。① 对此观点,笔者持赞成态度,并且认为在 1941 年之前,曾为俄国"战略资产"的俄罗斯东正教会对苏维埃政府来说,其作用主要是消极的,是一种"战略负担"。

(一)吉洪牧首时期的俄罗斯东正教会

1917 年 8 月 15 日,俄罗斯东正教会在莫斯科召开了全俄主教会议,会议决定恢复牧首制,并选举吉洪(Tikhon)为第 11 任莫斯科和全俄东正教会大牧首② (Patriarch of Moscow and All Russia)。同年 11 月 7 日(俄历 10 月 25 日),在列宁的领导下,"十月革命"取得了伟大胜利,建立了人类历史上第一个社会主义国家——俄罗斯苏维埃联邦社会主义共和国。鉴于共产主义的无神论意识形态,俄罗斯东正教会及其神职人员对列宁领导的"十月革命"及之后建立的苏维埃政府,都抱着较为敌视的态度。在国内,俄国"所有教会的报纸杂志都发表文章诽谤社会主义革命,污蔑布尔什维克党及其领导人,说他们建立的苏维埃政府是非法的,因而教会不予承认与支持"。除此之外,俄罗斯东正教会还"采取了各种行动破坏苏维埃政府的各项措施以及政府在广大人民群众中的威信,甚至于组织教徒群众进行政治示威和采取军事行动反对年轻的苏维埃共和国"③。1918 年 1 月 19 日,吉洪大牧首在写给教会及教徒的信中,公开诅咒苏维埃政府及其领导人,号召神职人员和教徒们积极投入反抗苏维埃政府的斗争,"不要和人类中那些败类合作;你们应当把那恶人从你们中间赶出去"④。在 1918 年 1 月 23 日苏维埃政府颁布"教会同国家分离、教会同学校分离"⑤ 的法令后,俄罗斯东正教会呼吁并动员全体教徒:团结起

---

① William C. Fletcher, *Religion and Soviet Foreign Policy*, 1945 – 1970, New York: Oxford University Press, 1973, p. 10.
② 指东正教中最高级的主教,又称"宗主教"。参见卓新平《基督教小辞典》,上海辞书出版社 2001 年版,第 586 页。
③ 乐峰主编:《俄国宗教史》(上),社会科学文献出版社 2008 年版,第 134 页。
④ [俄]赫克:《俄国革命前后的宗教》,高骅、杨缤译,学林出版社 1999 年版,第 57—58 页。
⑤ 这部法令总共 13 条,核心内容是宣布教会与国家分离、教会与学校分离等,但其对教会的最大打击在于宣布任何教会与宗教团体都无权持有自己的财产,其一切财产为人民的财产。

来、不分男女老少、围绕在教会和神职人员的周围，保护我们的教会……用我们的血去获得一项殉教者的桂冠。①

于是，在苏俄国内革命战争时期，俄罗斯东正教神甫们给予白匪（the Whites）积极的道义支持。在1918年6月沙皇家族被处决之后，叶卡特琳堡（Ekaterinburg）的主教组织了一次支持沙皇的游行示威，在1919年2月公开庆祝亚历山大·高尔察克（Aleksandr Vasilyevich Kolchak）进军大城市。西伯利亚（Siberia）的神职人员还组织了一支"耶稣旅"（Jesus Brigades）来支援高尔察克。高级教士利用他们的巨大影响力在南方战线支持安东·邓尼金（Anton Denikin），并向西欧的公众发出呼吁，请求帮助。②此时，梵蒂冈国务卿红衣主教（Cardinal Bishop）③加斯帕里则发电报给列宁，"请他保护所有基督教神职人员特别是东正教徒的生命"④。

随着苏俄国内革命战争的结束，随白匪的奔溃而逃离苏联的神甫⑤常带着反苏的情感参与母教会，并在国际事务中给新生的苏联政府制造"麻烦"。例如在1921年12月，海外俄罗斯东正教会在南斯拉夫（Yugoslavia）的卡尔洛维茨大教堂召开会议，以宗教原因向在瑞士日内瓦（Genoa）的欧洲经济会议（the European Economic Conference）呼吁对俄罗斯进行新的干预。⑥同时，卡尔洛维茨宗教会议（Karlovtzy Synod）还认为，在苏维埃政府面临严峻的国内饥荒情况下，俄罗斯东正教会应利用其巨大的影响力联合被打败的白军，尝试支持试图推翻苏维埃政府的行动。这更加固了苏维埃政府的意识形态论题，即教会在本质上是反革命的。在1921年至1922年的大饥荒时期，虽然大牧首吉洪于1921年8月建立了全俄教会救济饥民委员会，并呼吁"世界人民和东正教徒"帮助

---

① 转引自乐峰《东方基督教探索》，宗教文化出版社2008年版，第241页。
② William B. Husband, "Soviet Atheism and Russian Orthodox Strategies of Resistance, 1917 – 1932", *Journal of Modern History*, Vol. 70, No. 1 (1998), pp. 74 – 107.
③ 指"枢机主教"，是天主教罗马教廷中最高级主教，其职由教宗直接任命，分掌教廷各部和许多国家重要教区的领导权。因其身着红色衣服，故亦称"红衣主教"。参见卓新平编《基督教小辞典》，上海辞书出版社2001年版，第584页。
④ "雷萨科夫斯基就欧洲局势致萨宗诺夫"，1919年3月25日，载沈志华总主编《苏联历史档案选编》第3卷，社会科学文献出版社2002年版，第681页。
⑤ 即"神父"，东正教的一般神职人员，协助主教管理教务，一般为一个教堂的负责人。参见卓新平编《基督教小辞典》，上海辞书出版社2001年版，第591页。
⑥ William C. Fletcher, *Religion and Soviet Foreign Policy*, 1945 – 1970, New York: Oxford University Press, 1973, p. 10.

快要饿死的饥民①,但苏维埃政府依然以救济饥民为由,强行没收了教会所拥有的金银珠宝。因为苏维埃政府坚信:在当前饥荒遍地,几百万公民濒临死亡的艰难岁月里,俄国宗教界的国际资本主义走狗们在国外集会演说,表露了他们的潜心意图:以恢复罗曼诺夫家族皇位的名义,幻想把俄国的政权还给地主和资本家。②

虽然列宁反对对教会进行直接攻击③,但在饥荒时期教会神职人员及教徒对苏维埃政府没收教会财产法令的反抗使列宁作出指示:"我们可以用最猛烈、最无情的力量去没收教会的珍宝,对任何对抗都坚决镇压。"④结果"在1921年至1922年没收教会财产的过程中,光是神甫就死了591位。在接下来的1923年至1926年,近50位主教或者被枪毙,或者死于流放的途中"⑤。没收教会财产的行为及对教会的限制导致了对苏维埃政府的国际抗议。英国坎特伯雷大主教(the Archbishop of Canterbury)、约克大主教(the Archbishop of York)等一些英国神父"抗议迫害以吉洪大牧首为代表的俄国教会"⑥,"英国甚至威胁从苏联撤回贸易代表团,终止英苏贸易协定"⑦。

(二) 临时代理谢尔盖时期的俄罗斯东正教会

对于宗教的社会功能,斯大林认为其主要作用是"负面的、消极的"。在会见美国工人代表团的谈话中,斯大林就明确表示:"党对待宗教是不能保持中立的……因为任何宗教都是科学的对立物。"因此,

---

① 沈志华总主编:《苏联历史档案选编》第2卷,社会科学文献出版社2002年版,第389页。

② "彼得格勒等地'进步神职人员'团体至俄罗斯东正教徒的呼吁书",1922年5月10日,载沈志华总主编《苏联历史档案选编》第2卷,社会科学文献出版社2002年版,第451页。

③ CK3100676182, Program for Support of the Orthodox Church, April 27, 1953, Declassified Documents Reference System (here after cited as DDRS).

④ 《列宁关于没收教会珍宝致莫洛托夫并转俄共(布)中央政治局各委员的信》,1922年3月19日,载沈志华总主编《苏联历史档案选编》第2卷,社会科学文献出版社2002年版,第412页。

⑤ Jean Meyendorff, *Orthodox Church: Its Past and Its Role in the World Today*, New York: St, Vladimir's Seminary Press, 1996, p. 117.

⑥ 《托洛茨基就英国神父的抗议至斯大林等人的信》,1922年6月2日,载沈志华总主编《苏联历史档案选编》第2卷,社会科学文献出版社2002年版,第463页;"Comments on the reply of the Soviet Govt, to the protest of the Archbishop of Canterbury against Bolshevik persecution of the Church", June 27, 1922, Documents on British Policy Overseas (here after cited as DBPO).

⑦ "The Marquess Curzon of Kedleston to Mr, Hodgson (Moscow)", May 2, 1923, DBPO.

"我们在坚持教会与国家分离,宣称宗教自由的同时,我们保留每位公民通过辩论、宣传、鼓动同任何宗教进行斗争的权利。"① 于是,在大牧首吉洪于1925年逝世之后,其指定的继任者一个又一个地被送进监狱,这迫使俄罗斯东正教会临时代理(Locum Tenens)都主教(Metropolitan)② 谢尔盖(Sergei)改变教会的政治立场,宣誓忠于苏联政府,以试图"劝说政府在法律上承认教会是国家社会组织的一部分,在承认教会是国家中一种拥有积极的道德功能和力量的基础上,与教会和平相处"③。1927年8月19日,谢尔盖向苏联境内的东正教神甫和教徒发表了一份公开信,信中表示,"我们要向苏维埃政府表示我们全体的感谢,它是如此关心东正教居民的宗教需求",因此,"我们要使政府相信,政府信任我们,我们是不会以怨报德的"。"我们希望成为东正教徒,同时又意识到苏联是我们的非宗教祖国,它的欢乐与成就,也是我们的欢乐与成就,而它的挫折也就是我们的挫折。任何对苏联的打击,不管是战争、抵制、某种社会灾难,还是来自阴暗角落里的野蛮谋杀,我们认为也是对我们的打击。作为东正教徒,我们会记住自己作为苏联公民的使命。"④

虽然苏联境内的俄罗斯东正教会决定在政治上拥护苏维埃政府,但国外俄罗斯东正教会并不认同临时代理谢尔盖的观点,认为谢尔盖的信件"是在反宗教的苏维埃政权的强大压力下写成的,其目的是在反宗教的布尔什维克政权和东正教教会之间建立联盟,从而把教会作为这个政权不仅在俄罗斯境内,而且在国外的工具"⑤。但这一时期,苏联政府并未视俄罗斯东正教会为其内外政策的工具,因为苏联政府并未停止反宗教宣传及其对宗教组织的限制。"1917年俄国有46457个东正教堂,50960位神甫,130位主教。相比之下,在1941年只有4225个东正教堂,5665位神甫,

---

① K. E. B., "Anti-Religious Propaganda in Schools", *Soviet Studies*, Vol. 1, No. 4 (April 1950), pp. 392–396.

② 基督教高级主教的职称,在东正教会中指重要城市教会的主教。参见卓新平编《基督教小辞典》,上海辞书出版社2001年版,第588页。

③ Philip Walters, "The Russian Orthodox Church and the Soviet Union", *Annals of the American Academy of Political and Social Science*, Vol. 483 (January 1986), pp. 135–145.

④ 《谢尔盖都主教致神甫和教民的信》,1927年8月19日,载沈志华总主编《苏联历史档案选编》第2卷,社会科学文献出版社2002年版,第666—667页。

⑤ "国外俄罗斯东正教第四次高级僧侣会议记录摘要",1927年9月5日,载沈志华总主编《苏联历史档案选编》第2卷,社会科学文献出版社2002年版,第678页。

28位主教。"① 伊斯兰教方面，在1912年有26000个清真寺（mosques），而在1942年只有1300个清真寺。②

虽然国内存在政府对宗教组织及宗教徒的限制，但谢尔盖在1930年2月15接受外国记者采访时还是给予了公开否认，指出政府对宗教的政策是公平的。③ 国外也并未停止对苏联宗教政策的批评，1930年2月2日罗马教宗庇护十一世（Pope Pius XI）就号召世界各地的基督徒，竭尽全力救助苏联境内的基督徒及其他教徒，以使他们少受磨难。由于国外有关苏联迫害宗教徒的言论严重损毁了苏联政府及对外政策的形象，苏联政府不得不要求一些国内相关人士（如E. A. 杜契科夫）撰写宗教类文章以反驳西方的指责。④

二 "战略资产"：卫国战争时期的俄罗斯东正教会

1941年6月22日苏联卫国战争爆发后，遭受限制的俄罗斯东正教会及教徒对苏联政府应"落井下石"与德国法西斯相勾结，抑或"同仇敌忾"共同对付德国法西斯？面对德国法西斯的侵略，部分俄罗斯东正教会主教选择了与"敌"为友，与苏联政府为敌。在波罗的海三国，立陶宛的东正教会大主教⑤沃斯克列辛斯基（Voskresensky）、爱沙尼亚东正教会的大主教亚历山大、拉脱维亚东正教会的领导人奥古斯丁在德国占领军的支持下，宣布教会独立。⑥ 乌克兰弗拉基米尔—沃伦斯基市的主教波立卡尔普（Polycarp）则大肆宣扬，乌克兰应当独立于苏联，并为德国侵略者践踏苏联土地和杀戮苏联人民的残暴行径进行辩护，并大唱赞歌。此

---

① Philip Walters, The Living Church, 1922 - 1946, Religion in Communist Lands, Vol. 6, Issue 4 (1978), pp. 235 - 243.

② Religion and Modernization in the Soviet Union by Dennis J, Dunn; Christian Religion in the Soviet Union by Christel Lane; Antireligious Propaganda in the Soviet Union by David E. Powell; Ultimate Questions: An Anthology of Modern Russian Religious Thought by Alexander Schmemann Review by: George M. Young, Jr. Journal for the Scientific Study of Religion, Vol. 18, No. 2 (June 1979), pp. 205 - 209.

③ William C. Fletcher, A Study in Survival: The Church in Russia, 1927 - 1943, New York: The Macmillan Company, 1965.

④ 傅树政、雷丽平：《俄国东正教会与国家》（1917—1945），社会科学文献出版社2001年版，第137页。

⑤ 在东正教会内，一般指牧首所管辖的主教，地位低于都主教，一般主管一个大教区。参见卓新平编《基督教小辞典》，上海辞书出版社2001年版，第588—589页。

⑥ 乐峰：《东方基督教探索》，宗教文化出版社2008年版，第256—257页。

外，白俄罗斯的一些东正教神职人员也于 1942 年 8 月 30 日至 9 月 2 日在首府明斯克举行了宗教大会，宣称"白俄罗斯东正教会"正式独立，脱离莫斯科牧首区（the Moscow Patriarchate）的宗教管辖（religion jurisdiction）。在大主教菲洛费依的倡议下，大会还致电德国法西斯头目阿道夫·希特勒（Adolf Hitler），感谢他把白俄罗斯从布尔什维克无神论者那里解放出来，希望他尽可能快地取得最后的胜利。①

面对德国法西斯的侵略，大部分俄罗斯东正教会主教都站在国家与民族的立场上，谴责和抵抗德国法西斯，站在苏联政府一边。苏联卫国战争爆发的当天，俄罗斯东正教会临时代理谢尔盖就立刻发表了一封告全体东正教徒的牧函（a pastoral letter），力劝所有俄罗斯东正教徒参与到保卫祖国（homeland）的战斗中去②，在国家最需要他们的时刻证明自己的爱国情怀。③ 谢尔盖在牧函中表示，我们俄罗斯的居民一直怀有希望，已蔓延到全世界的战火不会殃及我们。但残暴的德国法西斯却突袭了我们，俄罗斯人民的鲜血已染红了疆土。祖国需要我们团结起来抗击法西斯，因为我们东正教会一直与祖国同呼吸，共命运。④ 1941 年 10 月，谢尔盖向全国发表演讲，谴责"所有在德占区同敌人积极合作的、像犹大（Judas）一样的神甫"⑤。1941 年 11 月 11 日，谢尔盖又发表第三封致所有俄罗斯东正教神职人员与教徒的牧函，指出俄罗斯东正教会应"以基督教文明的名义，为人类良心和宗教自由宣布对希特勒进行圣战"⑥。在 1942 年的彼得格勒（Leningrad）战役中，都主教阿列克谢（Aleksei）一直鼓励苏联红军，指出 700 年前亚历山大·涅夫斯基（Aleksandar Nevski）与日耳曼骑士团大战的胜利是"在上帝的帮助下俄罗斯人的伟大信仰"的胜利，"今天的情况与历史极为相似，我们相信所有的天国的军队也将站到我们这一边"⑦。1942 年 9 月 22 日，谢尔盖又发表第四封公开信，强调俄罗斯

---

① 乐峰：《东正教史》（修订本），中国社会科学出版社 1996 年版，第 194—195 页。
② CK3100676182, Program for Support of the Orthodox Church, April 27, 1953, DDRS.
③ 斯大林在 1941 年 7 月 3 日才发表讲话，号召国民拿起武器同德国法西斯作斗争。
④ Dimitry Pospielovsky, *The Russian Church Under the Soviet Regime* 1917 – 1982, New York: St. Vladimir's Seminary Press, 1984, pp. 194 – 195.
⑤ Ibid., p. 195.
⑥ 转引自傅树政、雷丽平《俄国东正教会与国家》（1917—1945），社会科学文献出版社 2001 年版，第 165 页。
⑦ 雷丽平：《斯大林与赫鲁晓夫时期苏联的宗教政策与政教关系》，吉林大学博士学位论文，2006 年，第 81 页。

东正教会将一直与苏联政府站在一边同德国法西斯进行战斗,并告诫包括东正教徒在内的所有俄国人民,在面对试图毁灭整个俄罗斯民族的德国法西斯时,唯一的出路是与之决一死战。① 当天,谢尔盖还与其他 12 名总主教通过第 27 号决议,谴责波罗的海地区投靠德国法西斯的卖国大主教。决议说:如果他们与纳粹勾结的消息被证实是真实的话,那么主教们应采取必要的措施纠正他们的路线……并向大牧首提交一份准确的报告,以便将来在教会法庭上有足够的证据审判他们。② 之后,俄罗斯东正教会还决定将那些支持纳粹德国的主教和神甫们逐出教会,开除教籍。为团结国内民众一致抗击德国法西斯,俄罗斯东正教会开始向苏联人民及东正教徒"神化"苏联领导人,把斯大林描述为"我们军队和文化力量的由神指派的领导人"③。此外,各地方教会及教徒还纷纷捐款用于抗战。截至 1944 年 10 月,教会所获捐款总额达 1.5 亿卢布。④ 用这些捐款组建的以亚历山大·涅夫斯基命名的飞机战斗队和以德米特里·顿斯科伊(Dimitry Donskoi)命名的坦克大队都在战争中立下了功劳。⑤

除了在国内动员教徒及民众抗战外,在国际方面,俄罗斯东正教会也为苏联的反法西斯战争做了不少工作。首先,俄罗斯东正教会在 1942 年出版了名为"俄国宗教真相"(The Truth about Religion in Russia)⑥、"俄罗斯东正教会与卫国战争"(The Russian Orthodox Church and the Great Patriotic War)⑦ 等系列出版物,其主要目的在于向国内外读者表明苏联政府对宗教一直是友好的,而那些对苏联政府迫害宗教徒的指责是没有根据

---

① 雷丽平:《斯大林与赫鲁晓夫时期苏联的宗教政策与政教关系》,吉林大学博士学位论文,2006 年,第 69 页。

② 转引自傅树政、雷丽平《俄国东正教会与国家》(1917—1945),社会科学文献出版社 2001 年版,第 165—166 页。

③ Alex Inkeles, "Family and Church in the Postwar U. S. S. R.", *Annals of the American Academy of Political and Social Science*, Vol. 263, The Soviet Union Since World War Ⅱ (May, 1949), pp. 33 – 44.

④ Dimitry Pospielovsky, *The Russian Church Under the Soviet Regime* 1917 – 1982, New York: St, Vladimir's Seminary Press, 1984, p. 200.

⑤ 转引自乐峰主编《俄国宗教史》(上),社会科学文献出版社 2008 年版,第 147 页。

⑥ Michael Bourdeaux, *Opium of the People*: *The Christian religion in the U. S. S. R.*, London & Oxford: Mowbrays, 1977, p. 59.

⑦ Anna Dickinson, "Domestic and Foreign Policy Considerations and the Origins of Post – war Soviet Church-State Relations, 1941 – 1946", in Dianne Kirby, ed., *Religion and the Cold War*, New York: Palgrave Macmillan, 2003, p. 26.

的。其次，基辅（Kiev）的俄罗斯东正教会都主教尼古拉（Nikolai）于1943年11月向乌克兰自治教会的支持者发表了一份严厉的警告，表示他认可"乌克兰人民爱好和平的品质"，尊敬他们"对祖国的热爱"，力劝他们"忠诚于我们的神圣的东正教母教会"，把"所有那些背叛教会的有罪人"视为法西斯主义者和反基督者。① 再次，大主教尼古拉向罗马尼亚（Romania）的东正教会和士兵，南斯拉夫、捷克斯洛伐克（Czechoslovakia）和希腊等国的人民和教会发表演讲，呼吁人们坚决抵抗德国法西斯的侵略。② 最后，俄罗斯东正教会向南斯拉夫、罗马尼亚、捷克斯洛伐克等国的东正教徒发出呼吁，希望大家不要"同根相残"，而应团结一致，共同抗击人类共同的敌人——德国法西斯。此外，俄罗斯东正教会还向国外的东正教会领导人发送电报，邮寄信件，呼吁支持、支援苏联反抗德国法西斯的战争。

俄罗斯东正教会在卫国战争中作出的贡献也得到了苏联政府的认可，加之美英开辟第二战场的条件之一是苏联必须承认东正教地位的合法化③，斯大林和莫洛托夫于1943年9月4日接见了俄罗斯东正教会领导人。在会谈中，斯大林表示准许俄罗斯东正教会选举继任牧首、开办神学院（seminary）和圣经学校、出版宗教刊物，允许教会修建教堂，扩大东正教教区（parishes）及同国外教会进行往来。④ 在会谈结束时，斯大林强调俄罗斯东正教会将会得到政府的充分支持（full support），并要求以"布尔什维克的速度"（at a Bolshevik tempo）举办全俄主教会议（sobor）。⑤ 得到苏联政府的积极支持后，俄罗斯东正教会迅速开展了各种活动。

首先，1943年9月8日，全俄主教会议在莫斯科召开，并选举谢尔盖为莫斯科和全俄东正教会大牧首。会上，谢尔盖在《关于教会在战争

---

① Jordan Hupka, The Russian Orthodox Church as a Soviet Political Tool, *Constellations*, Vol. 2, No. 2 （Winter 2011）, pp. 31 – 40.
② Dimitry Pospielovsky, *The Russian Church Under the Soviet Regime* 1917 – 1982, New York: St, Vladimir's Seminary Press, 1984, p. 208.
③ 傅树政、雷丽平：《俄国东正教会与国家》（1917—1945），社会科学文献出版社2001年版，第175页。除了上述原因外，斯大林希望利用国内一切力量（包括宗教力量）来赢得战争的胜利、德国在占领区所实施的复兴宗教政策等原因也迫使苏联政府改变原来的宗教限制政策。
④ 乐峰主编：《俄国宗教史》（上），社会科学文献出版社2008年版，第148页。
⑤ Jordan Hupka, The Russian Orthodox Church as a Soviet Political Tool, *Constellations*, Vol. 2, No. 2 （Winter 2011）, pp. 31 – 40.

头两年的工作》的报告中明确指出:"我们不必长久考虑在战争中应采取哪种立场……德国法西斯侵犯并试图毁灭我们的祖国,奴役我们的同胞……因此,只凭正义感就不允许我们采取任何其他的立场。"① 我们的立场必然是反对德国法西斯,支持苏联政府。会议谴责"背叛信仰和我们祖国的叛徒"②,呼吁全世界所有基督徒,"和睦地、兄弟般地、牢固地团结在基督名字之下,为最后的胜利,为在全世界打败共同的敌人,为修正被希特勒篡改了的基督教义,为基督教的自由,为全人类的幸福和文明,而英勇地战斗"③。

其次,通过开展国际宗教交流反击国际上所流传的苏联迫害宗教的"谎言",改善苏联的国际形象。1943年9月底,受都主教尼古拉的邀请,由约克大主教赛瑞尔·加伯(Dr. Cyril F. Garbet)率领的英国教会代表团到达莫斯科。访问期间,加伯与都主教尼古拉及几位大主教(Archbishop)进行了多次会谈,并在周末到教堂参加了几次礼拜。加伯在返回英国后表示:"毫无疑问,在教堂里做礼拜是被允许的。东正教会的高级教士也都强调了这一点。我们于周末在大教堂里参加了两次礼拜。我从来没有在教堂里看到有如此多的教徒。有人告诉我教堂里大约有10000人,广场上还有数千人。在星期天,我去了一个挤满了农民的乡村教堂,主要是妇女和儿童。我的一个同伴在周六晚间去了一个小城市的教堂,那里也是挤满了教徒。"④ 除了描述苏联并不存在外界所说的"宗教迫害",教徒拥有完全的宗教自由外⑤,加伯甚至指出:"基督教和共产主义之间不存在根本上不可调和的东西,而基督教和鼓吹种族歧视的法西斯主义之间却有不可逾越的鸿沟。"⑥

此外,俄罗斯东正教会还迅速于1944年在莫斯科开办东正教神学研

---

① Dimitry Pospielovsky, *The Russian Church Under the Soviet Regime* 1917 – 1982, New York: St. Vladimir's Seminary Press, 1984, p. 207.

② Wassilij Alexeev, The Russian Orthodox Church 1927 – 1945: Repression and Revival, *Religion in Communist Lands*, Vol. 7, No. 1 (1979), pp. 29 – 34.

③ 傅树政、雷丽平:《俄国东正教会与国家》(1917—1945),社会科学文献出版社2001年版,第178页。

④ William Howard Melish, Religious Developments in the Soviet Union, *American Sociological Review*, Vol. 9, No. 3 (June 1944), pp. 279 – 286.

⑤ Ann Shukman, Metropolitan Sergi Stragorodsky: The Case of the Representative Individual, *Religion, State and Society*, Vol. 34, Issue1 (2006), pp. 51 – 61.

⑥ 段琦:《梵蒂冈的乱世抉择(1922—1945)》,金城出版社2009年版,第217页。

究院(the Orthodox Theological Institute)①,发行每月一期的官方出版物——《莫斯科牧首区杂志》(The Journal of the Moscow Patriarchate)②,向国外阐述苏联的宗教宽容政策。

小 结

瓦赫(J. Wach)指出:宗教作为人类文化的重要组成部分,对人类的社会生活"具有双重影响,既有积极的、整合的影响,亦有负面的、分裂的影响"③。马克思则主要强调宗教的"负面"影响,认为"宗教是人民的鸦片"④。相反,马克斯·韦伯(Max Weber)则强调宗教的"积极"影响,认为新教伦理促进了资本主义的经济增长。⑤爱弥尔·涂尔干(Emile Durkheim)也认为宗教不但能使宗教徒感受到社会实体的存在,而且能够维系并促进社会的整合。⑥因此,在面对具有"两面性"的宗教时,不同国家及其领导人对宗教功能的不同认知会产生不同的宗教政策。强调宗教积极作用的国家及领导人会积极利用宗教为其内外政策服务,而强调宗教消极作用的国家及领导人则会试图削弱甚至铲除宗教对其内政外交的影响。

在美国,宗教可谓"立国之本"。因此,美国领导人特别强调宗教对美国的重要意义。美国第一任总统乔治·华盛顿(George Washington)在其告别演说(Farewell Address)中强调了宗教的重要性,认为"在导致政治繁荣的所有倾向与习性中,宗教和道德是不可缺少的支柱"⑦。美国

---

① Alex Inkeles, "Family and Church in the Postwar U.S.S.R.", *Annals of the American Academy of Political and Social Science*, Vol. 263, The Soviet Union Since World War Ⅱ (May, 1949), pp. 33 – 44.

② Communist Russia and the Russian Orthodox Church, 1943 – 1962 by William B. Stroyen Review by: Matthew Spinka, *Church History*, Vol. 38, No. 2 (June 1969), pp. 277 – 278.

③ J. Wach, *Sociology of Religion*, Chicago: University of Chicago Press, 1944, p. 35.

④ 《马克思恩格斯选集》第1卷,人民出版社1995年版,第2页。

⑤ [德]马克斯·韦伯:《新教伦理与资本主义精神》,黄晓京、彭强译,四川人民出版社1986年版。

⑥ [德]爱弥尔·涂尔干:《宗教生活的基本形式》,渠东、汲喆译,上海人民出版社2006年版。

⑦ George Washington, *Washington's Farewell Address*, 1796.

第二任总统约翰·亚当斯则非常感谢"上帝从一开始就保护美国"①。因此自建国始,美国的政治家就常常借助宗教信念为其内外政策提供合法化的"神学"支持,把宗教逐渐变成"一种政治宗教",并使之"为国家和民族的政治服务而不是相反"②。殖民地时期的"山巅之城"、"大陆扩张"时期的"天定命运"、"海外扩张"时期的"基督使者"等宗教理念都体现了美利坚民族的一种民族"优越感"与"使命感",也为美国的对外扩张行为提供了道义支持。有学者就指出,要想理解美国自立国以来的对外行为模式,必须弄清一种同宗教信仰相联系的、传教士狂热精神的"使命感"③。美国一份政府文件也承认:"如果撇开道德与宗教考虑,那么将很难解释和理解美国的很多外交政策。"④

在苏联,虽然俄国近千年较为"和谐"的政教关系为苏维埃政府留下了极其丰富的"宗教遗产",但在意识形态领域占据主导地位的马克思主义以及列宁对宗教作用的认知都导致苏维埃政府"遗忘"了这些"遗产"。马克思主义认为:"现代所有的宗教和教会、各式各样的宗教团体,都是资产阶级反动派用来捍卫剥削制度、麻醉工人阶级的机构。"因此,"必须善于同宗教作斗争"⑤。列宁也将宗教视为"麻醉剂"⑥,要求必须与之斗争。因此,苏维埃政府自建立之日起就颁布实施了一系列针对教会的法令,试图削弱甚至"抹去"宗教对苏联人民的影响。这种做法也激起了教会的反抗,并导致教会成为"动乱之源"。此外,苏联的宗教政策还引起了其他国家对苏维埃政府宗教政策的指责,使宗教问题成为苏联开展与"他者"外交活动时的一个"绊脚石",使宗教成为苏维埃政府的一种"战略负担"。事实上,恩格斯早就指出,工人政党对待宗教的正确态度应该是"耐心地去组织和教育无产阶级,使宗

---

① John B. Judis, The Chosen Nation: The Influence of Religion on U. S. Foreign Policy, *Policy Brief* 37, Washington D. C., Carnegie Endowment for International Peace, 2005, pp. 1 – 7.

② 董小川:《20世纪美国宗教与政治》,人民出版社2002年版,第7页。

③ 资中筠:《战后美国外交史》(上册),世界知识出版社1994年版,第8页。

④ CK3100210894, Information Program Guidance on Special Series: Moral and Religious Factors in the USIE Program, June 22, 1951, Harry S., Truman Library, Papers of Harry S., Truman, Records of the Psychological Strategy Board, DDRS.

⑤ 列宁:《论工人政党对宗教的态度》,载《列宁选集》第2卷,人民出版社1995年版,第248—250页。

⑥ 列宁:《各阶级和各政党对宗教和教会的态度》,载《列宁全集》第17卷,人民出版社1990年版,第408页。

教渐渐消亡，而不要冒险地在政治上对宗教作战"①。因此，当苏联政府不再试图消灭宗教并实施宗教"宽容"政策后，宗教在苏联社会中就显示出了"利大于弊"的作用，宗教也由之前苏维埃政府的一种"战略负担"转变成为苏联政府的一种"战略资产"，并为卫国战争的胜利作出了积极的贡献。

---

① 列宁：《论工人政党对宗教的态度》，载《列宁选集》第2卷，人民出版社1995年版，第249页。

第二章　冷战初期美苏外交的宗教战略及行动

马克·杰根史迈尔（Mark Juergensmeyer）在《新冷战？宗教民族主义对抗世俗国家》一书中指出，冷战后的新宗教革命正在改变中东、南亚、中亚、东欧等地区的政治图景（the political landscape）。① 马克·杰根史迈尔突出强调的是冷战后宗教因素对国际关系，特别是对世俗政权的影响。但事实上，宗教在冷战期间对世界各国的冷战政治都产生了影响，"宗教是冷战时期的一个重要因素"②。美国学者威廉·因博登就指出："宗教不但是今天外交政策的一个主要因素，而且是冷战早期以及其他许多时期的一个主要因素。"③ 在冷战期间，美苏两个超级大国都积极利用国内外的宗教及宗教组织开展对外交流活动，以更好地维护与促进本国的国家利益。因此，戴安娜·柯比直言："冷战是人类历史上最大的宗教战争之一，即有神论者和无神论者的全球冲突。"④

第一节　冷战初期美国外交的宗教战略及行动

第二次世界大战结束后，美国成为世界霸主，苏联随着实力与影响力的上升成为仅次于美国的世界强国，国际关系格局迅速由此前的"多极"转变为"两极"。随着双方未能维持战时合作，美苏由战时的盟友变成"冷战"的对手，世界也迅速分裂为两个敌对的阵营——资本主义阵营与社会主义阵营。⑤ 针对美苏冷战，美国国务院成立的一个由新教、天主教和犹太

---

① Mark Juergensmeyer, *The New Cold War? Religious Nationalism Confronts the Secular State*, Berkeley, CA: University of California Press, 1993.
② Philip E. Muehlenbeck, ed., *Religion and the Cold War: A Global Perspective*, Nashville: Vanderbilt University Press, 2012, p. vii.
③ William Inboden, *Religion and American Foreign Policy, 1945 – 1960: The Soul of Containment*, New York: Cambridge University Press, 2008, p. ix.
④ Diane Kirby, ed., *Religion and the Cold War*, New York: Palgrave Macmillan, 2003, p. 1.
⑤ Alvin Z. Rubinstein, *Soviet Foreign Policy since World War II: Imperial and Global* (3rd), Illinois: Scott, Foresman and Company, 1989, p. 69.

教等宗教领袖组成的建议小组制定了一份名为"美国信息交换项目中的道德和宗教因素"的特别政策指南。这份政策指南明确指出冷战的宗教维度,要求"动员所有珍视道德和宗教自由的人们反对极权主义的侵略,捍卫自由"①。因为,从西方宗教政治的视角来看,以苏联为首的共产主义阵营把马克思主义作为其主要信仰,并在官方层面促进无神论思想的传播,这是其阿喀琉斯之踵(the Achilles' heel)。因此,美国政府在官方层面上宣扬上帝的重要性,把上帝打造成为反对苏联的"第一道防线"(first line of defense)②。在这种情况下,各种宗教及宗教信仰者就成为西方反对东方的潜在资源和力量。其中,大西洋两岸共同信仰的基督教就成为西方政治家、外交人员以及宣传者反对无神论共产主义的最恰当武器。作为第一个在白宫受洗的美国总统,③杜鲁门对于宗教的认知是,"宗教不是消极的东西(not a negative thing),而是一种积极的力量(a positive force)"④。因此,在冷战初期,杜鲁门政府除了在政治、经济、军事、意识形态方面与苏联进行全方位对抗外,还利用国内外各种宗教资源为其"遏制"政策提供一种道德与精神上的支持,与苏联进行"人心之争"。

一 国际反共"宗教战线":冷战初期美国外交的宗教战略

早在欧洲战争结束之初,俄罗斯东正教会就带着"外交使命"利用其在东正教世界的影响力来"执行斯大林的帝国主义抱负"⑤。苏联的这一做法没有逃脱时任美国驻苏代办乔治·凯南(George F. Kennan)的眼睛。凯南在于1946年2月22日发给国内的8000字"长电报"中,向杜

---

① CK3100210894, Information Program Guidance on Special Series: Moral and Religious Factors in the USIE Program, June 22, 1951, Harry S. Truman Library, Papers of Harry S. Truman, Records of the Psychological Strategy Board, DDRS.

② Jeremy T. Gunn, *Spiritual Weapons: The Cold War and the Forging of an American National Religion*, Westport, CT: Praeger Publishers, 2009, p. 8.

③ Philip E. Muehlenbeck, ed., *Religion and the Cold War: A Global Perspective*, Nashville: Vanderbilt University Press, 2012, p. xiv.

④ Harry S. Truman, Address at the Cornerstone Laying of the New York Avenue Presbyterian Church, April 3, 1951, in Harry S. Truman, 1951: containing the public messages, speeches, and statements of the president, January 1 to December 31, 1951. Public Papers of the Government Printing Office, 1965, p. 210.

⑤ Anna Dickinson, "Domestic and Foreign Policy Considerations and the Origins of Post-war Soviet Church-State Relations, 1941–1946", in Dianne Kirby, ed., *Religion and the Cold War*, New York: Palgrave Macmillan, 2003, p. 27.

鲁门发出了警惕信号。在"长电报"中,除了详细阐述"苏联威胁"外,还特别提及苏联政府常利用"俄罗斯东正教会及其海外分会与一般的东正教会的联系"① 来实施苏联外交政策的行为。信仰"无神论"的苏联在第二次世界大战后重视宗教在对外交往中的作用,信仰"有神论"的西方阵营自然更加重视这一点。英国前首相温斯顿·丘吉尔(Winston Churchill)在美国富尔顿(Fulton)的威斯敏斯特学院以"和平砥柱"(The Sinews of Peace)为题的演说中指出:"从波罗的海的什切青到亚得里亚海的里雅斯特,一幅横贯欧洲大陆的铁幕已经降落下来。这张铁幕后面坐落着所有中欧、东欧古老国家的首都——华沙(Warsaw)、柏林(Berlin)、布拉格(Prague)、维也纳(Vienna)、布达佩斯(Budapest)、贝尔格莱德(Belgrade)、布加勒斯特(Bucharest)和索菲亚(Sofia)。这些著名的都市和周围的人口全部位于苏联势力范围之内。"而共产党的第五纵队遍布世界各地,"到处构成对基督教文明的日益严重的挑衅和危险"。因此,英美两国应联合起来,建立"特殊关系",推动西方民主国家"团结一致"②。丘吉尔"铁幕演说"的反苏反共意味十分明显,但其却使用宗教话语来表述,其目的在于突出共产主义的无神论信仰与西方基督教信仰的对立性,使宗教信仰成为联结西方民主国家及民众并反对以苏联为首的共产主义阵营的纽带。英国情报研究部(Information Research Department,简称IRD)的设计师、外交大臣欧内斯特·贝文(Ernest Bevin)与丘吉尔有相似的观点,认为"我们不能指望仅仅在物质上蔑视共产主义就能成功地击败它。我们还必须牢记基督教感情在欧洲的力量,积极地求助于民主和基督教原则。我们必须提出一种同共产主义相抗衡的意识形态"③。贝文所言的与共产主义相抗衡的意识形态就是基督教。

丘吉尔和贝文的想法与杜鲁门不谋而合。杜鲁门的观点甚至更为激进,"视冷战冲突为一场宗教战争"④,相信共产主义的无神论意识形态以

---

① "The Chargé in the Soviet Union (Kennan) to the Secretary of State", February 22, 1946, FRUS, 1946, Vol. Ⅵ, Eastern Europe; The Soviet Union, 1969, pp. 696 – 709.

② Winston Churchill, "The Sinews of Peace", in Mark A. Kishlansky, ed., *Sources of World History*, New York: Harper Collins, 1995, pp. 298 – 302.

③ Ernest Bevin, "Top Secret Cabinet Paper on Future Publicity Policy", January 4, 1948 (IRD/FO1110/PRO). 转引自 Frances Stonor Saunders, *The Cultural Cold War: The CIA and the World of Arts and Letters*, New York: W. W. Norton & Company Inc. 1999, p. 58。

④ William Inboden, *Religion and American Foreign Policy*, 1945 – 1960: *The Soul of Containment*, New York: Cambridge University Press, 2008, p. 1.

及苏联政府对宗教的限制会使世界上绝大多数信仰宗教的国家与西方结成联盟。因此，为赢得这场与苏联的"宗教冷战"，杜鲁门努力试图在国际上建立一个反对苏联和共产主义的"宗教战线"（religious front）。杜鲁门表示："一直萦绕在我的脑海中的、值得去尝试的想法是实现世界上所有宗教信仰的宗教领导人及其信徒之间的积极合作。如果此种共同的宗教与道德战线形成，一种促进和平的关键力量就可以被利用。"① 美国外交决策层的不少官员都认为，只有促成世界上所有宗教信仰之信奉者之间的积极合作，才能构筑维护和平的力量。在 1946 年 11 月 23 日关于迈伦·泰勒（Myron C. Taylor）在罗马所负使命的声明中，杜鲁门表示，为了和平，他祈祷世界上所有信仰宗教的国家都能联合起来。② 1947 年 10 月 2 日，杜鲁门在给其妻子贝斯（Bess Truman）的信中透露了他建立国际反共"宗教战线"的计划："我们正在与坎特伯雷大主教、柏林的路德宗主教（the Lutheran Church）、伊斯坦布尔（Istanbul）的希腊东正教会牧首（the Metropolitan of the Greek Church）以及罗马教宗商谈此事。我可能会派他去拜访最有名望的佛教人士以及西藏的大喇嘛。如果我能动员所有反对布尔什维克唯物主义者、对道德世界有信心的人们，我们就能赢得这场斗争的胜利。"③

针对不断增强的苏联威胁，杜鲁门也试图劝说世界上的宗教领导人，使他们"意识到他们共同的敌人正在试图摧毁他们"④。1948 年 3 月 17 日，布鲁塞尔条约（the Brussels treaty）签订的当晚，杜鲁门发表了"我们路线的正当性"（righteousness of our course）的演讲。在演讲中，杜鲁门特别抨击了强调无神论信仰的共产主义："更糟糕的是，共产主义否认上帝的存在。宗教因其代表了除上帝以外的自由而受到了迫害。我们每一个人都必须面对这种对我们自由和信仰的威胁。"⑤ 杜鲁门还强调，对上帝的信仰支持美国和欧洲，以及其他大陆的人民团结一致，建立持久的和

---

① Harry S. Truman, *Mr. Citizen*, New York: Bernard Geis Associates, 1960, p. 119.
② Harry S. Truman, Statement by the President Concerning Myron Taylor's Mission in Rome, November 23, 1946, In *Public Papers of the Presidents: Harry S. Truman*, 1946, Washington: United States Government Printing Office, 1962, p. 483.
③ Truman to Bess, October 2, 1947, in Robert H. Ferrell ed., *Dear Bess: The Letters from Harry to Bess Truman*, 1910 – 1959, New York: W. W Norton and Company, 1983, p. 551.
④ Harry S. Truman, *Truman Speaks*, New York: Columbia University Press, 1960, pp. 6 – 7.
⑤ Spalding, Elizabeth Edwards, *The First Cold Warrior: Harry Truman, Containment, and the Remaking of Liberal Internationalism*, Kentucky: The University Press of Kentucky, 2006, p. 102.

平。鉴于罗马天主教会（the Roman Catholic Church）一贯地坚定反对共产主义的立场，杜鲁门于1948年7月又给教宗庇护十二世修书两封，呼吁双方联合反对以苏联为首的共产主义。在信中，杜鲁门表示："我们期待建立的一种持久的和平被推迟了，但我们并不气馁。我们将努力实现上帝领导下的世界人民大团结的预言。寻求建立一个道德的世界秩序一直是美国人民和美国政府的最主要的目标。"① 为实现这一目标，杜鲁门认为"所有珍视基督教和民主制度的人们都应该团结一致对抗共同的敌人。那个敌人就是用共产主义无神论的马克思教条代替启示录（Revelation）的苏联"②。1951年4月3日，杜鲁门在华盛顿的长老会教堂（the Presbyterian Church）演讲中表示："我们有神圣的使命，不仅要抵制正在进行的恶，也要行善。……我们要捍卫我们民族和生活方式建立其上的宗教自由。"在面临国际共产主义运动对上帝的威胁时，"所有宣传信仰上帝的人民应团结起来，寻求上帝的帮助和指引。现在我们应该搁置争议，团结一致"③。杜鲁门的这些"宗教话语"意在向国内外民众表明世界上的主要冲突是"无神论"国家与"有神论"国家之间的冲突。要赢得这一冲突的胜利，以"捍卫道德和精神自由"④，美国需要动员并"领导世界上的宗教力量反对由苏联控制的无神论和敌视宗教（irreligion）的力量"⑤。

二 "重点捕鱼"：美国建立国际反共"宗教战线"的行动

英国外交大臣欧内斯特·贝文的首席私人秘书弗兰克·罗伯茨（Frank Roberts）认为："个人自由与宗教自由和普世精神价值是紧密地结合在一起的，因此所有宗教信仰，基督教、伊斯兰教、佛教等能团结一致，同舟共济反对共产主义。然而，在试图组织伊斯兰教和佛教之前，在

---

① William Inboden, *Religion and American Foreign Policy*, 1945 – 1960: *The Soul of Containment*, New York: Cambridge University Press, 2008, p. 111.

② Ibid., p. 112.

③ Jeremy T. Gunn, *Spiritual Weapons*: *The Cold War and the Forging of an American National Religion*, Westport, CT: Praeger Publishers, 2009, pp. 211 – 215.

④ CK3100210894, Information Program Guidance on Special Series: Moral and Religious Factors in the USIE Program, June 22, 1951, Harry S. Truman Library, Papers of Harry S. Truman, Records of the Psychological Strategy Board, DDRS.

⑤ William Inboden, *Religion and American Foreign Policy*, 1945 – 1960: *The Soul of Containment*, New York: Cambridge University Press, 2008, p. 107.

基督教会之间达成某些联合是必要的。"① 弗兰克·罗伯茨的想法与杜鲁门的策略完全一致。在建立国际反共"宗教战线"的过程中，虽然杜鲁门试图"全面撒网"，希望各宗教领导人摒弃宗教教义、教规等方面的不同，在"普世"的基础上建立起各宗教相互合作的模式，但在具体的实践中，杜鲁门还是采取了"重点捕鱼"的方式，决定首先将基督教不同宗派的领导人联合起来。杜鲁门和其助手泰勒制订的计划也意在将基督教中除俄罗斯东正教以外的所有宗派（denomination）的领导人联合在一个反对共产主义的泛宗教同盟中。② 之所以如此，是因为同一宗教信仰的人们之间易于打破种族、国别与地域的界限，相互了解并建立友谊。不同大洲上基督徒之间的关系即是一个明显例证。③

为建立国际反共"宗教战线"，杜鲁门政府首先加强了与罗马天主教会的联系。杜鲁门认为，罗马天主教会是美国在反共战场上天然的、最强大的宗教盟友。杜鲁门的判断是正确的。因为早在1936年枢机主教帕切利（Pacelli）④ 就曾告诫泰勒，"不久，宗教世界的所有成员就不得不联合起来共同抵制无神论共产主义的威胁"⑤。在欧战爆发的1939年，教宗庇护十二世仍指责苏联的共产主义对西欧传统的天主教文明构成了主要威胁。⑥ 在第二次世界大战期间，罗马天主教会在谴责纳粹德国暴行的同时，也批评苏联政府对苏联境内宗教徒，特别是罗马天主教徒的限制。为联合罗马天主教会，杜鲁门于1946年5月3日重新任命泰勒为驻罗马教

---

① Dianne Kirby, Divinely Sanctioned: The Anglo–American Cold War Alliance and the Defence of Western Civilization and Christianity, 1945–48, *Journal of Contemporary History*, Vol. 35, No. 3 (2000), pp. 385–412.

② Dianne Kirby, "Harry Truman's Religious Legacy: The Holy Alliance, Containment and the Cold War", in Dianne Kirby, ed., *Religion and the Cold War*, New York: Palgrave Macmillan Ltd., 2003.

③ CK3100210894, Information Program Guidance on Special Series: Moral and Religious Factors in the USIE Program, June 22, 1951, Harry S. Truman Library, Papers of Harry S. Truman, Records of the Psychological Strategy Board, DDRS.

④ 其在1920年至1929年担任罗马教廷驻德国特使，1929年末被罗马教宗庇护十一世（Pope Pius XI）任命为枢机主教，担任罗马教廷国务卿一职，1939年被选举为罗马教宗，即庇护十二世。

⑤ David W. Curtiss, Evan C. Stewart, Myron C. Taylor, Part Two: President Franklin D., Roosevelt's Ambassador Extraordinary, *Cornell Law Forum*, Vol. 33, Issue 2 (Winter 2007), p. 12.

⑥ Peter C. Kent, "The Lonely Cold War of Pope Pius XII", in Dianne Kirby, ed., *Religion and the Cold War*, New York: Palgrave Macmillan, 2003, p. 68.

廷的美国总统私人代表,① 并向教宗庇护十二世阐述在这个问题②上的想法。对于杜鲁门建立国际反共"宗教战线"的计划,教宗庇护十二世自然十分赞同。为使泰勒完成使命,杜鲁门在其执政的第一年里就花费了大约4万美元,这远远超出了战前的开支。③ 1947年8月,杜鲁门又任命已于1947年6月底结束任期的泰勒为其总统私人代表,并带其私人信件返回罗马面见教宗庇护十二世。在信中杜鲁门表示希望与罗马天主教会合作建立基于基督教理念上的真正和平。④ 也就是说,基督教的道德观念才是"真正和平"的世界秩序的前提。⑤ 教宗庇护十二世对杜鲁门的信件给予了热情的回应,重申愿意确立梵蒂冈与美国的盟友关系。⑥鉴于罗马天主教会与新教会之间的"宗教分歧"不利于建立国际反共"宗教战线",杜鲁门还试图促成罗马天主教会与新教会之间达成和解。为此,泰勒在1947年8月至9月间分别与英国的坎特伯雷大主教和柴郡大主教(the Archbishop of Cheshire)、法国的胡格诺派领导人(the huguenot sect in France)、荷兰的路德宗派领导人(the Lutherans in Holland)、德国柏林的主教迪贝利乌斯(Dibelius)、罗马教宗等宗教领导人会面,劝说他们"搁置争议","团结一致"反对苏联和共产主义。⑦ 对此,教宗庇护十二世作出了热烈的回应。1949年7月,教宗颁布了一个法令,宣布天主教会"在宗教人士反对共产主义无神论的共同战斗中,热烈欢迎与新教会的合作"⑧。此外,在1950年年初泰勒辞去驻罗马教廷的总统私人代表

---

① Harry S., Truman, Statement by the President Upon Reappointing Myron Taylor as His Personal Representative at the Vantican, May 3, 1946, In *Public Papers of the Presidents*: *Harry S. Truman*, 1946, Washington: United States Government Printing Office, 1962, p. 232.

② 这个问题是指建立国际反共"宗教战线"的问题。

③ Dianne Kirby, "Harry Truman's Religious Legacy: The Holy Alliance, Containment and the Cold War", in Dianne Kirby, ed., *Religion and the Cold War*, New York: Palgrave Macmillan, 2003, p. 85.

④ Peter C. Kent, *The Lonely Cold War of Pope Pius XII*: *The Roman Catholic Church and the division of Europe*, 1943 – 1950, Montreal and Kingston: McGill – Queen's University Press, 2002, p. 191.

⑤ 彭小瑜:《主权、人权与国际社会的道德制高点——对美国天主教会两部和平牧函的历史解读》,载《首都师范大学学报》(社会科学版)2010年第6期,第1—12页。

⑥ William Inboden, *Religion and American Foreign Policy*, 1945 – 1960: *The Soul of Containment*, New York: Cambridge University Press, 2008, p. 123.

⑦ Ralph E. Weber, ed., *Talking with Harry*: *Candid Conversations with President Harry S, Truman*, Wilmington DE: Scholarly Resources Inc., 2001, p. 290.

⑧ William Inboden, *Religion and American Foreign Policy*, 1945 – 1960: *The Soul of Containment*, New York: Cambridge University Press, 2008, p. 143.

后，为有助于协调同共产主义的斗争，杜鲁门于 1951 年 10 月 21 日向参议院提名任命马克·克拉克将军（Mark Clark）为驻罗马教廷的大使，以试图在官方层面上承认梵蒂冈。但这一提名因遭到美国国内新教游说团体的激烈反对而胎死腹中。①

其次，杜鲁门试图在华盛顿举办宗教领导人会议并发表一份具有反共意味的联合声明（a joint declaration）。杜鲁门相信，在美国举办一次宗教领导人会议将具有极大的象征意义。因为"在所有种族、肤色和宗教信仰之间所取得的成绩会指明一条道路，并给所有其他国家提供激励"②。美国圣公会（the American Episcopal Church）领导人主教亨利·谢瑞尔（Henry Knox Sherrill）也持相同观点，认为"如果坎特伯雷大主教、伯格纳牧师、瑞典大主教、阿瑟纳戈拉斯一世（Athenagoras I）和我，以及罗马教廷能够达成或签署一个声明，将给整个世界产生重大的影响"③。为此，1949 年 11 月 3 日，杜鲁门在写给泰勒的信中指示泰勒，在他返回欧洲之后，应该"就我和你商讨过的、在华盛顿举办来自两半球的宗教代表和道德代表大会的计划摸摸底"④。泰勒在写给教宗庇护十二世的信中，向他传递了杜鲁门总统计划"邀请天主教会和其他教会的代表在一个尽可能早的合适的时间在华盛顿聚会"⑤ 的信息，教宗表示乐于接受发表一个联合声明的计划。在巴黎遇见马克·伯格纳（Marc Boegner）时也向他表达了在华盛顿举办一次宗教领导人会议以在同共产主义无神论斗争中加强世界基督教力量的想法后，伯格纳十分赞成，相信共同的声明必须先于共同的政治行动。1951 年夏，泰勒还接触了一直宣称明确支持这一计划

---

① Peter C. Kent, *The lonely Cold War of Pope Pius XII*：*The Roman Catholic Church and the Division of Europe*, 1943 – 1950, Montreal and Kingston：McGill – Queen's University Press, 2002, p. 220.

② William Inboden, *Religion and American Foreign Policy*, 1945 – 1960：*The Soul of Containment*, New York：Cambridge University Press, 2008, p. 144.

③ Sherrill to Taylor, Myron Taylor Papers 2；HST Papers, 转引自 William Inboden, *Religion and American Foreign Policy*, 1945 – 1960：*The Soul of Containment*, New York：Cambridge University Press, 2008, p. 150.

④ Truman to Taylor, November 3, 1949；WHCF：State Department Papers, Myron Taylor Papers 2；HST Papers, 转引自 William Inboden, *Religion and American foreign policy*, 1945 – 1960：*the soul of containment*, Cambridge：Cambridge University Press, 2008, p. 144.

⑤ Taylor to Pius XII, December 13, 1949；WHCF：State Department Papers, Myron Taylor 46；HST Papers, 转引自 William Inboden, *Religion and American foreign policy*, 1945 – 1960：*The Soul of Containment*, Cambridge：Cambridge University Press, 2008, p. 146.

的主教迪贝利乌斯，在白金汉宫（Lambeth Palace）接触了英国国教会（the Anglican Church）的领导，包括谢里尔主教、坎特伯雷大主教和约克大主教。坎特伯雷大主教对发表一个联合宣言表达了关注，甚至愿意主持起草可能的声明。① 由于基督教宗派之间的分歧，这一计划中的宗教领导人会议未能举行。对此，杜鲁门的失望之情溢于言表。1951年9月28日，在美国牧师的华盛顿朝圣大会上，杜鲁门表示，"他们（各种基督教会）一直未能就一个简单的声明达成一致意见。我为此努力了很多年"②。

再次，杜鲁门试图把世界基督教协进会（the World Council of Churches，简称WCC）拉入其国际反共"宗教战线"。在1948年世界基督教协进会创立之初，杜鲁门就试图接近并影响其议事日程。③ 杜鲁门和泰勒的具体目标集中在两个方面，即把俄罗斯东正教会排除在外，把罗马天主教会纳入其中。为此，泰勒先后接触英国坎特伯雷大主教、世界基督教协进会荷兰籍秘书长威廉姆·霍福特（Dr. Willem Adolf Vissert'Hooft）、世界基督教协进会五个联合主席之一、法国新教会的领导人马克·伯格纳。泰勒表示："在直面对基督教世界的威胁时，教会和国家有共同的责任去保卫我们的文明，以便无神论和唯物主义的毁灭性力量不会蔓延，并毁灭我们的文明。"④ 但在世界基督教协进会是否排斥俄罗斯东正教会和接纳罗马天主教会这一问题上，基督教世界内部出现了极大的分歧：罗马天主教会视俄罗斯东正教会为克里姆林宫内外政策的一种工具，而世界基督教协进会则把俄罗斯东正教会视为一个虔诚的宗教团体。

此外，由于杜鲁门在试图与梵蒂冈建立正式外交关系、邀请罗马天主教会出席世界基督教协进会会议等问题上遇到的阻力主要来自其后院的反对，杜鲁门和泰勒决定与美国宗教领导人见面，劝说所有的美国

---

① William Inboden, *Religion and American Foreign Policy*, 1945 – 1960: *The Soul of Containment*, New York: Cambridge University Press, 2008, p. 152.

② Harry S. Truman, Address to the Washington Pilgrimage of American Churchmen, September 28, 1951, In *Public Papers of the Presidents*: *Harry S. Truman*, 1951, Washington: United States Government Printing Office, 1965, p. 550.

③ Dianne Kirby, Harry S. Truman's International Religious Anti – Communist Front, the Archbishop of Canterbury and the 1948 Inaugural Assembly of the World Council of Churches, *Contemporary British History*, Volume 15, Issue 4（2001）, pp. 35 – 70.

④ Taylor to Boegner, May 25, 1948; Myron Taylor Papers 1; HST Papers, 转引自 William Inboden, *Religion and American Foreign Policy*, 1945 – 1960: *The Soul of Containment*, New York: Cambridge University Press, 2008, p. 136。

人——新教徒、天主教徒、犹太教徒——在精神上动员起来支持"反对共产主义的宗教十字军东征"①。杜鲁门表示:"这是教会在世界上继续履行其使命的一次最重要的机遇。新教会、天主教会、犹太教会(the Jewish Synagogue)必须提供令人震惊的力量来实现这种道德和精神觉醒。没有其他力量能这样做。如果不去这样做的话,我们将遭受惩罚性的灾难。"②

第二节　冷战初期苏联外交的宗教战略及行动

在官方无神论意识形态的指导下,苏维埃政府自建立始一直对宗教及宗教组织采取限制政策,以消灭作为"人民的鸦片"的宗教,但苏维埃政府实施的"反宗教运动"成效甚微。在1937年的苏联人口普查中,57%的成年人,即大约5600万苏联人认为自己是宗教信仰者。其中4200万人是东正教徒,其余的是穆斯林、犹太教徒、佛教徒、天主教徒,以及新教徒。③ 因此,苏联政府在发现这一问题并在卫国战争中"感受"到宗教的积极作用后,就采取了宗教宽容政策,并积极利用宗教服务于苏联的内政外交。在决定接见俄罗斯东正教会领导人之前,斯大林向乔治·卡尔波夫(Georgii G. Karpov)询问了以下几个问题:(1)俄罗斯东正教会都主教谢尔盖的情况(年龄、身体状况、在教会中的地位、对当局的态度);(2)都主教阿列克谢和尼古拉的简要情况;(3)吉洪是什么时候、如何被选举为牧首的;(4)俄罗斯东正教会与国外的联系情况;(5)君士坦丁堡牧首区、耶路撒冷牧首区和其他牧首区的牧首;(6)保加利亚东正教会、南斯拉夫东正教会、罗马尼亚东正教会的领导人;(7)俄罗斯东正教会都主教谢尔盖、阿列克谢和尼古拉的生活状况;(8)苏联境内俄罗斯东正教会教区和大主教的数量。④ 很显然,斯大林计划利用俄罗

---

① CK3100480103, Proposal to OCB by Foundation for Religious Action, September 24, 1954, DDRS.

② Harry S. Truman, Address in Columbus at a Conference of the Federal Council of Churches, March 6, 1946, In *Public Papers of the Presidents: Harry S. Truman*, 1946, Washington: United States Government Printing Office, 1962, p. 142.

③ Steven Merritt Miner, *Stalin's Holy War: Religion, Nationalism, and Alliance Politics, 1941-1945*, Chapel Hill: University of North Carolina Press, 2003, p. 33.

④ Felix Corley, *Religion in the Soviet Union: An Archival Reader*, London: Macmillan Press LTD., 1996, p. 139.

斯东正教会及其领导人,对此莫洛托夫在1945年3月2日指示苏联人民委员会东正教事务委员会(the Soviet government Council for the Affairs of the Russian Orthodox Church)就天主教会和东正教会之间的相互关系以及教廷与俄罗斯东正教会过去的外部关系问题进行研究。1945年3月15日,苏联人民委员会东正教事务委员会主席卡尔波夫向斯大林提交了关于加强东正教在国外影响力措施的报告。由此可见,在冷战初期苏联政府有着明确的宗教战略,而美国人认为苏联的意图是将莫斯科打造为"第三罗马"(The Third Rome)①。

一 "第三罗马":冷战初期苏联外交的宗教战略

早在15世纪中期,随着莫斯科公国逐渐成长为一个大国(a great power),在莫斯科就流传着一种政治宗教意识形态(political-religious ideology)。这种政治宗教意识形态声称,拜占庭帝国是罗马帝国的继承人,因此当罗马帝国灭亡后,基督教的精神中心就从罗马转移到了"新罗马"(The New Rome)君士坦丁堡(Constantinople)。1453年拜占庭帝国的灭亡以及君士坦丁堡的陷落,意味着莫斯科自然成为君士坦丁堡和罗马的政治与宗教地位的继承者,而莫斯科大公伊凡三世理所当然地成为罗马帝国的继承人。1492年,俄罗斯东正教会都主教佐西玛(Zosima)称伊凡三世(Ivan Ⅲ)为"新的君士坦丁堡—莫斯科—全俄罗斯人的新的君士坦丁大帝"②。1511年,普斯科夫的艾利扎佐夫修道院(Eleazarov monastery)的修道士菲洛费伊(Filofei)在给伊凡三世的信中则直接提出了"第三罗马"的思想。信中说:

> 旧罗马的教会因为亚波里那教徒异端邪说(the Apollinarian heresy)的不敬行为而毁灭;第二罗马,君士坦丁堡的教会在阿格莱纳人(the Agarenes)的战斧下灭亡;但现存在君主你的帝国里的第三罗马的教会在整个世界里光芒万丈,东正教信仰的所有帝国将合并成一个帝国,你是普天下所有基督徒的唯一君主……因为两个罗马已经陨落,第三罗马屹然不动,第四罗马永远不会存在,因为你的基督教帝

---

① CK3100676182, Program for Support of the Orthodox Church, April 27, 1953, DDRS.
② Marshall Poe, Moscow, the Third Rome: The Origins and Transformations of a "Pivotal Moment", *Jahrbücher für Geschichte Osteuropas*, Vol. 49, No. 3 (2001), pp. 1–17.

国永远不会衰落。①

可以看出,在菲洛费伊的"第三罗马"思想中,含有浓厚的"以救世主自居的思想(messianic thought)",它至少表达了以下几个方面的意思:第一,莫斯科是上帝所选之城,而莫斯科成为"第三罗马"也是历史发展的必然;第二,统治莫斯科的君主也是上帝所选的君主,普天之下"皆为王土";第三,莫斯科的东正教会是基督教会的正统,它表明莫斯科公国的领导人有权领导整个基督教世界。菲洛费伊的这种思想正好可以为19世纪沙皇俄国的扩张提供一种宗教思想上的合法性,因此在19世纪末"第三罗马"思想在俄国的精英阶层深入人心。那些泛斯拉夫主义者认为,"第三罗马"意味着俄国命中注定要复兴东罗马帝国;而对于那些新罗马帝国的思想家来说,菲洛费伊的教义意味着俄国的使命是要将世界从衰败的东方与唯理论的西方解救出来。俄国著名思想家尼古拉·别尔嘉耶夫(Nicolas Berdyaev)也指出:"很久以来就有一种预感:俄罗斯注定负有某种伟大的使命。俄罗斯是一个特殊的国家,它不同于世界上任何别的国家。……俄罗斯是神选的,是赋有神性的。这种情况起自莫斯科是第三罗马的古老理念,衍经斯拉夫主义,而绵延至陀思妥耶夫斯基,弗拉基米尔·索洛维约夫,再赓续到现代的斯拉夫主义。"②

"第三罗马"思想对苏联政府领导人也有明显的影响。斯大林就常把"第三罗马"作为俄国人伟大以及面对敌对的"帝国主义"国家时保持独立的标志。③ 在1942年,伊凡四世(Ivan Ⅳ)在苏联历史科学中恢复了名誉,并被建构为"进步的"集权化的官方代理人;同样在1942年,罗伯特·韦珀(Robert Vipper)关于"恐怖"沙皇的英雄式的传记又重新发行,阿列克谢·托尔斯泰(Aleksei Tolstoi)则以伊凡雷帝的一生创作完成了一出戏剧。两者都将伊凡的活动置于"第三罗马"的语境中。而在1945年,伊凡雷帝被搬上了荧幕,电影中伊凡雷帝说:"两个罗马已经陨落,莫斯科是第三罗马,第四罗马将不会存在,因为我是这个第三罗马和

---

① Peter J. S. Duncan, *Russian Messianism*: *Third Rome*, *Revolution*, *Communism and After*, London and New York: Routledge, 2000, p. 11.

② [俄]尼古拉·别尔嘉耶夫:《俄罗斯的命运》,汪剑钊译,云南人民出版社1999年版,第1页。

③ Marshall Poe, Moscow, the Third Rome: The Origins and Transformations of a "Pivotal Moment", *Jahrbücher für Geschichte Osteuropas*, Vol. 49, No. 3 (2001), pp. 1–17.

俄国的绝对主人。"在这里,伊凡雷帝是否真的说过此话不得而知,但很明显的是,苏联政府试图通过利用"莫斯科,即第三罗马"来激起苏联民众的民族主义热情,以服务于自己的内政外交。1947年2月5日,斯大林在与电影《伊凡雷帝》的创作人员谈话时表示,"当然,我们不是虔诚的基督教徒。但不能否定基督教在一定阶段的进步作用",并称赞"伊凡雷帝是一位民族意识较强的沙皇"①。卡尔波夫认为,"如果莫斯科牧首区在国际舞台上能够扮演沙俄时代的角色",将能为苏联创造一种"非常有利的条件"②。

此外,俄罗斯东正教会的一些领导人也持有"第三罗马"的理念。牧首阿列克谢一世相信俄罗斯东正教会是全世界基督教中心的继承者,"第三罗马"是基督教世界最后的中心。③ 大祭司(Archpriest)哈里佐夫(N. A. Khariuzov)在《莫斯科牧首区杂志》(*Journal of the Moscow Patriarchate*)上撰文宣称:"现在莫斯科是人类社会生活的中心。在宗教生活中,莫斯科不是贵族气派的专横的天主教会的中心,也不是混乱无序的新教会的中心。莫斯科是摒弃各种极端的东正教会的中心。"④ 因此,可以说,自苏联政府在卫国战争期间意识到俄罗斯东正教会的巨大"正能量"后,就开始试图利用俄罗斯东正教会,把莫斯科描绘为"第三罗马",把莫斯科牧首区变成"国际东正教会的中心"。

二 反"旧"反"新":苏联建立"第三罗马"的行动

俄罗斯牧首区声称,莫斯科是"第三罗马",因此其他东正教国家应该承认莫斯科对罗马和君士坦丁堡的优势。⑤ 而苏联和俄罗斯东正教会在战后初期为建立"第三罗马"采取的一系列行动目标也直指位于"旧罗

---

① "斯大林与电影《伊凡雷帝》创作人员的谈话记录",1947年2月25日,载沈志华总主编《苏联历史档案选编》第13卷,社会科学文献出版社2002年版,第388—391页。

② Heather J. Coleman, Atheism versus Secularization? Religion in Soviet Russia, 1917 – 1961, *Kritika*:*Explorations in Russian and Eurasian History*, Vol. 1, No. 3(Summer 2000), pp. 547 – 558.

③ E. M. Bennett, The American Mission and the "Evil Empire":The Crusade for a Free Russia since 1881 by David S., Foglesong, *The Journal of American History*, Vol. 95, No. 1(June 2008), pp. 217 – 218.

④ 转引自 Peter J. S. Duncan, *Russian Messianism*:*Third Rome, Revolution, Communism and After*, London and New York:Routledge, 2000, p. 59。

⑤ Lucian N. Leustean, *Orthodoxy and the Cold War*:*Religion and Political Power in Romania*, 1947 – 1965, New York:Palgrave Macmillan, 2009, pp. 14 – 17.

马"的梵蒂冈和位于"新罗马"的君士坦丁堡牧首区。卡尔波夫的报告就指出苏联应"采取措施将苏联境内的东仪天主教会并入俄罗斯东正教会；在苏联西部加盟共和国利用旧天主教会反对梵蒂冈；加强俄罗斯东正教会在国外的影响力和组织全世界基督教会代表会议"①。

（一）对抗位于"旧罗马"的梵蒂冈

自苏维埃政府建立始，梵蒂冈就比较敌视信奉无神论的共产主义，认为苏联及其意识形态对基督教和世界和平是一种威胁②，而苏维埃政府对梵蒂冈的巨大影响力也比较警惕。1925年10月苏联外交人民委员格奥尔基·契切林在会见新任的宗座代表耶稣会神父埃比尼（d'Herbigny）时就坦言："我们共产党人感到必能战胜伦敦的资本主义。但罗马将被证明是一个更难对付的问题。如果没有罗马，我们能对付各种各样的基督教，他们最终都得在我们面前投降。没有罗马，宗教就会消亡。罗马为了传教向外派遣各种国际的传教士。他们比枪炮和军队更有效。"③ 1930年2月2日，教宗庇护十一世谴责了苏联政府，因为"在俄罗斯每天都在发生违反上主和违反灵魂的可怕亵渎和犯罪"④。1937年3月19日，庇护十一世又发表《神圣救主》（Divini Redemptoris）通谕，谴责"共产主义中的种种错误"，宣称"共产主义在本质上是错误的，无论是在什么事情上，没有一个保留基督教文明的人会与它勾结"⑤。对此，苏联政府则也将梵蒂冈视为自己的敌人，⑥ 并采取各种措施反击梵蒂冈。

首先，采取措施将苏联境内的东仪天主教会"并入"俄罗斯东正教会。东仪天主教会（Eastern Catholic Churches）是持守各种东方礼仪和典制的、完全承认罗马教廷首席地位的天主教教会。在苏联的西部边疆，特别是在乌克兰和白俄罗斯，有大量的东仪天主教会。例如，在1945年10月，白俄罗斯有347个天主教教堂，在利沃夫（l'vov）有246个。在乌克

---

① ГАРФ, ф. 6991, оп. 1, д. 29, л. 101 – 109, DA0720.

② JonDaid K. Wyneken, "The Western Allies, German Churches, and the Emerging Cold War in Germany, 1948 – 1952", In Philip E. Muehlenbeck, ed. , *Religion and the Cold War: A Global Perspective*, Nashville: Vanderbilt University Press, 2012, p. 22.

③ 转引自段琦《梵蒂冈的乱世抉择（1922—1945）》，金城出版社2009年版，第213页。

④ ［德］毕尔麦尔等编：《近代教会史——从宗教改革到现代时期（1517—1950年）》，雷立柏译，宗教文化出版社2011年版，第423页。

⑤ ［美］布鲁斯·雪莱：《基督教史》，刘平译，北京大学出版社2004年版，第482—483页。

⑥ 段琦：《梵蒂冈的乱世抉择（1922—1945）》，金城出版社2009年版，第213页。

兰西部地区也有大量的天主教会：在捷尔诺波尔（Tarnonol）有529个，在斯坦尼斯拉夫（Stanislav）有567个，在多罗毕其（Drogobych）有658个。① 这些效忠于梵蒂冈的东仪天主教会被苏联政府视为一种威胁。卡尔波夫在给斯大林的报告中指出，俄罗斯东正教会的自身活动一直受宗教与道德议题限制，而梵蒂冈自始至终都试图集宗教权力与世俗权力（temporal power）于一身。为削弱梵蒂冈的势力，把东仪天主教会并入俄罗斯东正教会，卡尔波夫建议采取以下措施："a）在城市利沃夫建立东正教教区，赐予其主教利沃夫主教和捷尔诺波尔主教封号，用以团结利沃夫、斯坦尼斯拉夫、多罗毕其和捷尔诺波尔地区的东正教区。b）赋予该教区主教和神职人员开展传教工作的权利。c）从希腊天主教堂（东仪天主教堂）中选出一座作为大教堂受利沃夫教区差遣。d）在克列缅涅茨、捷尔诺波尔地区巩固波恰耶夫修道院，将修道院院长设为利沃夫教区的副主教。e）以牧首和俄罗斯东正教会主教公会的名义向牧师和东仪天主教信徒发出特别号召并在东仪天主教区广泛传播。f）在东仪天主教会内部组织倡导郑重声明与教廷决裂，并征召东仪天主教会牧师过渡到东正教会。"② 在这一过程中，利用俄罗斯东正教会来"消灭"西部边境地区存在的大量东仪天主教会成为一种适当的选择。负责宣传的乌克兰中央委员会主任雅罗斯拉夫·海兰（Iaroslav Halan）声称，东仪天主教会的"毁灭"是"不可避免的"，作为一种自我救赎的方式，它应回归东正教会。卡斯特尔尼克（Kostel'nyk）也呼吁东仪天主教会牧师基于理性而加入俄罗斯东正教会。他声称，东仪天主教会是一艘"正在沉没的船只"（sinking ship），"没有领导、组织混乱"，如果其想生存，必须"驶离无政府状态"，并入莫斯科牧首区。③ 在苏联政府与俄罗斯东正教会的双重压力下，到1946年3月，现存的1267位东仪天主教会牧师中有986位加入了"倡议群体"（Initiative Group）④。1946年3月8日至10日，在立沃夫的圣·乔治大教堂（St. Georges Cathedral）举行了一个主教会议后，一

---

① Anna Dickinson, "Domestic and Foreign Policy Considerations and the Origins of Post-war Soviet Church-State Relations, 1941 – 1946", in Dianne Kirby, ed.，*Religion and the Cold War*, New York：Palgrave Macmillan, 2003, p. 29.
② ГАРФ, ф. 6991, оп. 1, д. 29, л. 101 – 109, DA0720.
③ Jordan Hupka, The Russian Orthodox Church as a Soviet Political Tool, *Constellations*, Vol. 2, No. 2（Winter 2011）, pp. 31 – 40.
④ 一个支持东仪天主教会合并于俄罗斯东正教会的东仪天主教牧师组织。

个拥有 10 位主教、3470 位牧师、1090 位修女（nun）和超过 4000000 信众的东仪天主教会正式解散。① 由卡斯特尔尼克领导的"倡议群体"的 216 位代表全体一致地宣布俄罗斯东正教会是一个统一的乌克兰的官方教会。② 俄罗斯东正教会在扩大自己势力的同时，既完成了政府赋予的使命，也打击了敌对的梵蒂冈。

其次，在苏联西部加盟共和国利用旧天主教会反对梵蒂冈。为此，卡尔波夫建议苏联政府采取以下措施：a. 寻找机会在拉脱维亚（the Republic of Latvia）和立陶宛（The Republic of Lithuania）组织旧天主教倡导人，将其看作教廷的反对派，支持并巩固他们的地位，向他们提供教堂、器具等。b. 帮助苏联的旧天主教组织和其他国家的旧天主教会建立联系。c. 在里加（Riga）、维尔纽斯（Vilnius）、格罗德诺（Hrodna）、卢茨克（Lutsk）、利沃夫和切尔诺夫策（Czernowit）等城市成立东正教联盟，赋予它们进行传教和开展慈善活动的权利。成立的东正教联盟的主要任务是巩固东正教会和对抗天主教会。③

此外，苏联势力范围内的一些天主教会也被要求中断与梵蒂冈的关系。在波罗的海三国，与圣座（The Holy See）签订的条约被宣布无效；在波兰，虽然波兰政府很希望利用罗马教廷的权威来巩固西部边界，但在莫斯科的压力下，波兰天主教会与梵蒂冈的协定在 1945 年被取消；在捷克斯洛伐克，天主教会主教贝兰（Beran）被捕入狱，一些主教以"梵蒂冈的间谍"罪名被判处无期徒刑或被送到劳改营；在匈牙利，政府取缔了 4000 多个天主教组织与协会，并中断了与梵蒂冈的关系；在罗马尼亚，承认罗马教廷首席地位的东仪天主教会遭受打压，教廷的大使在 1950 年被驱逐出境；在阿尔巴尼亚，所有意大利的圣职人员和修女都被驱逐出境，而本地的主教或被杀，或被捕，与罗马教廷的关系完全中断。④

---

① Myroslaw Tataryn, "The Re-emergence of the Ukrainian (Greek) Catholic Church in the USSR", in Sabrina Petra Ramet, ed., *Religious policy in the Soviet Union*, New York: Cambridge University Press, 1993, P. 292.

② Jordan Hupka, The Russian Orthodox Church as a Soviet Political Tool, *Constellations*, Vol. 2, No. 2 (Winter 2011), pp. 31 – 40.

③ ГАРФ, ф. 6991, оп. 1, д. 29, л. 101 – 109, DA0720.

④ ［德］毕尔麦尔等编：《近代教会史——从宗教改革到现代时期（1517—1950 年）》，雷立柏译，宗教文化出版社 2011 年版，第 401—405 页。

(二) 同君士坦丁堡牧首区的竞争

在建立"第三罗马"的道路上，俄罗斯东正教会的另一个敌人是位于"新罗马"或"第二罗马"的君士坦丁堡牧首区。为实现目的，俄罗斯东正教会采取了以下措施：

首先，试图通过举办国际宗教会议夺取君士坦丁堡牧首区在东正教世界的首席地位。为此，莫斯科和全俄东正教会牧首阿列克谢一世于1947年单方面提议举行第八次普世会议（The Eighth Ecumenical Council），这是自787年尼西亚会议（the Council of Nicaea）以来的第一次。俄罗斯东正教会意在通过发出倡议并举办会议，把莫斯科牧首区提升到所有东正教牧首区最长者（primus inter pares）的位置，取代君士坦丁堡牧首区的首席地位，使莫斯科在名义上或实质上成为"第三罗马"。对此，君士坦丁堡牧首区立即作出了强烈的抗议，并得到了希腊东正教会的支持。因为从传统和教会法来讲，只有君士坦丁堡牧首区才有权提议举办普世会议。莫斯科牧首区的这种做法是公然蔑视权威。① 结果在莫斯科举办普世会议的计划被放弃。取而代之的是，邀请所有东正教大主教（primate）在1948年参加俄罗斯东正教会自治的500周年庆典。很明显，由于试图通过呼吁举办普世会议以从法理上（de jure）获取东正教世界首席地位的努力未获成功，激起了莫斯科牧首区通过召开一次除了名义上不是其他方面都是普世会议的会议从而从事实上（de facto）获取那种地位的雄心。庆典被适时地安排在1948年7月，那些处于苏联影响之下的东正教会，如保加利亚东正教会（the Bulgarian Orthodox Church）、罗马尼亚东正教会、捷克斯洛伐克东正教会（the Czechoslovak Orthodox Church）以及塞尔维亚东正教会（the Serbian Orthodox Church）都接受了邀请并出席了会议，② 君士坦丁堡牧首区、希腊东正教会（the Orthodox Church of Greece）和安提阿牧首区只派遣了代表，亚历山大里亚牧首区没有派遣代表，但表示安提阿牧首区代表团将代表它，而耶路撒冷牧首区缺席了会议。此外，代表君士坦丁堡牧首区和希

---

① William C. Fletcher, *Religion and Soviet Foreign Policy*, 1945 – 1970, New York: Oxford University Press, 1973, pp. 26 – 27.

② Clarence A. Manning, Religion within the Iron Curtain, *Annals of the American Academy of Political and Social Science*, Vol. 271, Moscow's European Satellites (September 1950), pp. 112 – 121.

腊东正教会的代表团只参加了庆典，拒绝参加随后的会议。① 在庆典中，大会批判了罗马天主教对信仰的歪曲以及梵蒂冈那种"煽动战争的政策"②。代表苏联政府的卡尔波夫积极参加了整个过程。这次会议表明莫斯科牧首区能对某些东正教会，特别是东欧的东正教会施加有效的影响。

其次，反对其势力范围内的东正教会接受君士坦丁堡牧首区授予的自治地位，并培植亲苏势力。立陶宛、拉脱维亚和格鲁吉亚的东正教会（The Latvian, Lithuanian and Georgian Orthodox churches）被重新置于莫斯科牧首区的宗教管辖权下，而在波兰（Poland）的一些小型东正教会也被迫宣布由君士坦丁堡于1924年11月13日授予的自治地位无效，并请求作为"第三罗马"的莫斯科牧首区发布新的宗教谕令（Synodal Tomos）。同时，那些以前在本国东正教会中未占据领导地位的教会人士在访问了莫斯科牧首区之后就被选举为该国东正教会的领导人。例如，波兰东正教会（the Polish Orthodox Church）的都主教蒂莫西（Timothy）在1948年7月访问了莫斯科牧首区，结果在1948年11月就被任命为波兰东正教会的首脑。罗马尼亚东正教会的都主教查士丁尼·马里纳（Justinian Marina）在1946年访问了莫斯科，结果于1948年成为该国东正教会的牧首。③ 来自阿尔巴尼亚（Albania）的主教（Bishop）派斯（Paisi）于1948年1月访问了莫斯科，在1949年8月成为阿尔巴尼亚东正教会的首脑。通过上述方式，莫斯科牧首区在东正教世界扩大了其宗教权威，并对君士坦丁堡牧首区在东正教世界的首要地位构成了挑战。而莫斯科牧首区宗教威望的增强也间接增强了苏联在东正教世界的威望。

最后，"第三罗马"的鼓吹者还为俄罗斯东正教会成为东正教世界的领导作了强有力的论证。指出，从第二次世界大战中成长起来的苏联是世界上两个最强大的国家之一，俄罗斯东正教会是东正教世界中最大的教会，而且是所有东正教会中最富有的教会，并能够给予那些支持它的教会

---

① Peter C. Kent, *The lonely Cold War of Pope Pius XII*: *The Roman Catholic Church and the Division of Europe*, 1943 – 1950, Montreal and Kingston: McGill-Queen's University Press, 2002, pp. 221 – 222.

② ［德］毕尔麦尔等编：《近代教会史——从宗教改革到现代时期（1517—1950年）》，雷立柏译，宗教文化出版社2011年版，第424页。

③ Lucian N. Leustean, Constructing Communism in the Romanian People's Republic, Orthodoxy and State, 1948 – 1949, *Europe-Asia Studies*, Vol. 59, No. 2 (March 2007), pp. 303 – 329.

以无限度的报酬。因此，与贫穷、教区很少的君士坦丁堡牧首区相比，不论在法理上还是在事实上，东正教世界的领导权都应属于莫斯科牧首区。①

小　结

美国宪法第一修正案规定："国会不得制定法律确立国教或禁止宗教自由实践。"② 这一"政教分离"型政教关系模式表明了美国"政""教"之间在法理上的分离，但事实上，美国的"政""教"并非相互分离，而是紧密地结合在一起，这在美国的外交领域更为凸显。有学者就指出，美国的外交政策在很大程度上应该归功于一种有韧性的宗教身份：即天定命运（manifest destiny）、例外主义（exceptionalism）、无罪民族（innocent nation）和公民宗教（civil religion）。③ 在冷战初期，杜鲁门政府对苏联的"遏制"政策主要是一种政治上的考量，但其却一直打"宗教牌"（religious card），以信奉宗教与否在全球层面上把世界各国划分为敬畏上帝的有神论国家与反对上帝的无神论国家。这种"非敌即友"的二分法（dichotomy）在美国的冷战战略与外交政策中起着突出的作用。宗教为美国划分"敌我"提供了一个标尺。1946年3月6日，杜鲁门在对联邦基督教协会（the Federal Council of Churches）的讲话中声称："在过去的十年中，我们与世界各地联合起来的邪恶力量进行了激烈的斗争，他们试图从地球上消灭宗教和民主这两种理想。"④ 在后人所熟知的"杜鲁门主义"的演讲中，杜鲁门也表示："在世界历史的当前时刻，几乎每一个国家都必须在两种生活方式之间作出选择。一种生活方式以多数人的意志为基础，并且以自由制度、代议制政府、自由选举、对个人自由的保障、言论和宗教自由以及免受政治压迫的自由为特征。第二种生活方式以被强加于

---

① William C. Fletcher, *Religion and Soviet Foreign Policy*, 1945 – 1970, New York: Oxford University Press, 1973, p. 26.

② 此条款的原文是：Congress shall make no law respecting an establishment of religion, or prohibiting the free exercise thereof.

③ Lee Marsden, *For God's Sake: Civil Religion and US Foreign Policy*, http://www.pucsp.br/revistanures.

④ Harry S. Truman, Address in Columbus at a Conference of the Federal Council of Churches, March 6, 1946, In *Public Papers of the Presidents: Harry S. Truman*, 1946, Washington: United States Government Printing Office, 1962, p. 141.

多数人的少数人意志为基础。它依赖于恐怖和压迫、受到控制的报纸和广播、预先安排好结果的选举，以及对个人自由的压制。"① "美国信息交流项目（USIE②）中道德与宗教因素"（Moral and Religious Factors in the the United States Information Exchange Program）的政策指南也指出："尽管在天主教徒、新教徒、东正教徒和犹太教徒之间存在基本的不同，但基督教信仰和犹太教信仰能为建立一种联合的努力提供一个广泛的基础。而伊斯兰教、佛教、印度教、孔教（Confucianism）和神道教（shinto）提供了不少有限的机会。"③从杜鲁门的讲话和美国USIE项目可以看出，美国领导人是基于宗教的理念，或者说是借助于宗教理念来看待这一世界的，也是以宗教来划分敌友界限的。这种宗教分界线可以分为几个方面：第一，有神论和无神论的分野，即世界可以分为两大阵营，一方是所有信仰上帝、敬畏神灵的国家与人们，另一方是不信仰上帝甚至试图消灭宗教的国家和人们。第二，在有神论的阵营中，宗教之间"亲疏有别"。信仰基督教和犹太教的国家之间"同根同源"，可以开展广泛的合作，而信奉基督教的国家也可以与信奉其他宗教信仰的"他者"开展一定程度的联合，建立反"无神论者"的宗教统一战线。因此，根据这种"宗教"的分野，可以将冷战初期世界各国和人们划分为以下三种类别：第一类是不信仰上帝甚至试图消灭所有宗教的以苏联为首的"东方阵营"，它们是美国必须遏制甚至消灭的"敌人"，这些国家处于哈罗德·麦金德所说的"心脏地区"；第二类是信奉基督教和犹太教的国家，它们是美国可以进行广泛联合的"朋友"，这些国家处于欧洲的"危险地带"；第三类是信奉其他宗教的"有神论"国家和人们，它们是美国可以进行一定程度合作的"第三者"或曰"第三世界"，这些国家处于"至关重要的外围地区"。对于凯南和杜鲁门等许多美国领导人来说，宗教信仰在宗教的美国和无神论的苏联之间提供了一条明显的分界线与行动指南，即针对信奉无神论的苏联及其阵营，信仰上帝的美国应在国际上联合所有有宗教信仰的国家。

作为美国"冷战"对手的苏联，虽然信奉"无神论"，但在1943年

---

① ［美］麦加罗：《世界霸主——杜鲁门传》，张武清译，时代文艺出版社2003年版，第140页。

② 即美国信息交流项目 the United States Information Exchange（USIE）programs。

③ CK3100210894, Information Program Guidance on Special Series: Moral and Religious Factors in the USIE Program, June 22, 1951, Harry S. Truman Library, Papers of Harry S. Truman, Records of the Psychological Strategy Board, DDRS.

以后的内政外交中并未忽视"宗教"的力量,而是以俄罗斯东正教会这一国际宗教行为体为纽带,在国外联合"同根同源"的东正教会,反对"旧罗马"的梵蒂冈,与"新罗马"君士坦丁堡竞争,以实现莫斯科"第三罗马"的梦想,并增强其在东正教世界的霸权,在国际上提升自己的国家形象。因此,冷战初期美苏之间的对抗不仅发生在政治、经济、军事领域,也发生在宗教领域。

第三章　宗教与冷战初期的美国外交

冷战初期，为"遏制"共产主义在全球的扩张，美国总统特别顾问克拉克·克利福德（Clark Clifford）于1946年9月24日提出了《美国与苏联关系》的报告。报告指出："美国必须维持足够强大的军事力量，以遏制苏联并把苏联影响囿于其目前的地区。"除此之外，美国还应关注"目前尚未纳入苏联势力范围的国家"，应有全球视野。① 1950年4月20日，杜鲁门发动的被誉为"意识形态领域的马歇尔计划"的"真理运动"也把世界的一些关键地区划分为"核心地区"、"危险地带"和"至关重要的外围"。其中，"核心地区"包括苏联和东欧国家，"危险地带"包括意大利、法国、印度、巴基斯坦、锡兰、印度尼西亚和菲律宾等国家，而"至关重要的外围"则由泰国、缅甸（Burma）、韩国、希腊、土耳其和南斯拉夫等国家组成。②

鉴于当前世界范围内的冲突是"共产主义无神论与基督教之间最终（final）、全面（all-out）的对决"③，美国外交政策制定者在宗教信仰的激发与指引下，开始借助宗教的力量反击共产主义，以配合"遏制"战略。在杜鲁门以总统指令创建心理战略委员会（Psychological Strategy Board，简称PSB）后，心理战略委员会主任戈登·格雷（Gordon Gray）对乔·菲利普斯（Joe Phillips）表示，"我们需要成立一个由宗教领导人组成的专门小组，就我们在心理战工作中是否需要考虑基本的宗教诉求提供建议。乔治·萨德勒博士（Dr. Geroege W. Sadler）、唐纳德·巴恩豪斯博士（Dr. Donald G. Barnhorse）、伯纳德·博伊德博士（Dr. Bernard Boyd）

---

① "克拉克·克利福德给杜鲁门总统的报告"，1946年9月24日，载刘同舜主编《"冷战"、"遏制"和大西洋同盟（1945—1950）：美国战略决策资料选编》，复旦大学出版社1993年版，第67—73页。

② 于群主编：《美国国家安全与冷战战略》，中国社会科学出版社2006年版，第329页。

③ Stephen J. Whitfield, *The Culture of the Cold War* (2nd), Baltimore: The Johns Hopkins University Press, 1996, p.8.

应该在专门小组的名单中"①。1951年,专门小组成立并制定了一份指明冷战宗教维度的特别政策指南。1952年3月,心理战略委员会制定了"利用宗教及其他精神力量"的心理战项目,②以明确"利用道德和社会力量的政策目标及广义上的行动步骤"③。对于宗教在美国推行冷战战略中的作用,美国国家安全委员会(National Security Council,简称NSC)在 NSC129 号文件的附件中指出:"在那些宗教对社会、政治和经济生活有重要影响的地区,共产主义的无神论教条对宗教的憎恶会成为美国实现目标的一笔重要资产(an important asset)。"④杜鲁门也积极利用这些资产,在建立国际反共"宗教战线"目标的指引下,开始在"核心地区"的苏东集团、"危险地带"的意大利和"至关重要的外围地区泰国"开展反击苏联与共产主义的宗教心理战活动。

第一节 "遏制"敌人:宗教与美国对"心脏地区"国家的外交

1904年英国地理学家、地缘政治学家哈罗德·麦金德(Halford J. Mackinder)在《历史的地理枢纽》中提出"心脏地区说"。麦金德认为世界可以划分为三个重要的区域:一是由位于欧亚大陆中心的内陆区域构成的"心脏地区";二是由围绕"心脏地区"的"内新月形地带"构成的边缘地带;三是由围绕欧亚非大陆的海岛、次大陆等构成的"外新月形地带"。其中,由于欧亚大陆中心的内陆区域自然资源丰富,地理条件优越,海上强国无法进入而成为世界政治的"心脏地区"。麦金德断言:谁统治了东欧便控制了心脏地区;谁统治了心脏地区便控制了世界岛;谁统治了世界岛便控制了世界。⑤ 对于在第二次世界大战后已成为世界霸主的美国来说,自然意欲控制"心脏地区"。杜鲁门政府也延续了第

---

① CK3100212293, Memorandum to Joe Phillips, August 21, 1951, Truman Library, Papers of Harry Truman, Records of the Psychological Strategy Board, DDRS.

② CK3100318259, Psychological Strategy Board Planning Objectives Detailed, March 20, 1952, DDRS.

③ CK3100140967, Memorandum from Edmond L, Taylor to George Morgan, January 16, 1953, DDRS.

④ CK3100451704, Annex to NSC 129, April 7, 1952, DDRS.

⑤ Halford J, Mackinder, The Geographical Pivot of History, *The Geographical Journal*, Vol. 23, No. 4 (April 1904), pp. 421-437.

二次世界大战时的"先欧后亚"大战略,将关注的焦点放在欧洲的"心脏地区"。针对苏联升起的"铁幕",美国试图采取各种手段——包括宗教手段——刺破(rip)"铁幕",对"心脏地区"的苏东集团进行"遏制"与"分化"。

一 美国对"心脏地区"国家的外交目标及策略

第二次世界大战结束之初,在面对以苏联为首的社会主义阵营时,作为资本主义阵营"领头羊"的美国采取何种策略实现何种目标成为摆在美国领导人面前的头等大事。美国驻苏联大使馆临时代办乔治·凯南(George F. Kennan)向美国国务院传回的一份长达 8000 字的"长电报"(the Long Telegram)为美国制定相关政策提供了依据。在"长电报"中,乔治·凯南详细分析了苏联的内部社会情况以及对外政策,指出苏联传统上的"不安全意识"以及"共产主义意识形态"会促使克里姆林宫进行"对外扩张",但由于苏联政策的制定"几乎"不受外部环境的影响,因此美国不应"一厢情愿"地试图与苏联合作以改变其行为,而应坚守美国自身的信念,"领导"西方世界,并制定一项长期的战略。① 克拉克·克利福德的报告认为:"美国对苏政策的首要目标乃是使苏联领导人相信,参加世界合作体系是符合苏联利益的,美苏两国之间根本没有开战的理由。"② 但"共产主义意识形态和苏联的行为清楚地显示了苏联领导人的最终目标是统治全世界"③,因此美国对苏联的基本目标应有两个:"1. 把莫斯科的力量和影响减弱到使它不再能对国际社会的和平与稳定构成威胁的程度;2. 使在苏联掌权的政府基本上改变其信奉的国际关系理论和实践。"④ 对于苏联在东欧的卫星国(the Soviet Satellite States in Eastern Europe),美国应该尽一切可能,采取各种措施以"减少并最终消除

---

① "The Chargé in the Soviet Union (Kennan) to the Secretary of State", February 22, 1946, FRUS, 1946, Vol. Ⅵ, Eastern Europe; The Soviet Union, 1969, pp. 696 – 709.
② "克拉克·克利福德给杜鲁门总统的报告",1946 年 9 月 24 日,载刘同舜主编《"冷战"、"遏制"和大西洋同盟(1945—1950):美国战略决策资料选编》,复旦大学出版社 1993 年版,第 67—73 页。
③ PD00069, NSC 20/4, "U. S., Objectives with respect to the USSR to Counter Soviet Threats to U. S., Security", November 23, 1948, Digital National Security Archive (hereinafter cited as DNSA).
④ PD00066, NSC 20/1, "U. S., Objectives with respect to Russia", August 18, 1948, DNSA.

苏联在阿尔巴尼亚、保加利亚、捷克斯洛伐克、匈牙利、波兰和罗马尼亚等卫星国的显著影响"①。1950年4月14日,美国国家安全委员会制定的68号文件(NSC/68)指出,克里姆林宫的基本企图是扩展苏联的权威,维持和巩固苏联和苏联控制下的区域的绝对力量;其目标在于"谋求统治全世界";为把自己的强权政治强加于其他国家,苏联将会采用它认为的一切适宜的手段;克里姆林宫会把美国看作它实现基本企图的唯一主要威胁,因此在拥有足够力量的情况下,苏联可能会对美国发动攻击。文件由此得出结论,美国对苏的目标是削弱苏联的势力与影响,使之不能再对国际社会的和平与稳定构成威胁,并使其按照联合国的规则行事。②

对于美国应采取的对苏战略,乔治·凯南认为应是"遏制"战略。1947年7月,乔治·凯南以"X"的署名在美国《外交事务》上发表了《苏联行为的根源》一文,文中明确指出,美国不可指望在可见的将来与苏联保持密切的关系。因此,在政治舞台上,美国应继续将苏联视作竞争对手而非伙伴。对于苏联的扩张倾向,美国要使用"抵抗力量",对之进行长期的、耐心的、坚定的和保持警惕的"遏制"③。NSC/68文件则指出,苏联内务部在苏联境内进行着组织化、制度化的犯罪,以使苏联人民在主观上完全臣服于它的控制。在苏联控制下的卫星国内,苏联不仅要求其接受莫斯科的无上权威,而且要求其正式宣布接受苏联在意识形态上的首要地位。④ 因此,美国应利用这些弱点煽动苏联人民对其政府的不满情绪,并利用苏联与其卫星国之间的矛盾"离间"苏联与其卫星国。杜鲁门政府在基于对苏联战略意图的判断、威胁的认知以及可选策略的成本——收益计算的基础上,采用了凯南的"遏制"战略,以"围堵"(encirclement)、"威慑"(deterrence)、"胁迫"(compellence)、"预防"(prevention)、"解放"(liberation)苏联及其卫星国。⑤ 事实上,杜鲁门

---

① PD00159, NSC 58/2, "United States Policy toward the Soviet Satellite States in Eastern Europe", December 8, 1949, DNSA.

② NSC 68, "United States Objectives and Programs for National Security", April 14, 1950, *Foreign Relations of the United States*: 1950, Volume I, pp. 234 – 292.

③ X, The Sources of Soviet Conduct, *Foreign Affairs*, Vol. 25, No. 4, July 1947, pp. 566 – 582.

④ NSC 68, "United States Objectives and Programs for National Security", April 14, 1950, *Foreign Relations of the United States*: 1950, Volume I, pp. 234 – 292.

⑤ 张曙光:《美国遏制战略与冷战起源再探》,上海外语教育出版社2007年版,第17—21页。

早在1946年1月致国务卿詹姆斯·贝尔纳斯（James F. Byrnes）的信中就已表露出对苏联行为的不满之意："我认为我们不应该再作任何妥协"，"我已厌倦于笼络苏联人"①。

为对"心脏地区"的苏东集团进行有效的"遏制"与"分化"，杜鲁门政府在加强自身军事实力②的同时，首先选择了"经济"武器，希冀通过"马歇尔计划"（The Marshall Plan）把苏联及其卫星国纳入美国主导的战后世界政治经济秩序中，或者使苏联与其卫星国之间的关系产生"裂痕"。克拉克·克利福德认为："有利的经济援助是遏制共产主义的更为有效的屏障。"③ 对此，乔治·凯南也表示赞同，认为东欧，甚至苏联都可以成为"马歇尔计划"援助的对象。美国这样做可以达到三个目的：第一，如果苏联及其卫星国接受美国的经济援助，那么美国就可以利用"援助"问题影响其内政外交。第二，如果苏联拒绝接受并施压使其卫星国也拒绝接受美国的经济援助，那么由此造成的"欧洲分裂"的责任将扣在苏联人的头上。同时苏联所承受的对其卫星国进行经济援助的压力也会随之增大，而如不能满足其卫星国的要求，则会使苏东集团内部产生矛盾。第三，如果苏联不接受，而部分苏联的卫星国接受美国的经济援助，那么美国也可以利用经济援助影响这些接受援助的共产主义国家。④ 英国外交大臣欧内斯特·贝文也称赞马歇尔计划的离间效果，"我认为这是能够击垮铁幕最为快捷的办法"，因为苏联"无法紧紧控制住它的卫星国不受欧洲经济复兴计划的诱惑"⑤。1948年4月3日，杜鲁门批准了援助金额高达124亿美元、为期四年的"马歇尔计划"，并设立经济合作总署（Economic Cooperation Administration，简称ECA）来负责实施。

在进行经济"诱惑"的同时，杜鲁门还于1947年12月签署了国家

---

① ［美］哈里·杜鲁门：《杜鲁门回忆录》第一卷，李石译，世界知识出版社1966年版，第470页。

② 美国总统特别顾问克拉克·克利福德认为"军事力量的语言是强权政治信徒们唯一能理解的语言"，因此为了遏制苏联人，美国必须使用这种语言。

③ "克拉克·克利福德给杜鲁门总统的报告"，1946年9月24日，载刘同舜主编《"冷战"、"遏制"和大西洋同盟（1945—1950）：美国战略决策资料选编》，复旦大学出版社1993年版，第67—73页。

④ 张曙光：《美国遏制战略与冷战起源再探》，上海外语教育出版社2007年版，第74—75页。

⑤ "Maurice Peterson memorandum of conversation between Bevin and William Clayton", June 24, 1947, FRUS, 1947, Vol. Ⅲ, The British Commonwealth; Europe, 1972, p. 268.

安全委员会4号文件,批准对苏联和东欧国家进行心理宣传战。美国国务院开展了一项名为"特洛伊计划"(Project Troy)的研究项目,目的是希望通过美国顶级专家教授的研究,找到"把'真理'传到'铁幕'后面的理论和方法"①。特洛伊项目组的报告认为,美国进行心理宣传战的重点区域应在苏联、欧洲、东南亚,而比较有效的刺破铁幕的手段除了进行无线电广播和发送气球外,还包括经济合作、运送食品、放映电影、提供图书馆服务、开展学生交流等。②杜鲁门也根据"特洛伊计划"项目组的研究成果成立了"心理战略委员会",以负责公开和隐蔽的心理宣传战。为加强对苏东集团的心理宣传战,美国于1950年在柏林成立了名义上属于"自由欧洲全国委员会"的自由欧洲电台(Radio Free Europe),又于1951年成立"解放电台(1959年更名为自由电台)"。两个电台的目的是对苏联和东欧社会主义国家进行敌对宣传,攻击苏联和东欧国家的社会制度,鼓吹西方的生活方式和价值观念,对苏联和东欧国家政府施加心理上的压力,在苏联和东欧社会播撒不满的种子,煽动内乱,诱导苏东集团国家内部"和平演变"③。根据PSB-4号文件,心理战略委员会先后制定了46个针对苏东地区、西欧地区、中东地区、远东地区等地区的国家的心理战项目。为实施这些项目,美国除动用政府资源外,还积极利用美国各种非政府组织,如"富布赖特基金会"(Fulbright Found)、"福特基金会"(Ford Foundation)、"卡内基基金会"(Carnegie Foundation)等。此外,美国也积极利用各种宗教团体及宗教领袖,如基督教会、天主教会、犹太教会等来实施对苏东的宣传。④

二 东正教与美国对"心脏地区"国家的外交

在"遏制"与"分化"苏联及其社会主义阵营方面,美国视宗教为一种非常有效的冷战武器。因为共产主义无神论意识形态是"反宗教"的,因此宗教就赋予反共产主义政策与行动以合法性,进而能获得广大宗

---

① 于群:《特洛伊计划——美国冷战心理宣传战略探微》,载《东北师大学报》(哲学社会科学版)2007年第2期,第5—12页。
② CK3100284122,"Project Troy",October 9, 1951, DDRS.
③ [美]约翰·兰尼拉格:《中央情报局》,潘世强等译,中国社会科学出版社1990年版,第249页。
④ Frances Stonor Saunders, *Who Paid the Piper? The CIA and the Cultural Cold War*, Great Britain: Granta Books, 1999, pp. 143-161.

教信众的支持。美国政府制定的"东正教支持项目"（Program for Support of the Orthodox Church）指出，虽然苏联在第二次世界大战中及之后实施了"新宗教政策"（new religious policy），但苏联政府基本上仍对宗教持敌视的态度。因此，美国应通过援助把东正教会培植成反对共产主义的一种重要工具。为此，美国采取以下措施：

第一，维持铁幕背后东正教会神甫和信徒对东正教会的忠诚，并阻止东正教会成为苏联帝国主义和共产主义政府的一种工具。为此，通过适当的东正教渠道向铁幕背后的教会提供包括圣经在内的非政治性宗教文献；鼓励自由世界忠诚可靠的牧师和君士坦丁堡牧首区牧首的代表到铁幕之后与东正教会领导人进行交流，宣传基督教的普世精神；创办教会无线电广播节目，把东正教会的服务和音乐传递给铁幕背后的东正教徒；① 利用美国之音重点攻击苏联政府对宗教的敌视以及俄罗斯人民所遭受的宗教限制，批判斯大林"上帝"形象的虚假性；开展对东欧国家的文化与教育交流项目，在社会组织中宣扬宗教自由的价值。

第二，提升君士坦丁堡牧首区牧首的威信，巩固君士坦丁堡牧首区在东正教世界的首席地位。为此，美国向君士坦丁堡牧首区提供援助，以提升其在东正教世界中的地位；在自由世界的某些教会集会时揭发或破坏其领导人对莫斯科牧首区的忠诚，使这些人名誉扫地；要求一些政府采取拒绝发放忠诚于莫斯科牧首区的教会领导人的签证，或者在其逝世时拒绝发放其继任者的签证的方式，使其忠诚于君士坦丁堡牧首区；② 通过宣传机构的宣传，批判苏联政府的"傀儡"——莫斯科牧首区及其牧首。

第三，利用教会人士"穿越"铁幕。早在1945年年底，美国著名的高级教士（prelates）、佛罗里达主教约瑟夫·赫尔利（Joseph P. Hurley）就被梵蒂冈任命到铁幕背后的关键外交岗位上，即驻南斯拉夫首都贝尔格莱德的罗马教廷大使（the Apostolic Nuncio），而赫尔利与美国国务院、美国外交使节团的许多高级成员有密切的联系。③ 鉴于英国国教会与塞尔维亚东正教会的良好关系，约克大主教赛瑞尔·加伯（Cyril F. Garbett）也被派往南斯拉夫访问。在1947年10月和11月，赛瑞尔·加伯在英国驻美国前大使哈利法克斯（Lord Halifax）的授命下拜访了铁托元帅，访问

---

① CK3100676182, Program for Support of the Orthodox Church, April 27, 1953, DDRS.
② Ibid..
③ Dianne Kirby, ed., *Religion and the Cold War*, New York: Palgrave Macmillan, 2003, p. 14.

了塞尔维亚东正教会，并向塞尔维亚东正教会领导人传达了杜鲁门总统的一些"信息"。之后，英国驻南斯拉夫大使查尔斯·皮克（Charles Peake）把约克大主教赛瑞尔·加伯的活动向前教廷大使（Apostolic Nuncio）和梵蒂冈国家宗教秘书处（the Vatican Cardinal Secretary of State）的美国首席代表赫尔利阁下作了通报。①

第四，积极影响希腊东正教会主教的选举。在希腊东正教会主教达卡斯科诺斯·帕潘德里欧（Archbishop Damaskinos Papandreou）于1949年5月20日突然逝世之后，泰勒向杜鲁门报告说："不管从政治层面还是从宗教层面来说，其继任者的任命是至关重要的。"② 因为俄罗斯东正教会将努力争取一个同情共产主义和苏东集团的教会人士来担任主教。为影响希腊东正教会主教的选举，泰勒给监督选举进程的美国盟友、君士坦丁堡牧首区牧首阿瑟纳戈拉斯一世③写信，咨询有关秘密访问伊斯坦布尔和雅典的问题。同时，罗马教宗也已通过梵蒂冈与东正教会的秘密渠道直接向阿瑟纳戈拉斯一世转交了一封信，表达对主教选举的关注。经过"努力"，一位对美国比较有利的、名为斯皮里宗（Spyridion）的主教成为希腊东正教会的主教。之所以说对美国比较有利，是因为斯皮里宗与泰勒有着共同的看法，即俄罗斯东正教会"是苏联的一种武器，而不能被视为一种独立的宗教团体"④。在斯皮里宗当选为希腊东正教会的主教后，泰勒立即前往土耳其与希腊，拜访了牧首阿瑟纳戈拉斯一世和新任希腊东正教会主教斯皮里宗。杜鲁门甚至还鼓励泰勒扩大他的旅程，"去刺破铁幕，同莫斯科牧首区牧首谈判"⑤。因为如果苏联人民长期保持独立的宗教信仰的话，苏联政府的宗教

---

① Taylor to Truman, June 25, 1946, WHCF Box 44, Truman Papers, Truman Library, 转引自 Dianne Kirby, ed., *Religion and the Cold War*, New York: Palgrave Macmillan, 2003, p. 14.

② William Inboden, *Religion and American Foreign Policy*, 1945 - 1960: *The Soul of Containment*, New York: Cambridge University Press, 2008, p. 140.

③ 阿瑟纳戈拉斯一世出生在土耳其的埃皮鲁斯，后于1938年获得美国国籍，在当选君士坦丁堡牧首区牧首前是全美大主教。其在华盛顿曾言，担任牧首一职不过是"顺水推舟"罢了，而在内心深处更愿意保留美国国籍。在担任牧首后的1949年7月，他发布谕令把所有支持共产主义的东正教徒都逐出了教会。

④ "Taylor's Memorandum of Conversation", June 24, 1949; Myron Taylor Papers 2; HST Papers, 转引自 William Inboden, *Religion and American foreign policy*, 1945 - 1960: *The Soul of Containment*, Cambridge: Cambridge University Press, 2008, p. 142.

⑤ Truman to Taylor, June 17, 1949; Myron Taylor Papers 2; HST Papers, 转引自 William Inboden, *Religion and American Foreign Policy*, 1945 - 1960: *The Soul of Containment*, Cambridge: Cambridge University Press, 2008, p. 141.

压迫可能从内部点燃吞噬苏联的"燎原之火"。此外,美国还常向国外反对共产主义的东正教力量提供秘密的金融援助。①

最后,美国还借助梵蒂冈反对与分化苏东集团。据估计,在1946年苏联西部人口的3/5是基督徒:东正教徒、罗马天主教徒、新教徒或其他宗派的教徒。因此,杜鲁门派遣其私人代表泰勒访问梵蒂冈,讨论支持基督教并利用它作为反对共产主义的"堡垒"(bulwark)的想法。② 梵蒂冈当局对此也很感兴趣,并积极投身于反对苏东共产主义的"事业"中。为此,梵蒂冈号召苏东社会主义国家境内的天主教徒抵制本国政府对其的"诱惑",并坚决反抗政府对宗教徒的限制;同时,梵蒂冈于1949年7月1日颁布一项法令,威胁将以共产主义原因或给予共产主义支持的天主教徒开除教籍。③ 在1952年,教宗庇护十二世还鼓励正在遭受宗教限制的罗马尼亚人,让他们坚持对上帝的信仰,使他相信最终的胜利将属于教会。在发给东方教会的通谕中,教宗庇护十二世谴责将上帝排除于信徒生活之外的做法。此外,教宗还向苏联人民伸出援助之手,为他们所遭受的苦难感到遗憾,并预言共产主义毁灭不了俄罗斯的教会。④

第二节 拉拢"盟友":宗教与美国对"危险地带"意大利的外交

对于西欧在美国地缘战略中的地位,曾任美国国家安全事务助理的兹比格纽·布热津斯基(Zbigniew K. Brzezinski)认为,这个"耶稣使徒彼得的欧洲"是逐步扩展民主的跳板,是美国在欧亚大陆必不可少的地缘政治桥头堡。它与美国的安全直接相关,美国必须巩固这一桥头堡。⑤ 在

---

① Joseph Kip Kosek, Faith in the Cold War, *Diplomatic History*, Vol. 35, No. 1 (January 2011), pp. 125 – 128.

② Jill Edwards: The President, the Archbishop and the Envoy: Religion and Diplomacy in the Cold War, *Diplomacy & Statecraft*, Vol. 6, No. 2 (July 1995), pp. 490 – 511.

③ Peter C. Kent, "The Lonely Cold War of Pope Pius XII", in Dianne Kirby, ed., *Religion and the Cold War*, New York: Palgrave Macmillan, 2003, p. 74.

④ Frank J. Coppa, "Pope Pius XII and the Cold War: The Post-war Confrontation between Catholicism and Communism", in Dianne Kirby, ed., *Religion and the Cold War*, New York: Palgrave Macmillan, 2003, p. 59.

⑤ [美]兹比格纽·布热津斯基:《大棋局:美国的首要地位及其地缘战略》,中国国际问题研究所译,上海人民出版社2007年版,第47—71页。

冷战初期，鉴于意大利是美苏在欧洲对峙的前沿阵地，处于"铁幕"的前哨，已成为"危险地带"且"前途未卜"①，美国政府认为必须对意大利进行"干预"，以使意大利的局势朝着有利于美国的方向发展。

一 美国对"危险地带"意大利的外交目标及策略

第二次世界大战结束后，意大利国内面临着极其严峻的政治形势。首先，意大利共产党是苏联及其势力范围之外最强大的共产党组织，并在1946年的意大利选举中获得了44.1%的选票，而美国"心仪"的基督教民主党（The Christian Democratic Party）只获得了35.2%的选票。在美国看来，如果美国不对意大利进行"干预"的话，意大利极有可能变为共产党国家，这种"可怕的"后果"将危及整个东地中海和中东的安全"，而"东地中海和中东的安全对美国的安全是至关重要的"。② 1947年1月6日，意大利总理德·加斯佩里（Alcide De Gasperi）在同迪安·艾奇逊（Dean Acheson）和威尔·克莱顿（Will Clayton）会谈时也谈到了当前的意大利形势。③ 1947年5月16日，意大利驻美大使阿尔伯托·塔尔基亚尼（Alberto Tarchiani）在给美国国务卿乔治·马歇尔（George C. Marshall）的一份备忘录中指出："通过南斯拉夫，意大利实际上直接与苏联联系在一起，这使共产主义的渗透更加容易。如果莫斯科在意大利成功地建立了一个共产主义政权，那么苏联将获得一个较高的战略位置。意大利作为一个基地将有利于威胁希腊和土耳其的侧翼，将共产主义的影响向北扩展到德国和奥地利，向西扩展到法国和西班牙。它也有利于共产主义对苏联日渐重视的北美地区进行渗透。"④ 其次，美国的冷战对手苏联对意大利的"兴趣"日渐浓厚。在1945年9月11日至10月2日举行的伦敦外长会议上，苏联外长莫洛托夫声称，意大利曾袭击过苏联，给苏联造成了巨大的损失，因此苏联有权参与对意大利殖民地的黎波里塔尼亚

---

① Winston Churchill, "The Sinews of Peace", in Mark A. Kishlansky, ed., *Sources of World History*, pp. 298 – 302.

② PD00003, NSC1/2, "A Report to the National Security Council by the Executive Secretary on the Position of the United States With Respect to Italy", February 10, 1948, DNSA.

③ "Memorandum by the Appointed Ambassador to Italy (Dunn) to the Secretary of State", January 6, 1947, FRUS, 1947, Volume Ⅲ, The British Commonwealth; Europe, 1972, p. 842.

④ "Memorandum of Conversation, by the Secretary of State", May 16, 1947, FRUS, 1947, Volume Ⅲ, The British Commonwealth; Europe, 1972, pp. 904 – 905.

(Tripolitania) 的处理，并在地中海地区拥有一个商船舰队的基地。苏联"不准备将自己的体制引入的黎波里塔尼亚，而是采取措施促进民主政府的制度"①。1946年2月5日，莫洛托夫致电苏联驻罗马大使，要求他向意大利共产党领导人帕尔米罗·陶里亚蒂 (Palmiro Togliatti) 说明苏联的目的："我们提出这一建议的目的是：使苏联有可能切入地中海，英国试图在那里占据几乎支配地位以损害其他地中海国家的利益。如果苏联能切入地中海并与意大利相邻，那将只能对民主意大利有利。"②对于战后苏联在意大利的目标，美国中央情报局 (Central Intelligence Agency，简称 CIA) 于1947年8月5日提交的《苏联对美国援助意大利方案的可能反应》的报告指出，其目的在于"借助影响力与权力日增的意大利共产党影响意大利的政治进程，获得对意大利的最终控制"③。

针对上述情况，1947年10月15日，美国国家安全委员会制定了"美国关于意大利的立场（即NSC1号文件）"。文件指出："意大利在地中海的位置在通往近东 (the Near East) 的交通路线中占据首要地位，并位于巴尔干国家的侧翼。利用位于意大利的基地，大国有可能控制直布罗陀海峡 (Strait of Gibraltar) 与苏伊士运河 (Suez Canal) 之间的地中海交通线，并可利用空军威胁巴尔干地区或周围区域的任何地点。"鉴于意大利的重要地缘位置，美国在意大利的基本目标应是"建立一个独立、民主、对美友好并能有效参与抵御共产主义扩张的政府"④。从NSC1号文件可以看出，遏制共产主义的扩张，防止意大利共产党上台执政，在意大利建立和维持一个强大、稳定、排除意大利共产党的亲美"民主政府"，成为战后美国对意大利政策的战略目标。

为实现上述目标，NSC1号文件提出要对意大利进行经济、军事援助等措施来帮助意大利政府，并通过有效的宣传及其他一切可行手段来与共产主义作斗争。⑤首先，实施经济援助，消除意大利国内不稳定的根源。

---

① "First Session of the Council of Foreign Ministers", September 11-October 2, 1945, FRUS, Diplomatic Papers, 1945, Volume Ⅱ, General: political and economic matters, 1967, pp. 191 – 192.

② 转引自张盛发《斯大林与冷战（1945—1953）》，中国社会科学出版社2000年版，第180页。

③ CK3100393328, Probable Soviet Reactions to a U. S. Aid Program for Italy, August 5, 1947, DDRS.

④ PD00001, NSC1, "A Report to the National Security Council by the Executive Secretary on the Position of the United States With Respect to Italy", October 15, 1947, DNSA.

⑤ Ibid. .

为此，杜鲁门在1947年2月21日发表"请求国会拨款援助自由国家的特别咨文"，"建议国会授权不超过3.5亿美元的拨款，以帮助实现拯救遭战争破坏的国家和人民的伟大任务"①。杜鲁门主义出台后，意大利共产党总书记陶里亚蒂表示，如果意大利共产党的某些要求没有得到满足，它可能会采取"直接行动"（direct action）②，这对德·加斯佩里政府构成了巨大威胁。1947年4月12日，意大利驻美国大使塔尔基亚尼回到罗马，向德·加斯佩里报告说，美国准备援助意大利，但援助的条件是意大利要"组建一个高效、'同质'的政府。如果德·加斯佩里希望得到美国无条件的支持，共产党必须出局"③。1947年4月4日，美国"三部协调委员会"（即国务院、陆军部、海军部协调委员会）关于援助意大利经济的文件指出，鉴于"意大利政局的持续动荡，建议彻底修改对意大利的经济政策以实现政治稳定。1947年美国应向意大利提供1.1亿美元的额外援助，到1949年底，保证向意大利提供大约9.35亿美元的援助"④。美国驻意大利大使詹姆斯·邓恩（James Dunn）也表示，就目前形势而言，"对意大利进行的其他任何援助都不如对其进行直接的食品与煤炭救济……共产主义在意大利扩张的最大障碍之一是美国能对意大利提供增进就业的食品、原材料和燃料援助"⑤。NSC1号文件的建议是，"在4月份意大利选举结束之前，为了维持当前的面包供应量，必须运送小麦及其他必需品；提供额外美元贷款；通过采取有利于美国外贸政策的手段增加对意大利的经济援助"⑥。在马歇尔计划实施之前，杜鲁门呼吁对意大利进行紧急援助。杜鲁门表示："法国和意大利存在着严重的危机。如果这两个国家的经济崩溃了，人民屈服于极权主义的压力之下，那么，它们和我

---

① "The Italian Ambassador (Tarchiani) to the Under Secretary of State for Economic Affairs (Clayton)", March 8, 1947, FRUS, 1947, Volume Ⅲ, The British Commonwealth; Europe, 1972, p. 874.

② "Telegram from The Ambassador in Italy (Dunn) to the Secretary of State", April 1, 1947, FRUS, 1947, Volume Ⅲ, The British Commonwealth; Europe, 1972, pp. 877 – 878.

③ James Edward Miller, *The United States and Italy 1940 – 1950: The Politics and Diplomacy of Stabilization*, Chapel Hill and London, The University of North Carolina Press, 1986, p. 226.

④ Ibid., pp. 226 – 227.

⑤ "Telegram from The Ambassador in Italy (Dunn) to the Secretary of State", May 3, 1947, FRUS, 1947, Volume Ⅲ, The British Commonwealth; Europe, 1972, pp. 890 – 891.

⑥ PD00001, NSC1, "A Report to the National Security Council by the Executive Secretary on the Position of the United States With Respect to Italy", October 15, 1947, DNSA.

们都无法指望它们获得复兴,而它们的复兴对于世界和平又是那么重要。"① 为此,美国国会在 1947 年 12 月 14 日通过法案,批准向意大利、法国和奥地利提供 5.22 亿美元的援助。其中,意大利共获得价值 2.27 亿美元的临时援助。② 杜鲁门还恳请国会尽快批准马歇尔计划,并警告说:"如不尽快采取行动,将导致意大利共产党在意大利得势的严重后果。"③

其次,实施军事援助,增强意大利政府对付意大利共产党的军事能力。NSC1 号文件建议美国应"以提供军事装备和技术的方式对意大利军队进行进一步的援助,以提升他们处理危及国内安全和领土完整之威胁的能力。向意大利军队运送一定数量的、维持军队正常功能所必需的非战斗装备"。此外,"扩大美军在意大利及地中海其他地方的军事部署,以反击共产党的进攻"④。NSC1/2 号文件也强调意大利共产党的"硬实力",认为"意大利共产党是苏联势力范围以外势力最为强大的共产党组织,据估计拥有 7 万个准军事组织(paramilitary organization),拥有对意大利北部地区进行最初控制的军事能力。如果意大利共产党得到南斯拉夫或法国的秘密物资援助,暴动(insurrection)将迅速波及全国"。因此,美国应"采取一切可行的手段对意大利军队进行进一步的援助,以增强其应对共产党暴动的能力"⑤。NSC1/3 号文件详细分析了意大利共产党控制意大利政府的三种可能形式,认为"如果意大利共产党在四月的国民议会选举中获胜,那么美国在地中海的安全利益将立即受到严重的威胁",因此,美国应"加强在地中海地区的军事地位,采取措施强化美国国家军事设施的潜能……向基督教民主党和其他反共政党提供援助"⑥,等等。

最后,在对意大利实施军事经济援助的同时,美国还实施了心理宣传战。NSC1/2 指出,美国应"采取有效的美国信息项目和所有其他可行的

---

① [美]哈里·杜鲁门:《杜鲁门回忆录》第二卷,李石译,世界知识出版社 1966 年版,第 133 页。
② Smith E. Timothy, *The United States, Italy and NATO, 1947 – 1952*, New York: St, Martin's Press, 1991, p.30.
③ The New York Times, March 12, 1948.
④ PD00001, NSC1, "A Report to the National Security Council by the Executive Secretary on the Position of the United States With Respect to Italy", October 15, 1947, DNSA.
⑤ PD00003, NSC1/2, "A Report to the National Security Council by the Executive Secretary on the Position of the United States With Respect to Italy", February 10, 1948, DNSA.
⑥ PD00004, NSC1/3, "A Report to the National Security Council by the Executive Secretary on the Position of the United States With Respect to Italy", March 8, 1948, DNSA.

手段与在意大利的共产党宣传作斗争"①。为提高在意大利人心目中的形象，宣传美国对意大利无私的、善意的帮助，美国积极利用在美国的意大利语报纸，要求相关报纸"留出大片空间以报道该类主题新闻，建议这些报纸的编辑为读者推荐描述美国对意援助的故事，并将之寄给在意大利的亲戚朋友"②。"美国之音"也制作了一系列描绘美国美好生活图景的广播节目，主要是由商业、劳工、教育和农业团体中美籍意大利人的杰出代表参与的谈话节目，并劝说意大利民众投票支持基督教民主党，反对共产党和新法西斯主义者的"操纵和欺骗"③。

二 天主教与美国对"危险地带"意大利的外交

由于宗教被广泛视为一种反对共产主义的堡垒（bulwark），④ 因此，在美国对意大利的外交中，国内（天主教会及天主教徒）外（梵蒂冈及教宗庇护十二世）宗教资源也成为其利用的资源之一。

（一）"书信运动"

美国国家安全委员会 NSC1/3 号文件认为："从现在到四月的选举前，作为一个优先的选择，美国应立即采取进一步措施阻止意大利共产党在选举中赢得参政。"⑤ 为阻止意大利共产党在大选中获胜，杜鲁门政府采用了各种手段："威慑"意大利，表示"如果意大利政府中有敌视美国的政党，美国将不会提供经济援助"⑥；中情局散发大量传单，"制造大量假情报"，渲染共产党在波、捷、匈的野蛮统治；⑦ "美国之音"制作了一系列广播节目，告诫意大利民众投票支持基督教民主党。除此之外，美国政府

---

① PD00003, NSC1/2, "A Report to the National Security Council by the Executive Secretary on the Position of the United States With Respect to Italy", February 10, 1948, DNSA.

② "The Chargé in Italy (Byington) to the Secretary of State", January 28, 1948, FRUS, 1948, Volume Ⅲ, Western Europe, 1974, p. 823.

③ The New York Times, April 13, 1948.

④ Dianne Kirby, "Harry Truman and Pius Ⅻ: Promoting Holy War behind the Iron Curtain", Paper Delivered to the Annual Conference of the British Association of American Studies, Glasgow University, April 27, 1999.

⑤ PD00004, NSC1/3, "A Report to the National Security Council by the Executive Secretary on the Position of the United States With Respect to Italy", March 8, 1948, DNSA.

⑥ Ibid..

⑦ 白建才：《冷战初期美国"隐蔽行动"政策的制订》，载《陕西师范大学学报》（哲学社会科学版）2003 年第 4 期，第 5—13 页。

还利用国内天主教会及天主教徒发动了针对意大利民众的外交活动——"书信运动"。

首先，美国政府呼吁并鼓动国内 600 万美籍意大利人和罗马天主教徒向其在国内的亲友写信，要求其亲友投票支持基督教民主党。在美国政府的号召和宣传下，在 1948 年大选前的几个月里，许多美籍意大利人写信给在意大利老家的亲友，力劝他们在 1948 年的大选中投票反对共产党候选人，支持基督教民主党候选人。在纽约的爱尔米拉镇（Elmira），高达 87% 的意大利社区得知了美国政府的呼吁，而有 42% 的家庭邮寄了信件。[1] 美国国内的意大利文报纸也响应政府的号召，刊登各类书信的模板以方便人们直接使用。有些地区甚至动用飞机将意大利人聚居区的书信直接空运到意大利。罗马天主教会教徒在做完弥撒后也直接向美籍意大利人分发事先印好的信件。[2] 美国驻意大利大使詹姆斯·邓恩（James C. Dunn）还试图以合法的方式将美国援助资金秘密打入基督教民主党的竞选金库，并建议其从美国工商界秘密筹集竞选资金。

其次，为美籍意大利人服务的天主教会积极推动美籍意大利人参与"书信运动"。美国各地的天主教会在宣扬"书信运动"的同时，劝说天主教徒积极参与"书信运动"。为方便各自教区的居民，天主教会通常把准备好的各种书信分发给本教区的意大利裔美籍居民，希望他们把书信邮寄给意大利的亲戚朋友，并号召亲友们投票支持基督教民主党，反对意大利共产党；或者要求教区的意大利裔美籍居民在书信上签好地址和收件人之后，交还给教会，由教会负责粘贴邮票并邮寄到意大利。[3]

再次，一些有影响力的天主教会教士也积极参与到"书信运动"中。纽约市的大主教奥塔维奥·希尔维斯特里（Ottavio Silvestri）在纽约市的圣·约瑟夫教堂（St. Joseph's Church）分发了 1 万份书信；在泽西市（Jersey City），天主教会高级教士 E. 蒙特罗诺（Monsignor E. Monteleone）也印刷了套用信函（form letter），并向其教区居民的意大利亲友邮寄了 3500 份。另外，他还向罗马、那不勒斯（Naples）、都灵（Turin）、米兰

---

[1] C, Edda Martinez and Edward A, Suchman, Letters From America and the 1948 Elections in Italy, *The Public Opinion Quarterly*, Vol. 14, No. 1（Spring 1950），pp. 111 – 125.

[2] 史澎海、杨艳琪：《冷战初期美国对外隐蔽心理战的考察》，载《河北师范大学学报》（哲学社会科学版）2011 年第 1 期，第 110—116 页。

[3] 汪婧：《美国杜鲁门政府对意大利政府的政策研究》，陕西师范大学博士学位论文，2009 年。

(Milan) 和热那亚 (Genoa) 的朋友邮寄了 5000 份套用信函，由他们在工厂里分发。纽约市罗马浸礼会 (the Baptist Church of Rome) 的圣·约翰 (St. John) 教区的居民也收到了套用信函。在锡拉丘兹 (Syracuse)，共和党俱乐部与天主教会合作分发套用信函。美国好莱坞 (Hollywood) 制片人詹姆斯·纳赛尔 (James Nasser) 则为雇员买单，如若其发电报给意大利的朋友。①

此外，一位意大利裔美籍人还于 1948 年 4 月 9 日组织发起了向意大利发送"一万份自由电报"的运动。电报的主要内容是"在 4 月 18 日通过投票反对共产党，拯救意大利"、"在 4 月 18 日投票反对共产党将确保您和世界的福祉。"② 另外，大量的明信片、报纸、杂志和宣传册也被邮寄到意大利。

(二) "借"梵蒂冈之"力"

对于教宗庇护十二世与罗马天主教会，泰勒认为，"他和天主教会是今天欧洲大陆上民主的最大堡垒。在这一领域，教宗的领导对西方的民主，正如其在意大利和天主教会在欧洲一样，是重要的"③。因此，借助罗马天主教会，这个跨国行为体④的巨大影响力对于实现美国在意大利的外交目标是十分必要的。事实上，教宗庇护十二世是反共的急先锋与"鼓吹者"，且十分关注意大利国内的共产主义问题。早在 1946 年 3 月，教宗庇护十二世就曾警告意大利天主教会的牧师，指出他们的职责是指导天主教徒在政治与社会生活中同意大利的共产主义作斗争。教宗庇护十二世与美国有着共同的目标，即意大利共产党不能在 1948 年 4 月的大选中取得胜利。⑤ 因此，为实现双方共同的目标，杜鲁门政府与梵蒂冈进行了紧密的合作。

---

① C. Edda Martinez and Edward A. Suchman, Letters From America and the 1948 Elections in Italy, pp. 111 – 125.

② "10,000-Cable Vote Plea Sought to Send to Italy", The Washington Post, April 10, 1948.

③ Dianne Kirby, "Harry Truman's Religious Legacy: The Holy Alliance, Containment and the Cold War", in Dianne Kirby, ed., Religion and the Cold War, New York: Palgrave Macmillan, 2003, pp. 79 – 80.

④ Ivan Vallier, The Roman Catholic Church: A Transnational Actor, International Organization, Vol. 25, No. 3, Summer 1971, pp. 479 – 502.

⑤ Frank J., Coppa, "Pope Pius XII and the Cold War: The Post-war Confrontation between Catholicism and Communism", in Dianne Kirby, ed., Religion and the Cold War, New York: Palgrave Macmillan, 2003, p. 61.

首先，教宗庇护十二世不顾拉特兰条约（the Lateran pacts）① 禁止天主教会卷入意大利政治的禁令，积极投入到 1948 年的意大利大选斗争中。1947 年，教宗庇护十二世在圣·彼得大教堂（St. Peter's）的阳台上对天主教徒宣称，意大利人面临的政治决定可以简化为下述选择：支持基督还是反对基督，② 选择自由还是选择极权。③ 教宗还和红衣主教公开声称，投票支持共产主义者和社会主义者的行为是犯罪，并拒绝赦免支持左翼政党（the left-wing parties）的天主教徒。④ 除了鼓动有 300 万左右成员的意大利天主教组织支持基督教民主党的候选人外，他还发动意大利各地的天主教主教参与到选举中来。米兰、帕勒莫（Palermo）等地区的天主教主教则试图影响本教区教徒脱离意大利共产党领导的"人民民主阵线"；圣彼得大教堂的主教宣称意大利面临着"支持天主教或者反对天主教"的政治选择，主张在选举中把选票投给基督教民主党。⑤ 一些牧师和天主教行动（Catholic Action）也建议选民投票赞成那些承诺保护天主教利益和原则的候选人。⑥

其次，美国新闻署与罗马天主教会合作，开展反对投票给共产党的宣传。罗马天主教会常以启示录上的术语来进行宣传，把选举描述为"上帝和撒旦、基督和反基督、文明和野蛮、自由和奴役"之间的较量。⑦ 1948 年 3 月 10 日，教皇庇护十二世向意大利天主教徒强调 4 月 18 日大选的"极端重要性"，要求他们一定只投票给能够保证"保护上帝和灵魂权利"的候选人。他表示，4 月 18 日的意大利选举主要是"共产主义对抗

---

① 拉特兰条约是 1929 年 2 月 11 日教宗庇护十一世与意大利墨索里尼政府为解决"罗马问题"而签订的条约，条约主要内容有：承认教宗对梵蒂冈的土地有绝对的控制权和主权；意大利承认梵蒂冈为完全独立的国家；教宗是梵蒂冈的最高元首，在国际事务上有绝对自由；意大利承认天主教是意大利的国教，保障天主教徒的行动自由；等等。

② Robert A. Ventresca, The Virgin and the Bear: Religion, Society and the Cold War in Italy, *Journal of Social History*, Vol. 37, No. 2 (Winter 2003), pp. 439 – 456.

③ James Callanan, *Covert Action in the Cold War: U. S. Policy, Intelligence and CIA Operations*, New York: Palgrave MacMillian, 2010, p. 32.

④ Murray Edelman, Sources of Popular Support for the Italian Christian Democratic Party in the Postwar Decade, *Midwest Journal of Political Science*, Vol. 2, No. 2 (May 1958), pp. 143 – 159.

⑤ "Telegram from The Ambassador in Italy (Dunn) to the Secretary of State", March 10, 1948 FRUS, 1948. Western Europe Volume III, 1974, p. 846.

⑥ Mario Einaudi, The Italian Elections of 1948, *The Review of Politics*, Vol. 10, No. 3 (July 1948), pp. 346 – 361.

⑦ John Pollard, "The Vatican, Italy, and the Cold War", in Dianne Kirby, ed., *Religion and the Cold War*, New York: Palgrave Macmillan, 2003, p. 108.

非共产主义"的问题。① 此外,天主教的牧师也常常在教堂里的讲坛上进行反共产主义宣传。

再次,通过援助罗马天主教会,抵制共产主义。泰勒赞成公开美国对梵蒂冈的慷慨的经济捐赠,相信教宗影响力与美国财富的结合在劝说意大利选民抛弃左翼政党方面将是无法抗拒的。② 为确保共产党不会在1948年4月的意大利选举中获胜,美国对反共产主义的基督教民主党提供了秘密援助。③ 有学者认为,美国中央情报局花费在意大利大选上的经费高达1000万美元。④

在美国政府与罗马天主教会的通力合作下,在1946年选举中只获得35.2%的基督教民主党候选人在此次大选中获得了高达48.5%的选票。与之相反的是,在1946年大选中以意大利共产党为主的左翼政党获得了44.1%的选票,而此次只获得了35.6%的选票(具体选举结果见下表)。⑤ 对此次选举的失败,意大利共产党总书记陶里亚蒂在1948年5月意大利共产党首脑会议上承认,"美国亲戚朋友寄来的那些恼人的书信,以及来自于穿黑衣人(牧师)的压力","有助于从人民阵线偷走选举的胜利"⑥。有学者也认为,德·加斯佩里当选首相以及基督教民主党在1948年投票选举中的胜利,主要应归功于教会的支持。⑦ 美国NSC1/3号文件也认为,基督教民主党的力量来源于教会的积极支持。⑧

---

① "Pope Warns Italians to Vote for Men Who Defend Religion", The Washington post, March 11, 1948.

② Dianne Kirby, "Harry Truman's Religious Legacy: The Holy Alliance, Containment and the Cold War", in Dianne Kirby, ed., *Religion and the Cold War*, New York: Palgrave Macmillan, 2003, p. 85.

③ Mario Del Pero, The United States and "Psychological Warfare" in Italy, 1948 – 1955, *The Journal of American History*, Vol. 87, No. 4 (March 2001), pp. 1304 – 1334.

④ Robert A. Ventresca, *From Fascism to Democracy: Culture and Politics in the Italian Election of 1948*, Toronto: University of Toronto Press, 2004. p. 94.

⑤ James Callanan, *Covert Action in the Cold War: U. S. , Policy, Intelligence and CIA Operations*, New York: Palgrave MacMillian, 2010, p. 195.

⑥ Robert A. ventresca, *From Fascism to Democracy: Culture and Politics in the Italy Election of 1948*, p. 11.

⑦ John Pollard, "The Vatican, Italy, and the Cold War", in Dianne Kirby, ed., *Religion and the Cold War*, New York: Palgrave Macmillan, 2003, p. 106.

⑧ PD00004, NSC1/3, "A Report to the National Security Council by the Executive Secretary on the Position of the United States With Respect to Italy", March 8, 1948, DNSA.

1946 年与 1948 年意大利选举结果

1946 年的选举结果		1948 年的选举结果	
政党	得票率（%）	政党	得票率（%）
公民党	5.3	公民党	2.0
君主制党	2.8	君主制党	2.8
自由党	6.8	自由党	3.8
基督教民主党	35.2	基督教民主党	48.5
共和党	4.4	南蒂罗尔民粹党	0.5
社会党	20.7	共和党	2.5
共产党	19.0	社会民主党	2.1
其他党派	5.8	社会党/共产党	31.0
		其他党派	1.8
	总计：100		总计：100

第三节 争夺"第三者"：宗教与美国对"边缘地带"泰国的外交

对于哈罗德·麦金德来说，"心脏地区"是世界政治的中心。意欲称霸世界，必须控制"心脏地区"。但美国地缘战略学家尼古拉斯·斯拜克曼（Nicholas John Spykman）对此观点持不同的看法。斯拜克曼认为麦金德所说的"外新月形地带"更为重要，并断言："谁支配着边缘地区，谁就控制欧亚大陆；谁支配着欧亚大陆，谁就掌握世界的命运。"① 因此，虽然东南亚在美国战后初期的全球战略中处于"边缘地带"，但随着冷战的升级，美国开始重视并与苏联争夺处于"边缘地带"的东南亚地区。1948 年 6 月 21 日至 26 日，美国驻东南亚各国的外交官在泰国首都曼谷举行的会议认为，当前东南亚地区面临的最为严重的问题是共产主义的扩散，而其幕后主使是苏联。② 美国中央情报局的报告认为，由胡志明（Ho Chi Minh）控制的印度支那政府，"连同来自共产党中国的压力，几乎肯定会大大加强泰国、缅甸和马来西亚先有的寻求同共产党和解的倾向。因

---

① ［美］斯皮克曼：《和平地理学》，刘愈之译，商务印书馆 1965 年版，第 78 页。
② Dennis Merrill, *Documentary History of the Truman Presidency*：*The Emergence of an Asian Pacific Rim in American Foreign Policy*：*The Philippines*, *Indochina*, *Thailand*, *Burma*, *Malaya*, *and Indonesia*, Bethesda Md.：University Publications of America, 2001. p. 46.

为可以证明印度支那是控制整个中南半岛的关键，它还可能是中国周边的非共产主义新月形地带的重要缺口"①。为遏制东南亚地区共产主义的扩张，美国国家安全委员会制定的《美国对亚洲的立场》（NSC48号）文件认为，"如果共产主义席卷东南亚，美国必将遭受政治上的大溃退，其影响将波及世界各地，尤其是中东和澳大利亚"②。其中，苏联试图"在军事力量的支持下，以共产主义阴谋与外交压力为补充"，寻求统治整个大陆。③ 因此，美国在东南亚的目标是：防止东南亚国家逐渐变成共产主义的势力范围，帮助他们发展抵抗国内外共产主义和为巩固自由世界作出贡献的意愿和能力。④ 在东南亚国家中，泰国"至关重要"。其地处东南亚腹地，南临暹罗湾，北近中国，东邻印支，西接缅甸，具有十分重要的战略地位，因此成为美国在亚洲冷战中重点争夺的"第三者"。

一　美国对"边缘地带"泰国的外交目标及策略

鉴于泰国的重要战略地位，美国开始制定一系列与泰国有关的政策报告。1949年3月29日，美国国家安全委员会制定了题为《美国对东南亚政策（PPS51）》的文件。文件认为，东南亚地区有着丰富的资源并占据着重要的地缘位置，因此"克里姆林宫将试图控制东南亚，将其作为与自由世界相斗争的棋子（a pawn）"⑤。1950年1月2日，美国制定的《美国关于印度支那的立场》文件认为："如果失去印度支那，将立即使缅甸、泰国和马来西亚等国的立场变得犹豫不决。"⑥ 美国国家情报评估（National Intelligence Estimate，简称NIE）所做的报告也指出，在1951年胡志明取得胜利后，泰国和缅甸两国在国内缺乏有效的反制措施、外部缺

---

① Andrew Jon Rotter. *The Path to Vietnam: Origins of the American Commitment to Southeast Asia*, Ithaca: Cornell University Press, 1987, pp. 119 – 120.

② 尤洪波：《冷战期间美国对东南亚政策的演变》，载《东南亚》2000年第3—4期，第35—40页。

③ Andrew Jon Rotter, *The Path to Vietnam: Origins of the American Commitment to Southeast Asia*, Ithaca: Cornell University Press, 1987, p. 120.

④ CK3100399828, National Security Council by the Executive Secretary on United States Objectives and Courses of Action with respect to Southeast Asia, June 19, 1952, DDRS.

⑤ CK3100354016, Note by the Executive Secretary to the National Security Council on U. S. Policy toward Southeast Asia, March 29, 1949, DDRS.

⑥ CK3100366670, Department of State, Indochina, January 2, 1952, Truman Library, Papers of HST, PSF, General File.

乏强有力的支持的情况下,在面临共产主义的压力时可能会选择妥协。①对此,美国应"帮助泰国政府维持一定程度的稳定,将泰国培育成东南亚地区的一个战略稳定中心,并支持其对苏联与中国蚕食的抵制"②。为遏制共产主义在东南亚地区的扩张,把具有重要战略地位的泰国纳入以美国为首的西方阵营,杜鲁门政府在1950年10月15日制定了《美国与泰国关系》文件。文件指出美国在泰国的首要目标是:"加强美国与泰国之间友谊与信任的纽带;作为美国政策的支持者,在可能的情况下将其纳入联合国的各种组织;帮助泰国建立能够抵御远东共产主义力量的能力"③;"通过军事同盟、经济援助、心理战行动等手段将泰国及其他东南亚国家纳入西方阵营,最终在远东地区构建一个以泰国为核心的遏制共产主义的环形防御圈"④。

在冷战初期,泰国的政局十分不稳。在比里·帕侬荣(Pridi Phanomyong)执政的两年多时间内,宽·阿派旺(Khuang Abhaiwongse)、社尼·巴莫(Seni Pramoj)、探隆·那瓦沙瓦(Thamrong Navaswadhi)等人曾先后出任泰国政府总理,比里·帕侬荣自己还亲自披挂上阵。因此,要想实现美国在泰国的战略目标,美国必须通过援助来巩固泰国的亲西方政府。美国驻泰国大使埃德温·斯坦顿(Edwin F. Stanton)认为,泰国披汶(Phibun Songgram)政府面临着严峻的形势,美国应尽快承认它,并提供援助。因为其如不能得到有效的援助,极有可能倒向共产主义。因此,美国应在一个可接受的价格上向泰国出售武器。⑤ 在朝鲜战争爆发后,泰国成为继美国之后第一个承诺向朝鲜派遣地面部队以支持联合国在朝军事行动的国家。⑥ 为"回报"泰国的支持,美国国务院与国防部都同意向泰国

---

① CK3100224916, National Intelligence Estimate, Resistance of Thailand, Burma, and Malaya to Communist pressures in the Event of a Communist Victory in Indochina in 1951, March 15, 1951, DDRS.
② "Policy Planning Staff Paper on United States Policy Toward Southeast Asia", March 29, 1949, FRUS, 1949, Volume Ⅶ, The Far East and Australasia (part 2), 1976, p. 1132.
③ "United States Relations with Thailand", October 15, 1950, FRUS, 1950, Vol. Ⅵ, East Asia and The Pacific, 1976, p. 1529.
④ 史澎海:《冷战初期美国对泰国的心理战行动——以PSB D—23心理战计划为核心的考察》,载《西南大学学报》(社会科学版)2012年第3期,第165页。
⑤ Daniel Fineman, *A Special Relation: the United States and Military Government in Thailand, 1947 - 1958*, Honolulu: University of Hawai'i Press, 1997, pp. 54 - 67.
⑥ M. S. Venkataramani, The United States and Thailand: the Anatomy of Super-Power Policy-Making, 1948 - 1963, *International Studies*, Vol. 12, No. 1 (January 1973), pp. 57 - 110.

提供1000万美元的军事援助，以抵制共产主义从外部入侵以及从内部开展的颠覆活动。① 1950年8月底，美国向泰国提供了第一批军事援助物资，其理由是："泰国是抵御共产主义南进防线的必不可少的一部分；泰国政府向联合国在朝行动提供了地面部队；泰国支持联合国抵制共产主义行动的决定是泰美关系中具有深远意义的一个政治决定。从心理战角度来讲，这一态度具有重要意义。如果泰国比其他东南亚国家更鲜明地支持美国与联合国的目标，但其得到的军事援助却晚于这些国家的话，将会对其士气造成毁灭性的打击。"② 10月17日，美泰又签订《有关军事援助的协定》，向泰国提供武器和装备，并帮助泰国政府训练泰国军官，扩建军事基地。1951年1月第一批武器装备运至泰国。③ 此后，美国每年对泰国的军事援助金额都超过千万美元：1951年高达4670万美元，1952年有3160万美元，1953年也达2430万美元。④ 到1957年披汶下台时，美国对泰国的军事援助总额累计达1.38亿美元。⑤

在对泰国进行军事援助的同时，美国还加强了对泰国的经济援助。1950年8月初，世界银行（the World Bank）在美国的支持下，同意给予泰国2500万美元的发展基金，泰国成为接受世界银行贷款的第一个亚洲国家。⑥ 同年9月19日，美国又与泰国签订了《经济与技术合作协定》（Economic and Technical Co-operation Agreement），向泰国提供经济援助，帮助泰国恢复和扩建铁路、改良港口、修筑公路、建立发电厂，并派遣美国技术人员前往泰国工作和训练泰国的各类专业人才。⑦

此外，美国还开展对泰文化交流以培养泰国民众亲美倾向与反共意识。美国一份政府文件承认，"我们正在采取出版著作、进行无线电广

---

① CK3100397853, Memorandum for the Present, March 9, 1950, DDRS.

② "The Secretary of State to the Embassy in Thailand", August 22, 1950, FRUS, 1950, Vol. VI, East Asia and The Pacific, 1976, pp. 134 – 135.

③ M. S. Venkataramani, The United States and Thailand: the Anatomy of Super-Power Policy-Making, 1948 – 1963, International Studies, Vol. 12, No. 1 (January 1973), pp. 57 – 110.

④ 刘莲芬：《论1950—1970年代的美泰关系》，载《世界历史》2006年第3期，第51—59页。

⑤ [美]约翰·F. 卡迪：《战后东南亚史》，姚楠等译，上海译文出版社1984年版，第93页。

⑥ 薛冬霞：《战后初期美国对泰国援助政策的制定与美国冷战战略的调整》，载《延安大学学报》（社会科学版）2007年第4期，第101—103页。

⑦ [英] D. G. E. 霍尔：《东南亚史》，中山大学东南亚历史研究所译，商务印书馆1982年版，第1015页。

播、建立图书馆、播放教育电影、分发小册子和杂志等手段帮助泰国民众了解当前的世界局势以及理解美国的行为。美国也鼓励美泰之间开展学生交流与技术出口，并于1950年7月1日在泰国首都曼谷（Bangkok）与泰国政府签订了《富布莱特协定》（Fulbright Agreement）"①，承诺向泰国青年学生提供赴美留学的奖学金，并派遣美国教师赴泰国工作。

二　佛教与美国对"边缘地带"泰国的外交

1949年9月20日，美国中央情报局在评估远东地区的共产主义运动时指出："在远东的某些地区，共产主义运动的政治脆弱性源于共产主义与当地盛行宗教的不相容性。"② 因此，共产主义的无神论意识形态会导致宗教信徒对共产主义的反抗。美国行动协调委员会（Operations Coordinating Board，简称OCB）的报告认为，美国对东南亚佛教国家的政策应该是"开展系列行动以促进亚洲佛教国家与自由世界的接触；联合并加强佛教组织与世界宗教领导人和世界宗教运动的联系"③。宗教行动基金会（Foundation for Religious Action）提交给OCB的报告则指出，美国在东南亚选择的积极代理人（the active agent）应是当地的佛教徒、高台教徒（Cao - Daiists）、天主教徒与其他有信仰的善男信女。④ 在泰国，南传佛教（Buddism of the Southern）或曰小乘佛教（Hinayana）是泰国的国教，并且其与中国的大乘佛教（Mahayana）不同。此外，信仰佛教的人口占全部泰国人口的85%,⑤ 这些都是美国反击共产主义时可资利用的地方。美国也积极利用佛教对泰国民众的巨大影响力来实现反共目标，把泰国培育成反抗共产主义的基地。

首先，美国信息署（U. S. Information Agency）通过泰国政府向泰国人民宣传冷战是"有神论"和"无神论"之间的争斗，作为信仰佛教的

---

① "United States Relations with thailand", October 15, 1950, FRUS, 1950, Vol. VI, East Asia and The Pacific, 1976, pp. 1531 - 1532.

② CK3100283857, Vulnerabilities of Communist Movements in the Far East, September 20, 1949, DDRS.

③ CK3100143740, Proposals Regarding U. S. Relations with the rawada Buddhist Countries, September 7, 1956, DDRS.

④ CK3100480103, Proposal to OCB by Foundation for Religious Action, September 24, 1954, DDRS.

⑤ CK3100143740, Proposals Regarding U. S. Relations with the Rawada Buddhist Countries, September 7, 1956, DDRS.

泰国应该与美国站在一边。杜鲁门常将宗教自由与民主相联系,① 批判苏东集团的宗教不自由是不民主的表现。美国一份政府文件透露:"美国信息署目前正在制定一项计划,目标是使泰国的僧侣(monk)相信共产主义对宗教和人类自由构成的威胁。"② 因此,信奉佛陀的佛教徒和信奉耶稣的基督徒在面临信奉无神论的共产主义威胁时,应摒弃两者教义之间的不同,找到两者之间的相通之处,即佛教和基督教都强调人类共同体的道德、自由、平等等普世价值观念。在"二元对立、非黑即白"的冷战对立中,泰国的佛教徒需要在一个多元宗教共存的世界和一个试图摧毁一切宗教价值观念的极权主义世界之间作出选择。由于泰国政府本身存在的问题及面临的内外威胁,美国这一"山巅之城"有"天赋使命"来帮助泰国政府和人民做出正确的选择,即加入尊崇宗教价值观念的西方阵营,反对无神论的共产主义阵营。

其次,美国试图通过加强美国与泰国宗教界之间的交流与合作来鼓动泰国佛教徒反对共产主义。美国行动协调委员会的报告认为,"中国增强了在宗教领域的渗透,并将注意力转向了东南亚的佛教国家"③,其目的在于增强中国在东南亚的影响力。针对这种情况,美国心理战委员会建议美国政府尽快动员国内宗教界开展与泰国宗教界的交流与合作,因为"中国会尽全力扰乱东南亚地区的佛教僧侣,因此美国必须采取措施、仔细谋划以反击这种共产主义努力"④。在美国行动协调委员会的要求下,心理战委员会研究了佛教在斯里兰卡(Ceylon)、缅甸、老挝(Laos)、柬埔寨(Cambodia)、泰国等国家中的角色,认为佛教组织可以被用来作为国际关系中的一种工具,并希冀在"普世"的基础上建立起相互理解、相互帮助的宗教界交流模式。⑤ 在心理战委员会 D-23 文件的指导下,美国与泰国在宗教领域的合作更加广泛,泰国佛教徒的反华反共情绪也日渐

---

① Anne R. Pierce, *Woodrow Wilson and Harry Truman: Mission and Power in American Foreign Policy*, Westport, CT: Praeger Publishers, 2003, p.135.

② CK3100143740, Proposals Regarding U. S. Relations with the Rawada Buddhist Countries, September 7, 1956, DDRS.

③ CK3100143796, OCB Outline Plan Regarding Buddhist Organizations in Ceylon, Burma, Thailand, Laos, and Cambodia, January 16, 1957, DDRS.

④ CK3100474903, Memorandum from Kenneth T, Young, Jr, to OCB MR, Landon, August 27, 1956, DDRS.

⑤ CK3100148157, Proposals Regarding U. S. Relations with the Rawada Buddhist Countries, July 13, 1956, DDRS.

高涨。①

再次，美国常利用"志愿"组织来进行"宗教援助"。在宗教行动基金会给行动协调委员会的建议中就指出："在宗教领域的活动应由私人尝试开展，而不是由政府出面。"② 因此，在帮助修建或修缮泰国的佛教寺庙或佛教中心、出版佛教书籍或期刊、举行佛教活动时，美国政府并不直接出面，而是幕后支持美国的私人基金会（如福特基金会、卡内基基金会等）、宗教组织（新教会、佛教会等）来出面。③ 美国这样做的目的是"要不惜一切代价避免一些行动被误解成为美国利用佛教作为一种政治或心理工具。无论如何都不能让佛教领导人看出这是美国的'项目'，而要将其表现为美国特殊的友好姿态"④。

艾森豪威尔上台后，杜鲁门时期有关宗教的心理战项目被保留下来，⑤ 更多的宗教项目被开发并付诸实施。其范围从国家首脑、宗教领袖到普通信徒；其深度从一般的宣传册、各种媒体到学术书籍；其手段从公开的宣传演讲、宗教会议到潜移默化的渗透，不一而足。⑥ 在对泰国的政策中，艾森豪威尔政府也特别强调宗教因素在反华反共中的作用。心理战略委员会制定的《美国对泰国的心理战略》（U. S. Psychological Strategy Based on Thailand）指出，美国"在加强对泰国军事、经济、技术援助的基础上，还应开展心理战活动，以维持和增强泰国的国内安全，使泰国成为东南亚地区的一支稳定力量，并维持与自由世界的联盟"⑦。为此，艾森豪威尔政府从1954年起在东南亚开展了一系列的宗教交流活动，如

---

① 史澎海：《冷战初期美国对泰国的心理战行动——以PSB D - 23心理战计划为核心的考察》，载《西南大学学报》（社会科学版）2012年第3期，第157—165页。

② CK3100480103, Proposal to OCB by Foundation for Religious Action, September 24, 1954, DDRS.

③ CK3100114874, Report on information activities abroad, July 11, 1960, DDRS.; CK3100325165, OCB Intelligence Notes, July 16, 1956, DDRS.

④ CK3100148157, Proposals Regarding U. S. Relations with the Rawada Buddhist Countries, July 13, 1956, DDRS.

⑤ 如"美国对泰国的心理战略（PSB D - 23）"、"东正教教会支持项目（PSB D - 39）"都由艾森豪威尔政府的行动协调委员会继续实施。详见CK3100568523, Psychological Strategy for Southeast Asia, January 5, 1953, DDRS; CK3100676182, Program for Support of the Orthodox Church, April 27, 1953, DDRS.

⑥ 张杨：《以宗教为冷战武器——艾森豪威尔政府对东南亚佛教国家的心理战》，载《历史研究》2010年第4期，第34—48页。

⑦ CK3100568523, Psychological Strategy for Southeast Asia, January 5, 1953, DDRS.

"与当地的佛教领导人建立联系,提供帮助以使他们复印、散发对之有用的佛教文献与信仰材料,推动佛教领导人参加地区佛教会议以讨论共同的问题、需求与机会"①。1956 年,行动协调委员会又制定了"宗教行动计划纲要",对泰国、缅甸、老挝、柬埔寨和锡兰等小乘佛教(Hinayana)国家实施心理战,之后还扩展到大乘佛教国家、伊斯兰教国家。②

小 结

美国一份政府文件指出:"涉及外交、军事关系、经济关系、国际法、国际交流、国际信息项目等生活进程的许多方面常得到大量的研究和发展,而宗教和宗教组织在国际关系中的作用却一直未给予充足的考虑。"③ 这是一种典型的认为"外交政策不应涉及宗教"的"启蒙主义偏见"④。事实上,在冷战的整个岁月里,特别是在冷战初期,杜鲁门政府在反对苏联和共产主义的斗争中,常利用各种国内外宗教资源来赋予美国外交政策及行动一种宗教与道德层面上的"合法性"与"正义性",以占领国际舆论场域的道德制高点。为"遏制"与"分化""心脏地区"的苏联和东欧国家,美国除对苏东集团采取经济诱惑、军事威胁、宣传攻势外,还抨击苏东集团的宗教政策,并利用东正教组织与宗教人士穿越"铁幕";在"危险地带"的意大利,为击败以意大利共产党为首的左翼政党,使意大利基督教民主党在大选中获胜,从而使意大利这个"危险地带"变为"安全地带",成为西方民主的"桥头堡",杜鲁门政府在国内号召天主教会及美籍意大利天主教徒发动针对意大利选举的"书信运动",并在国外联合梵蒂冈与教宗庇护十二世"干预"意大利选举。在"边缘地带"的泰国,杜鲁门政府也试图利用佛教组织开展美泰两国之间的宗教交流活动,并对泰国的佛教组织进行"宗教援助"以抵制共产主

---

① CK3100480103, Proposal to OCB by Foundation for Religious Action, September 24, 1954, DDRS.
② 张杨:《以宗教为冷战武器——艾森豪威尔政府对东南亚佛教国家的心理战》,载《历史研究》2010 年第 4 期,第 34—48 页。
③ CK3100148157, Proposals Regarding U. S. Relations with the Rawada Buddhist Countries, July 13, 1956, DDRS.
④ 徐以骅:《宗教与冷战后美国外交政策——以美国宗教团体的"苏丹运动"为例》,载《中国社会科学》2011 年第 5 期,第 199—218 页。

义在东南亚的扩张。

从冷战初期杜鲁门政府为实现外交目标而利用宗教资源来看，虽然美国声称奉行"政教分离"原则，但在外交实践中宗教与国家之间的"分离墙"① 既未阻止宗教及宗教团体介入美国外交事务，也未阻止美国政府利用宗教资源以实现其外交目标。杜鲁门常提醒美国人关于他们国家遗产中的宗教信仰、信仰上帝与人权和自由的联系、上帝给予美国的特殊使命、共产主义的无神论及其对宗教的敌意。除此之外，杜鲁门还试图建立国际反共"宗教战线"，在铁幕背后秘密地资助牧师，对共产主义国家进行布道广播和播放宗教节目，在世界范围内进行祈祷和平的活动（明显的是反对共产主义），② 这都使宗教不可避免地沦为美国反对共产主义的一种工具。因此，可以说，宣称"宗教信仰自由"为宪法第一自由的、西方最基督教化的美国也并非完全奉行宗教信仰自由的原则。有学者就指出："美国的宗教信仰自由是以国家和民族的利益为原则、为转移的，在宗教与政治之间，美国是政治放在首位的。"③ 在"东西方对峙"的冷战大环境下，宗教很难摆脱沦为国家间斗争的"一种工具"的命运。

需要指出的是，虽然杜鲁门在其任期内未能建立起一条国际反共"宗教战线"，但他却播撒下了强大的种子。而杜鲁门政府与罗马天主教会及教宗庇护十二世的"结盟"不但使基督教民主党在意大利和联邦德国获得了胜利，也有助于通过对宗教的尊重把西方世界团结起来遏制苏联，其利用宗教开展外交活动的遗产也为冷战时期的美国各届政府所承继。

---

① Robert A. Seiple and Dennis R. Hoover, eds., *Religion & Security: The New Nexus in International Relations*, Lanham, Boulder: Littlefield Publishers, 2004, p. 13.

② William Inboden, *Religion and American Foreign Policy, 1945–1960: The Soul of Containment*, New York: Cambridge University Press, 2008, p. 5.

③ 董小川：《20世纪美国宗教与政治》，人民出版社2002年版，第228—229页。

第四章 宗教与冷战初期的苏联外交

1944年5月15日,大牧首谢尔盖与世长辞。在卡尔波夫的主持下,俄罗斯东正教会于1945年1月31日至2月2日举行了全俄主教会议,参加会议的46名主教、87名神甫和37名平信徒代表选举了来自彼得格勒的督主教阿列克谢为莫斯科和全俄东正教会大牧首。卡尔波夫在会议上发言,希望俄罗斯东正教会能代表苏联政府,并取得成功。① 阿列克谢一世在刚刚担任大牧首一职后,就立即向斯大林发了一封电报,表示自己将忠于斯大林、忠于国家,担负起指导教会和管理教会的重任。② 1945年4月10日,斯大林与莫洛托夫再次会见了俄罗斯东正教会的三位高级领导人,即大牧首阿列克谢一世、都主教尼古拉和神甫科尔奇茨基(Kolchitskii)。虽然苏联政府与俄罗斯东正教会之间关于外交事务的协议没有记载,但从俄罗斯东正教会,这个与政府有关的宗教行为体(stated-related religious actors)③ 在冷战初期开展的一系列与苏联外交政策目标紧密相关的对外活动来看,苏联政府意在利用俄罗斯东正教会对他国东正教会的巨大影响,为苏联对外政策提供合法性,并扩大苏联在国际上的影响力。俄罗斯东正教会也"积极履行国家赋予的外交义务,以表达对国家宽容政策的感谢"④。

第一节 培植"亲己者":俄罗斯东正教会
与苏联对西方国家的外交

第二次世界大战后期,美、英、苏三大国为建立战后国际政治经济秩

---

① Alex Inkeles, "Family and Church in the Postwar U.S.S.R.", *Annals of the American Academy of Political and Social Science*, Vol. 263, The Soviet Union Since World War II (May, 1949), pp. 33 – 44.

② 韩全会:《浅谈俄苏时期的政教关系》,载《俄罗斯研究》2004年第3期,第56—59页。

③ Jeffrey Haynes 认为,在国际关系中有两类宗教行为体,一类是与政府有关的宗教行为体,另一类是非政府宗教行为体(Non-state religious actors),具体见 Jeffrey Haynes, *An Introduction to International Relations and Religion*, Edinburhg Gate: Pearson Education Limited, 2007, p. 34.

④ 乐峰主编:《俄国宗教史》(上),社会科学文献出版社2008年版,第477页。

序召开了一系列国际会议,这些会议制定的一系列决议、文件、条约构成了对世界影响深远的雅尔塔体系。在同美、英的博弈中,苏联在波罗的海、中东欧、中东、东北亚等地区获得了俄国长期以来梦寐以求的"战略缓冲地带",同时使苏联成为仅次于美国的世界第二超级大国。作为雅尔塔体系的受益者,苏联在战后初期的对外政策目标一直是学者们特别感兴趣的话题。美国学术界认为战后苏联外交政策的目标有两个:一是"扩张苏联的影响"[1]。威廉·陶布曼(William Taubman)就认为,苏联的目标是"强化苏联对中东欧的控制,增强苏联在西欧、近东和亚洲的影响"[2]。二是"传播共产主义"[3],但其最终目标是追求成为世界强国,甚至成为世界霸主。[4] 当然,也有学者认为,苏联在战后初期实行的是一种防御性的外交政策,其主要目标是维护苏联的既得利益,特别是苏联的安全利益。[5] 弗兰克·罗伯茨(Frank K. Roberts)于1946年3月17日发给英国外交大臣贝文的电报中也称:"国家安全是苏联政策的基石。"[6] 国内学者的基本观点是:"战后初期,苏联对外战略的设想是,尽力维护战时同盟,维护世界和平,保护已经获得的领土报酬和各种赔偿,保住自己势力范围和既得利益。"[7] 沈志华教授则认为:"战后斯大林对外政策的目标有三个层次,即和平共处—世界革命—国家安全利益。在这个三维结构中,苏联国家安全利益始终处于最高地位。"[8]很显然,在这一问题上,学者们有不同的见解,很难形成令所有学者都接受的"共识"。正如有学

---

[1] Adam B. Ulam, *Expansion and Coexistence: Soviet Foreign Policy*, 1917–1973, New York: Praeger, 1974.

[2] Vojtech Mastny, *Russia's Road to the Cold War, Diplomacy, Warfare, and the Politics of Communism*, 1941–1945, New York: Columbia University Press, 1979, pp. 306–313.

[3] Alvin Z. Rubinstein, *The Foreign Policy of the Soviet Union*, New York: Random House, 1972.

[4] Elliot R. Goodman, *The Soviet Design for a World State*, New York: Columbia University Press, 1960.

[5] Frederick L. Schuman, *The Cold War, Retrospect and Prospect*, Baton Rouge: Louisiana State University Press, 1967;张小明:《冷战及其遗产》,上海人民出版社1998年版。

[6] "Mr. Roberts (Moscow) to Mr. Bevin (Received 28 March)", March 17, 1946, DBPO.

[7] 周尚文、叶书宗、王斯德:《新编苏联史1917—1985》,上海人民出版社1990年版,第444页。转引自叶江《斯大林的战后世界体系观与冷战起源的关系》,载《历史研究》1999年第4期,第52—65页。

[8] 沈志华、张盛发:《从大国合作到集团对抗——论战后斯大林对外政策的转变》,载《东欧中亚研究》1996年第6期,第55—66页。

者指出的那样,"在无政府状态下,安全是国家的最高目标"①。因此,笔者认为,在战后初期,苏联外交的中心目标是采取各种措施维护苏联的国家安全利益,而与西方国家维持战时同盟则有利于实现这一目标。

一 苏联对西方国家的外交目标及策略

在第二次世界大战中,共同的反法西斯目标使具有不同意识形态的国家结成了紧密的战时同盟。这种战时的联系是各大国在制定战后外交政策时必须考虑的重要因素。虽然学者们对战后苏联外交目标有不同的认知,但根据苏联领导人有关对外政策的讲话、电文、报告可以看出,战后初期苏联对西方国家的主要外交目标是继续维持与美英的战时"大国合作"关系。在欧战即将结束的1945年4月13日,斯大林在致电美国总统杜鲁门时表示:"在对共同敌人的战斗中肩负了主要重担的各大国之间合作的政策今后也将得到加强。"② 苏联外长莫洛托夫在1945年5月8日的讲话也指出,"我们大家应该明白,美苏友好对于维护世界和平和安全具有重要意义"③。欧战结束之后,斯大林也曾多次表示苏联将继续维持战时同盟,推行大国合作的政治路线。在1945年5月10日致英国首相丘吉尔的电报中,斯大林强调说:"我们两国之间在战争时期所结成的友好关系,在战后的时间里将会获得进一步的顺利发展。"④ 在6月11日再次致杜鲁门的电报中,斯大林也表示:"我完全相信,为了两国人民的幸福和所有爱好和平的国家之间的持久合作的利益,苏联和美国之间在共同斗争时期得到加强的友好联系将继续发展。"⑤ 在1945年12月23日致杜鲁门的电报中,斯大林仍表示:"苏联人民和美国人民应该共同努力恢复与维持和平;我们应该从这一事实出发,即我们两国的共同利益远远超过我们之间

---

① [美]肯尼思·华尔兹:《国际政治理论》,信强译,苏长和校,上海人民出版社2003年版,第167页。
② 苏联外交部编:《斯大林同罗斯福和杜鲁门的通信》,潘盒柯译,载《1941—1945年苏联伟大卫国战争期间苏联部长会议主席同美国总统和英国首相通信集》第二卷,世界知识出版社1961年版,第216页。
③ 转引自张广翔、王学礼《冷战初期苏联外交中的若干问题——乌特金院士吉林大学讲学纪要》,载《西伯利亚研究》2010年第5期,第91—95页。
④ 苏联外交部编:《斯大林同丘吉尔和艾德礼的通信》,潘盒柯译,载《1941—1945年苏联伟大卫国战争期间苏联部长会议主席同美国总统和英国首相通信集》第一卷,世界知识出版社1961年版,第357页。
⑤ 同上书,第245—246页。

的某些分歧。"① 1946年9月，斯大林在回答《星期日泰晤士报》驻莫斯科记者亚历山大·沃斯（Alexander Voss）的问题时表示，"和平合作的可能性不仅不会减少，甚至能够增加"②。在杜鲁门主义出台后的1947年4月9日，斯大林在会见美国共和党人哈罗德·斯塔生时表示："如果有合作的愿望，那么，尽管经济制度不同，合作是完全可能的。"③ 同月，斯大林在与马歇尔会谈时也强调他非常重视与美国全面达成协议，美苏在所有的重大问题上都有可能妥协，对此必须要有耐心，不要悲观。④ 在柏林封锁期间，针对国际新闻社记者金斯伯里·史密斯提出的"苏联政府是否考虑同美国政府联合声明，任何一方都无意向对方发动战争"这一问题时，斯大林表示"苏联政府准备考虑发表这样一项声明"⑤，依然希望与西方和平共处。1952年4月，斯大林在回答美国一些地方报纸编辑提出的问题时，指出"只要双方有合作的愿望，决心履行所承担的义务，遵守平等和不干涉别国内政的原则，资本主义和共产主义的和平共处是完全可能的"⑥。在1952年年底接受《纽约时报》外交记者詹姆斯·赖斯顿（James Reston）的采访时，斯大林仍表示："不能认为美国和苏联的战争是不可避免的，我们两国今后也能够和平相处。"⑦ 斯大林之所以希望继续"大国合作"政策的原因在于：苏联在战后首要事宜是恢复遭到战争极大破坏的国民经济，这需要与西方大国合作以确保有一个发展经济的良好国际环境。同时，维护对苏联有利的雅尔塔体系也需要与美英合作。俄罗斯自然科学院院士阿纳托利·伊万诺维奇·乌特金认为，很多解密的档案材料都可以证实，战后斯大林更希望调节和改善大国之间的关系，甚至希望帝国主义阵营中的矛盾可以化解，刚走出战争阴霾的苏联不愿再次陷入大国之间的纷争。⑧

---

① 苏联外交部编：《斯大林同丘吉尔和艾德礼的通信》，潘盒柯译，载《1941—1945年苏联伟大卫国战争期间苏联部长会议主席同美国总统和英国首相通信集》第一卷，世界知识出版社1961年版，第281页。
② 中央编译局：《斯大林文集》（1934—1952），人民出版社1985年版，第510页。
③ 同上书，第523页。
④ [美]亨利·基辛格：《大外交》，顾淑馨、林添贵译，海南出版社1997年版，第397页。
⑤ [美]迪安·艾奇逊：《艾奇逊会议录》，伍协力等译，上海译文出版社1978年版，第125页。
⑥ 中央编译局：《斯大林文集》（1934—1952），人民出版社1985年版，第673页。
⑦ 同上书，第679页。
⑧ 张广翔、王学礼：《冷战初期苏联外交中的若干问题——乌特金院士吉林大学讲学纪要》，载《西伯利亚研究》2010年第5期，第91—95页。

为维持与美英的战时"大国合作"关系,苏联在战后初期采取了一系列较为克制的政策:第一,遵守与美英达成的各种协议,不向美英的势力范围伸手,甚至不惜做出一些让步。在杜鲁门拒绝"苏联提出的关于把北海道北半部包括在日本武装部队将向苏军投降的地区之内的要求"①后,斯大林并未愤怒,并默认了美国对日本的独占。1944年10月9日,斯大林在会见丘吉尔时表示:"如果英国不能控制地中海的话,它将会有大麻烦。"②斯大林的话语很明显,就是同意希腊属于英国的势力范围,英国在希腊问题上有绝对发言权。当此后英国人残酷地镇压了希腊共产党人领导的游击队时,斯大林也履行了对丘吉尔的承诺,对希腊共产党人的求助无动于衷,最终导致希腊共产党人领导的游击队被镇压。苏联这样做的目的也是希望西方能承认苏联在东欧的安全利益。③第二,减缓中东欧国家的"苏联化",允许自由选举和组建联合政府。在第二次世界大战后期与冷战初期,斯大林在要求东欧各国组建"联合政府"时,主张各国在走向社会主义道路时要有"本国特色"。对于被斯大林视为"国家安全问题"的波兰,苏联在战后初期并未坚决要求波兰建立苏联式的社会主义制度。早在1944年4月28日,斯大林与美籍波兰人奥尔列曼斯基会谈时就表示:"对于波兰,苏联政府丝毫无意干涉它的内部事务,更不用说干涉它的宗教事务。波兰将存在什么样的制度,不论是政治制度、社会制度还是宗教制度,这是波兰人自己的事。我们苏联人希望波兰有什么呢?我们希望波兰有这样的政府:它能理解并珍惜与它东边邻国的良好关系。"④在1946年5月23日,斯大林会见波兰总统博莱斯瓦夫·贝鲁特(Boleslaw Bierut)时指出:"波兰没有无产阶级专政,那里不需要无产阶级专政。"⑤对于保加利亚,1945年10月30日,斯大林在会见保加利亚

---

① 苏联外交部编:《斯大林同罗斯福和杜鲁门的通信》,潘盒柯译,载《1941—1945年苏联伟大卫国战争期间苏联部长会议主席同美国总统和英国首相通信集》第二卷,世界知识出版社1961年版,第269页。

② [俄]瓦列金·别列什科夫:《斯大林私人翻译回忆录》,薛福岐译,海南出版社2004年版,第324页。

③ Erik P. Hoffmann, Frederic J. Fleron, Jr., *The Conduct of Soviet Foreign Policy*, New York: Aldine Publishing Company, 1980, p. 220.

④ "斯大林关于旅美波兰侨民对苏联态度与奥尔列曼斯基的谈话记录",1944年4月28日,载沈志华总主编《苏联历史档案选编》第23卷,社会科学文献出版社2002年版,第16页。

⑤ "斯大林与贝鲁特关于波兰经济与政治状态的谈话记录",1946年5月24日,载沈志华总主编《苏联历史档案选编》第23卷,社会科学文献出版社2002年版,第129页。

领导人时表示,"不要忘记,在你们国家,社会主义制度的发展可能会有所不同——通过议会。这条道路很漫长,但实现的目标是一样的"①。第三,要求法、意两国的共产党放下武器,合法地进入政府。针对法国共产党,斯大林早在 1944 年 11 月 19 日接见法国共产党中央总书记莫里斯·多列士(Maurice Thorez)时就表示:"考虑到目前法国有着为盟国所承认的政府。在这种条件下共产党人很难拥有平行的武装力量。"因此,法国共产党"必须把武装力量改组为一种政治组织,而把武器收藏起来"②。多列士在返回法国后就提出了"团结、斗争、劳动"的口号,并单方面放弃了自己的武装,将 25 万人之多的共产党游击队分散加入到了以戴高乐为首的法国政府军中。针对意大利共产党,斯大林要求意大利共产党放下武器,以和平、合法的方式参与到意大利政府中。斯大林和意大利共产党总书记陶里亚蒂都认为,不必在意大利发动内战和社会革命。③ 第四,劝说共产党领导人通过非暴力的方式走向社会主义。斯大林在 1945 年与南斯拉夫领导人铁托谈话时曾表示,"今天甚至在英国的君主政体下,也有可能实现社会主义了。革命已不是每一个地方都需要了"④。1946 年 5 月 23 日,斯大林在会见以波兰总统博莱斯瓦夫·贝鲁特为首的波兰代表团时曾表示:"你们波兰、南斯拉夫和捷克斯洛伐克建立的民主可以使你们用不着建立无产阶级专政和苏维埃制度而接近社会主义。"⑤ 在会见捷克斯洛伐克共产党领导人克莱门特·哥特瓦尔德(Klement Gottwald)时,斯大林也表示相信捷克斯洛伐克可以通过议会选举的方式和平进入社会主义。"我们那时的道路简短而又迅速,代价是流了很多血和作出了很多牺牲。如果你们能避免这样,就避免吧。那种必须要付出的流血和牺牲的代价,红军已经付出了。"⑥

---

① 沈志华:《斯大林的"联合政府"政策及其结局》(下),载《俄罗斯研究》2007 年第 6 期,第 77—84 页。

② "斯大林同多列士关于战后形势及法共路线问题的谈话记录",1944 年 11 月 19 日,载沈志华总主编《苏联历史档案选编》第 16 卷,社会科学文献出版社 2002 年版,第 730 页。

③ Silvio Pons, Stalin, Togliatti, and the Origins of the Cold War in Europe, *Journal of Cold War Studies*, Vol. 3, No. 2 (Spring 2001), pp. 3–27.

④ [南]米洛凡·吉拉斯:《同斯大林的谈话》,司徒译,世界知识出版社 1989 年版,第 84 页。

⑤ "斯大林与贝鲁特关于波兰经济与政治状态的谈话记录",1946 年 5 月 24 日,载沈志华总主编《苏联历史档案选编》第 23 卷,社会科学文献出版社 2002 年版,第 130 页。

⑥ 转引自张盛发《战后初期斯大林大国合作政策的结束》,载《东欧中亚研究》2000 年第 5 期,第 73—82 页。

二 俄罗斯东正教会与苏联对西方国家的外交

在第二次世界大战中及至冷战初期,"斯大林希望宗教能成为弥合其与盟友之间所存分歧的一种手段"①,因此苏联政府幕后支持俄罗斯东正教会开展与西方教会的交流,增强俄罗斯东正教会在西方国家的影响力,并促进西方人士对苏联内外政策的理解与支持。虽然俄罗斯东正教会在以美国为首的西方阵营中难有大的作为,但俄罗斯东正教会还是"竭尽全力""尽其所能"地在拥有东正教会的法国、英国、美国开展宗教交流活动,尝试劝说海外所有东正教移民群体(diasporas)接受莫斯科牧首区的宗教管辖,以服务于苏联战后的外交目标。为此,在1945年及之后,俄罗斯东正教会的领导人先后出访了英国、法国和美国。

（一）俄罗斯东正教会在英国的活动

早在1942年,都主教尼古拉就与英国大使馆商议俄罗斯东正教会与英国国教会进行官方层面的互访交流事宜,并交给英国大使馆一份"俄国宗教真相"的出版物,请求由坎特伯雷大主教威廉·汤朴(William Temple)为之作序。虽然威廉·汤朴拒绝为之作序,但最终还是派遣了以约克大主教赛瑞尔·加伯为首的英国教会代表团对苏联进行了访问,②并邀请俄罗斯东正教代表团在合适的时间对英国进行回访。对苏联来说,约克大主教的来访对改善苏联的国际形象有着积极的促进作用,苏联政府也意识到了进行宗教交流活动的好处。因此,卡尔波夫在提交给斯大林的报告中就指出,要派遣以都主教尼古拉为首的俄罗斯东正教会代表团访问英国,以作为对约克大主教访问莫斯科的回访。该代表团的主要任务是探讨在伦敦建立俄罗斯东正教教区的可能性,并与坎特伯雷大主教就英国国教会参加世界基督教会代表会议问题进行商讨。③

于是,都主教尼古拉在牧首阿列克谢一世的中东朝觐之旅中,被抽调

---

① Dianne Kirby, "The Churches and Christianity in Cold War Europe", in Klaus Larres, ed., *A Companion to Europe since 1945*, Blackwell Publishing Ltd., 2009, p. 187.
② J. S. Conway, Review of Hanna-Maija Ketola, Relations between the Church of England and the Russian Orthodox Church during the Second World War, 1941 – 1945, *ACCH Quarterly*, Vol. 18, No. 3 (September 2012), pp. 15 – 16.
③ ГАРФ, ф. 6991, оп. 1, д. 29, л. 101 – 109, DA0720.

出来率领一支俄罗斯东正教会代表团于1945年6月到达伦敦，对英国进行了为期十天的访问（6月11日至6月21日）。在英国访问期间，俄罗斯东正教会代表团受到了英国国教会领导人的热情接待。英国人表示，相信英国教会和俄罗斯东正教会之间的友好联系会促进大英帝国民众与苏联人民之间的友谊。坎特伯雷大主教在一次演说中表示："俄罗斯东正教代表团的来访是两国人民友谊更加巩固的因素。"① 为实施卡尔波夫增强俄罗斯东正教会在国外影响力的战略，俄罗斯东正教会代表团在英国访问期间先后会见了威斯敏斯特修道院（Westminster Abbey）的院长和僧侣，拜访了坎特伯雷大主教并向其递交了阿列克谢一世牧首的信函，在卡费德拉尔大教堂会见了多佛尔主教，在索菲亚大教堂与格尔马洛斯主教一起做了弥撒，在至圣的保罗大教堂进行了隆重的祈祷仪式，参观了至圣的爱德华修道院，会见了许多英国国教会的主教，在约克大教堂向约克大主教赠送了饰有蓝色珐琅的金十字，出席了在伦敦的希腊东正教区举行的茶话会，在白金汉宫拜见了英王乔治六世，此外还与克莱门蒂娜·丘吉尔进行了交流。② 除了与英国的政界、宗教界领导人进行交流外，尼古拉还特别在菲利普俄罗斯东正教堂向伦敦的俄罗斯移民群体发表了长篇演说。其结果是以修士大司祭③尼古拉·格里布斯为首的至圣的瓦尔福洛梅教堂接受了莫斯科牧首区的宗教管辖；在伦敦的两个俄罗斯东正教团体中，以米哈依尔·波利斯基神甫为首的卡尔洛维茨东正教团体中的绝大部分教徒声明，他们要联合到以弗拉基米尔·奥费克里托夫神甫为首的叶夫洛基东正教团体中去，并希望合并于莫斯科牧首区，而只有少数人愿意加入美国的维塔利大主教的管辖区。④

俄罗斯东正教会代表团在英国的访问，除了使部分俄罗斯东正教会移民群体接受莫斯科牧首区的宗教管辖外，还促使英国国教会改变了对卡尔洛维茨东正教派的态度："我们（英国国教会人士）希望俄罗斯教会的分裂能很快结束，但我们明白，这些分裂带有政治性质。现在我们只承认俄

---

① "尼古拉都主教关于英国之行的报告"，1945年6月，载沈志华总主编《苏联历史档案选编》第16卷，社会科学文献出版社2002年版，第754页。

② 同上书，第754—758页。

③ 指东正教会内的高级修士，其地位仅次于主教，有时亦指数个修道院的总主持人。参见卓新平《基督教小辞典》，上海辞书出版社2001年版，第595页。

④ "尼古拉都主教关于英国之行的报告"，1945年6月，载沈志华总主编《苏联历史档案选编》第16卷，社会科学文献出版社2002年版，第756—761页。

罗斯牧首的教会。"① 而尼古拉在与英国政教领导人会谈中释放的善意也为战后俄罗斯东正教会塑造了一个良好、正面的形象，这实质上也间接塑造了一个对宗教友善的苏联政府形象。

(二) 俄罗斯东正教会在法国的活动

在"危险地带"的法国，有着数量众多的俄罗斯东正教移民。这些东正教移民多是在俄国"十月革命"后移民法国的，其中包括著名的东正教神学家布尔加科夫（Bulgakov）、别尔嘉耶夫（Berdyayev）等。为了领导流亡海外的东正教会，莫斯科牧首区牧首吉洪于1922年派遣都主教叶夫洛基（Evlogii）前往巴黎担任俄罗斯东正教会西欧教区的都主教。这些教会原本接受莫斯科牧首区的宗教管辖，但临时代理谢尔盖在国家政治保安总局的指示下于1930年6月10日免去了叶夫洛基管理俄罗斯东正教会西欧教区的权力。对此，叶夫洛基拒绝接受这一决定，并中断了与莫斯科牧首区的从属关系。② 之后，君士坦丁堡牧首区"乘虚而入"，接受了俄罗斯东正教会西欧教区加入君士坦丁堡牧首区的申请，将其纳入自己的宗教管辖范围之内。但第一次世界大战和第二次世界大战的同盟记忆使在法国的俄罗斯东正教移民非常期望重建与母教会——俄罗斯东正教会的密切联系。作为原俄罗斯东正教会西欧教区的领导人，叶夫洛基都主教也表达了想回到莫斯科牧首区的愿望。对此卡尔波夫十分感兴趣，如果与叶夫洛基都主教的协议达成，那么"莫斯科牧首区仅在法国就将拥有57个教会，此外在英国、捷克、瑞典、澳大利亚、阿尔及利亚和摩洛哥还有一些教会"。为增强莫斯科牧首区在法国俄罗斯东正教移民群体中的影响力，卡尔波夫指示要"加快都主教叶夫洛基由巴黎回到莫斯科的步伐。同时还要把在法国领导四个东正教教区的修道院院长斯蒂芬·斯韦托扎罗夫和领导巴黎圣佛提教会教堂的大司祭洛斯斯基从巴黎请到莫斯科。现在这两者都在书面上表达了与俄罗斯东正教会重新合并的愿望"③。

1945年8月24日，俄罗斯东正教会都主教尼古拉带着"使命"，率领一支俄罗斯东正教会代表团抵达巴黎。到场迎接的除了有很多教会人员

---

① "尼古拉都主教关于英国之行的报告"，1945年6月，载沈志华总主编《苏联历史档案选编》第16卷，社会科学文献出版社2002年版，第760页。

② 傅树政、雷丽平：《俄国东正教会与国家》（1917—1945），社会科学文献出版社2001年版，第140页。

③ ГАРФ, ф.6991, оп.1, д.29, л.101-109, DA0720.

外,还有苏联驻法大使和苏联武装力量驻法使节团的将军。尼古拉在与都主教叶夫洛基谈判时,向其描述了苏联境内各种教会,特别是东正教会的发展盛况,表示莫斯科牧首区十分期望俄罗斯东正教会西欧教区能回归母教会的怀抱。会谈的结果是叶夫洛基都主教同意西欧教区内的东正教会重新接受莫斯科牧首区的宗教管辖。但叶夫洛基也表示,在能否把所有教区都带回母教会方面没有信心,希望母教会能在法国各教区进行广泛的宣传。为此,尼古拉花费了巨大的努力来劝说法国境内东正教区的东正教徒,通过描绘苏联境内东正教会的发展盛况来劝说法国东正教移民群体接受莫斯科牧首区的宗教管辖。虽然教区的教徒中也存在不少反对的声音,但很明显尼古拉完成了苏联政府赋予他的使命。与此同时,尼古拉也试图得到一些在战前反对共产主义并隶属于卡尔洛维茨宗教会议的小型俄罗斯东正教移民教会的归属。在与大主教塞拉菲姆(Serafim)谈判后,这个法国移民教会的领导人同意莫斯科牧首区对其教会的管辖。① 虽然尼古拉呼吁在法国的苏联移民结束流亡,回归祖国,但只有一小部分苏联东正教移民返回了苏联。

虽然尼古拉在法国的努力取得了一定的成功,但在冷战初期的大环境下,俄罗斯东正教会想维持这种得之不易的成果是十分艰难的。因此,当俄罗斯东正教会西欧教区都主教叶夫洛基在1946年逝世后,法国各东正教区在巴黎召开教区主教公会,会议拒绝接受由俄罗斯东正教会"空降"给他们的、听命于莫斯科牧首区的主教,而决定听命于新当选的都主教弗拉基米尔(Vladimir),并赞成后者重新接受君士坦丁堡牧首区宗教管辖的决定。②

(三) 俄罗斯东正教会在美国的活动

早在18世纪末,东正教就传入北美地区。当时俄罗斯东正教会的一个传教士团到达阿拉斯加(Alaska),并在科迪亚克岛(Kodiak Island)的当地人中间开始宣教工作。③ 在美国于1872年购买了阿拉斯加之后,

---

① William C. Fletcher, *Religion and Soviet Foreign Policy*, 1945 – 1970, New York: Oxford University Press, 1973, p. 22.
② Timothy L. Smith, Refugee Orthodox Congregations in Western Europe, 1945 – 1948, *Church History*, Vol. 38, No. 3 (September 1969), pp. 312 – 326.
③ Veselin Kesich, The Orthodox Church in America, *Russian Review*, Vol. 20, No. 3 (July 1961), pp. 185 – 193.

东正教会传教的中心迁至美洲大陆西海岸的旧金山（San Francisco），并在20世纪初（1903年）迁至纽约（New York）。虽然俄罗斯东正教会在北美的传教中心不断地迁移，但这些信仰东正教的俄罗斯移民建立的教会却一直与莫斯科牧首区保持着联系。"十月革命"后，因为美国东正教会（The American Russian Church）不愿宣誓效忠苏联政府，莫斯科牧首区与之断绝了关系。随后，美国东正教会接受了卡尔洛维茨宗教会议（karlovtsi Synod）对其宗教事务的管辖。第二次世界大战爆发后，美国和苏联同属世界反法西斯阵营，这种战时同盟使美国东正教移民群体中断了与卡尔洛维茨宗教会议的关系，因为当德国法西斯入侵苏联时，后者欢呼对"共产主义的十字军东征"①。结果是，美国东正教会成为没有任何宗教管辖区可供依附的教会。为摆脱这种局面，美国东正教会请求莫斯科牧首区承认其为牧首管辖区之下的自主教会地位。这一请求为莫斯科牧首区提供了影响西方最大的地方东正教会的"天赐良机"②。莫斯科牧首区派遣代表与美国东正教会开始谈判，由于后者只愿意接受莫斯科牧首区的精神领导，而不愿意减少其任何的行政管理自由，③ 结果谈判变成了一场"拉锯战"。在谈判过程中，被邀请参加1945年莫斯科主教公会的美国代表团也最终赞成俄罗斯东正教会主教公会的决议。

对此，卡尔波夫要求俄罗斯东正教会"在俄罗斯东正教会主教公会和全美菲奥菲尔都主教派遣的教会代表团所达成协议的基础上，派遣雅罗斯拉夫尔和罗斯托夫大主教阿列克谢（Archbishop Aleksii of Yaroslavl and Rostov）前往美国，访问美国东正教会"。卡尔波夫表示："如果菲奥菲尔都主教同意俄罗斯东正教会主教公会的决议（菲奥菲尔代表团已赞同该决议），那么莫斯科牧首区将会在美国拥有自己的督主教区，届时受莫斯科牧首区管辖的教会将由12个变成370个。"④ 但前往美国访问的阿列克谢有很强的权力欲，这令美国东正教会成员十分不满。加之美国东正教会成员多为第三代和第四代美籍俄罗斯后裔，而莫斯科牧首

---

① Timothy L. Smith, Refugee Orthodox Congregations in Western Europe, 1945 – 1948, *Church History*, Vol. 38, No. 3 (September 1969), pp. 312 – 326.

② William C. Fletcher, *Religion and Soviet Foreign Policy*, 1945 – 1970, New York: Oxford University Press, 1973, p. 24.

③ H. M. Waddams, Communism and the Churches, *International Affairs*, Vol. 25, No. 3 (July 1949), pp. 295 – 306.

④ ГАРФ, ф. 6991, оп. 1, д. 29, л. 101 – 109, DA0720.

区却明确要求美国东正教会宣誓效忠苏联政府,其谈判的结果可想而知。虽然有一个美国东正教会于1946年在俄亥俄州(Ohio)的克利夫兰(Cleveland)开会,投票赞成接受莫斯科牧首区的管辖,但莫斯科牧首区却反应冷淡。大主教格里高利(Grigorii)到达美国后,也要求美国东正教会毫无疑问地接受自己的任何决定①,并有权否决由美国人选举的任何候选人。这种颐指气使的态度与作风令美国东正教会十分反感,谈判时断时续。虽然莫斯科牧首区后来同意接受美国东正教会的自治地位,但依然坚持必须让几个月前因未按照教规使教会隶属于莫斯科牧首区而被美国东正教会逐出教会的大主教马卡里(Makarii)成为美国东正教会的领导人,结果谈判无果而终。② 随着冷战的升级,莫斯科牧首区与美国东正教会的关系再次中断。直到1970年4月10日,莫斯科牧首区牧首阿列克谢一世才签署宗教谕令,授予美国东正教会自主教会地位。③

第二节　巩固盟友:俄罗斯东正教会与苏联对"卫星国"的外交

　　判断一国是否属于苏联的"卫星国"(satellite state),美国国家安全委员会第58号文件《美国对苏联在东欧的卫星国的政策》给出的标准是:"是否唯克里姆林宫的命令是从。"根据这一标准,美国认为波兰、罗马尼亚、保加利亚、阿尔巴尼亚、捷克斯洛伐克、匈牙利都是苏联的卫星国。南斯拉夫、芬兰因不屈从于苏联而不是苏联的卫星国。④ 本书认为,虽然芬兰、苏南冲突前的南斯拉夫以及1949年后的中国都具有较强的独立性,但毫无疑问它们与苏联存在着明显的不对称性相互依赖,苏联对其内政外交具有巨大的影响。因此,在一定程度上也可将这三国视为苏联的卫星国。对于卫星国,苏联也常借助诸如泛斯拉夫主义和东正教会等

---

①　William C. Fletcher, *Religion and Soviet Foreign Policy*, 1945 – 1970, New York: Oxford University Press, 1973, p. 24.

②　Ibid., p. 25.

③　Dmitry Grigorieff, The Orthodox Church in America an Historical Survey, *Russian Review*, Vol. 31, No. 2 (April 1972), pp. 138 – 152.

④　PD00158, NSC 58/1, "United States Policy toward the Soviet Satellite States in Eastern Europe", December 6, 1949, DNSA.

一些传统的纽带、与卫星国签订的军事经济协定①等手段实施影响和控制，以维护战后苏联在卫星国的利益。

一 苏联对"卫星国"的外交目标及策略

约翰·米尔斯海默指出："生存是大国的首要目标。……国家有能力而且确实在追求很多目标，但安全是其最重要的目标。"② 在第二次世界大战后期，随着法西斯集团的渐次溃败，美、英、苏三大国都积极采取各种"现实主义"外交政策，划分自己的"势力范围"。由于地缘政治的因素，美国把美洲作为自己的"后院"，作为"日不落帝国"的英国则竭力维持其在世界各地的殖民地，而苏联则把中东欧国家视为自己的"前哨阵地"，尽力建立对苏友好的政府，将中东欧国家纳入自己的势力范围，以减轻自己的"边界压力"（border pressure）③，建立对西方的战略缓冲地带，④ 确保苏联的安全利益。

早在1942年5月，莫洛托夫在同英国外交大臣艾登的会谈中就表示："我们要求苏联的西北和西南边界的安全能够在未来得到最低程度的保障。不包含这些最低条件的条约在苏联都将遭到人们的反对，不会获得同意。"⑤ 1944年1月11日，苏联副外交人民委员迈斯基向莫洛托夫提交了《未来和平的最佳基本原则》的长篇报告。报告指出，战后苏联所有外交活动的最终目标是："在长时期内，至少在欧洲和亚洲，苏联的安全得到保障，和平得以维持。"⑥ 为达到这一目的，苏联必须在第二次世界大战结束后拥有有利的战略边界；占领德国的战略要地并肢解德国；建立一个独立但不能过于强大的波兰和匈牙利，但应努力建立一个强大的捷克斯洛伐克；在巴尔干，应迎合各国民主力量同苏联签订互助条约的潮流；全力

---

① 周建明、王成至主编：《美国国家安全战略解密文件选编（1945—1972）》（第一册），社会科学文献出版社2010年版，第35—36页。
② John J. Mearsheimer, *The Tragedy of Great Power Politics*, New York: Norton, 2001, p. 31.
③ Williamson Murray, Alvin Bernstein, MacGregor Knox, *The Making of Strategy: Ruler, States, and War*, New York: Cambridge University Press, 1994, p. 535.
④ Jonathan R. Adelman, Deborah Anne Palmieri, *The Dynamics of Soviet Foreign Policy*, New York: Harper & Row, Publishers, Inc., 1989, p. 105.
⑤ 转引自张盛发《斯大林与冷战：1945—1953》，中国社会科学出版社2000年版，第61页。
⑥ "迈斯基给莫洛托夫的关于《未来和平的最佳基本原则》的报告"，1944年1月11日，载沈志华总主编《苏联历史档案选编》第16卷，社会科学文献出版社2002年版，第685页。

加强苏联对中国的影响。① 斯大林最为关注的问题也是苏联的安全利益问题。在雅尔塔会议上,针对丘吉尔声称波兰的命运对英国来说是一个荣誉问题的说法,斯大林反击说,波兰的命运对苏联来说"不仅是一个荣誉的问题,而且也是一个安全的问题……不仅是因为我们与波兰为邻,而且因为整个历史上波兰一直是进攻俄国的走廊……在过去的30年里,我们的德国敌人曾两次穿过这条走廊……对苏维埃国家来说,这不仅是个荣誉的问题,而且是个生死的问题"②。在1945年4月24日致杜鲁门的电报中,斯大林提醒杜鲁门注意"波兰同苏联是接壤的,但它同英国或美国并不接壤。波兰问题对于苏联的安全的意义,正如比利时问题和希腊问题对于英国的安全的意义一样"。对于西方(主要指美英)"不理解"苏联为何极为重视战后波兰政府的组成问题,斯大林甚至表露出了一丝愤慨和不满:"我真不懂,为什么在讨论波兰问题的时候,有人不愿意从苏联的安全的观点来考虑苏联的利益。"③ "您要求我抛弃苏联安全上的利益,但是我不能与自己国家的利益背道而驰。"④ 乔治·凯南在"长电报"中对苏联战后的战略思维进行了分析,认为:"克里姆林宫对世界事务过于敏感的认知根源是俄国人传统的、本能的不安全感。"⑤ 虽然战后初期苏联希望与西方继续战时的"大国合作"关系,但美苏之间社会制度的不同、意识形态的对立与国家利益的差异,使美苏迅速由"盟友"变成"敌人",双方变"合作"为"争斗"。这种"争斗"使苏联更为关注其安全问题。1946年9月27日,苏联驻美国大使尼古拉·诺维科夫(Novikov)在题为《战后美国对外政策》的长篇报告中重点突出了苏联面临的严峻的安全形势。报告指出,"美国正在集中各种反苏力量对苏联进行包围,特别是在紧邻苏联的盟国或前敌国",美国一直在扶植亲美独裁力量,这

---

① "迈斯基给莫洛托夫的关于《未来和平的最佳基本原则》的报告",1944年1月11日,载沈志华总主编《苏联历史档案选编》第16卷,社会科学文献出版社2002年版,第685—694页。

② [英]约翰·W.梅森:《冷战:1945—1991》,余家驹译,上海译文出版社1996年版,第5页。

③ 苏联外交部编:《斯大林同罗斯福和杜鲁门的通信》,潘盒柯译,载《1941—1945年苏联伟大卫国战争期间苏联部长会议主席同美国总统和英国首相通信集》第二卷,世界知识出版社1961年版,第221—222页。

④ 刘同舜主编:《"冷战"、"遏制"和大西洋联盟:1945—1950年美国战略决策资料选编》,复旦大学出版社1993年版,第48页。

⑤ "The Chargé in the Soviet Union (Kennan) to the Secretary of State", February 22, 1946, FRUS, 1946, Vol. VI, Eastern Europe; The Soviet Union, 1969, pp. 696–709.

对苏联安全构成了极大威胁。① 因此，苏联必须实行一种积极防御战略，在其周边建立一条"安全带"。

为实现确保苏联安全利益的战略目标，苏联在第二次世界大战末期支持中东欧各国共产党，在战后初期支持各国建立人民民主专政，并加紧控制苏联影响下的中东欧各共产党国家，以在苏联周边建立战略缓冲区。第一，在疆域上，苏联借战争之机进行领土扩张，以最大限度地维护自身安全。早在苏联卫国战争爆发前，苏联就根据《苏德互不侵犯条约》的密约条款部分占领了波罗的海地区、东波兰以及罗马尼亚的比萨拉比亚（Basarabia）地区，并在第二次世界大战期间通过与美、英的多次协商，通过与捷克斯洛伐克（1945年6月29日）、波兰（1945年8月16日）、罗马尼亚（1947年2月10日）的一系列协定与合约将之变成了"既成事实"。1944年10月9日，英国首相丘吉尔在与斯大林划分东南欧各自势力范围时，提议苏联在罗马尼亚占90%，在保加利亚占75%，英国在希腊占90%，而英、苏在南斯拉夫和匈牙利各占50%。对此，斯大林坚持苏联要在保加利亚和匈牙利占80%。在英、美、苏《雅尔塔协定》中，美、英为促使苏联参加对日作战，接受了苏联提出的条件，即外蒙古的现状须予维持；库页岛南部及其邻近一切岛屿交还苏联；千叶群岛交予苏联；苏联在中国东北的权益得到维护。② 此外，在近东，由于关于土耳其海峡的《蒙特勒公约》将要被修改以及苏联在伊朗的优势，苏联就拥有了通过土耳其海峡进入地中海和借道波斯湾前往印度洋的潜在能力。③

第二，在政治上，苏联在中东欧致力于建立亲苏政府，并成立了欧洲九国共产党工人党情报局。早在第二次世界大战后期，斯大林就曾表示："这次战争和过去的不同：无论谁占领了土地，也就在那里强加他自己的社会制度。凡是他的军队所能到达之处，他就强加他自己的社会制度。不可能有别的情况。"④ 针对"夙敌"德国，迈斯基在1944年的报告中就提

---

① 何伟：《"诺维科夫报告"与冷战初期的苏联外交政策》，载《世界历史》2006年第2期，第29—36页。
② "苏美英三国关于日本的协定"，1945年2月11日，载《国际条约集（1945—1947）》，世界知识出版社1959年版，第8页。
③ 张盛发：《雅尔塔体制的形成与苏联势力范围的确立》，载《历史研究》2000年第1期，第119—133页。
④ ［南］米洛凡·吉拉斯：《同斯大林谈话》，司徒协译，世界知识出版社1989年版，第85页。

出了对德政策，即"战后德国应被盟军占领至少10年，分解为若干个独立程度各异的国家实体，并从军事、工业和思想意识等方面解除德国武装。德国必须向苏联等国缴纳战争赔偿，并严惩战争罪犯"①。根据雅尔塔会议和波茨坦公告，德国被美、英、法、苏四国分区占领。在美、英、法三国占领区合并成立德意志联邦共和国后，苏联也在其占领区主导成立了德意志民主共和国。对于英国提出的有关战后波兰政府组成的条件，斯大林在1945年5月5日答复说："我们恕难同意，在组织未来的波兰政府时，纳入你们说的'基本上不反苏'的人士；或者只排除你认为'对俄国极其不友好'的人士，这两个标准，我们都不能接受。我们将坚持，在进行筹组未来的波兰政府之咨商会议上，只邀请那些积极表示对苏友好态度、诚实真心预备与苏联合作的人士参加。"② 莫洛托夫也表示，苏联的方针是"在我们的边界上拥有一个独立的，但却不敌视我们的波兰"③。1943年年底至1950年，苏联先后与捷克斯洛伐克（1943年12月12日）、波兰（1945年4月21日）、蒙古（1946年2月27日）、罗马尼亚（1948年2月4日）、匈牙利（1948年2月18日）、保加利亚（1948年3月18日）、芬兰（1948年4月6日）、中华人民共和国（1950年2月14日）等国签订了友好合作互助条约或类似的条约，将之纳入自己的势力范围或影响范围之内。为加强对社会主义国家的控制，苏联还于1947年9月成立欧洲九国共产党工人党情报局，以"组织各国共产党之间的经验交流，并在必要的情况下，在相互协议的基础上，协调各国共产党的行动"④。在1948年6月召开的第二次情报局会议中，会议决定开除"叛徒"南斯拉夫共产党，而在1949年11月召开的第三次情报局会议中，苏联号召各党行动起来，反对战争调唆者，保卫世界和平。

第三，在经济上，针对"马歇尔计划"，苏联对中东欧国家实施了"莫洛托夫计划"。苏联政府从一开始就怀疑"马歇尔计划"具有"不

---

① "迈斯基给莫洛托夫的关于《未来和平的最佳基本原则》的报告"，1944年1月11日，载沈志华总主编《苏联历史档案选编》第16卷，社会科学文献出版社2002年版，第686—688页。
② [美]亨利·基辛格：《大外交》，顾淑馨、林添贵译，海南出版社1997年版，第372页。
③ [苏]费·丘耶夫：《同莫洛托夫的140次谈话》，刘存宽等译，新华出版社1992年版，第93页。
④ "共产党情报局9月28日会议通过宣言、决议等有关文件的记录"，1947年9月28日，载沈志华总主编《苏联历史档案选编》第24卷，社会科学文献出版社2002年版，第616页。

良"企图,认为"'马歇尔计划'的实施意味着把欧洲各国置于美国的经济和政治控制之下以及美国对这些国家内政的直接干涉。与此同时,这项计划企图把欧洲分裂为两个阵营,以某些西欧国家的集团与东欧国家相对抗"①。斯大林把"马歇尔计划"视为"破坏苏联在东欧军事和政治霸权"的工具。② 安德烈·日丹诺夫(Andrei Zhdanov)也认为美国实施的"马歇尔计划"名义上是欧洲经济复兴计划,实际上是一个企图从经济上奴役(enthrallment)欧洲国家的计划。③ "遏制之父"乔治·凯南则对"马歇尔计划"大加赞扬,认为"为欧洲复兴制订计划的努力已给共产主义运动造成了紧张。西欧的共产党不得不完全现形;俄国人也在其与卫星国的关系中被浓烟熏出(smoked out)"④。有学者认为:"马歇尔计划具有稳定西欧和侵蚀东欧的双重目标。而正是后一点在苏联看来是动摇雅尔塔体制给苏联划定的东欧势力范围并且破坏苏联的东欧安全带。"⑤ 因此,苏联政府在阻止波兰和捷克斯洛伐克代表团参加"马歇尔计划"的同时,为防止因"马歇尔计划"导致的东欧对苏联的离心倾向,苏联于1947年7月至8月,分别与保加利亚、匈牙利、阿尔巴尼亚、波兰、南斯拉夫、罗马尼亚、捷克斯洛伐克等中东欧国家签订了贸易协定,西方将这一系列贸易协定称为"莫洛托夫计划"。1949年年初,苏联又与保加利亚、匈牙利、波兰等5国政府代表在莫斯科召开经济会议,会议认为"为了实现人民民主国家和苏联更广泛的经济合作",与会各国有必要"建立经济互助委员会","以交流经济经验,相互给予技术上的援助,彼此在原料、粮食、机器、装备等方面提供协助"⑥。

第四,在军事上,向中东欧国家派驻军事顾问,并在西方成立北大西洋公约组织后,开始加强对中东欧国家的军事控制与军事存在。例如

---

① [苏]安·安·葛罗米柯、鲍·尼·波诺马廖夫主编:《苏联对外政策史》(下卷),韩正文等译,中国人民大学出版社1989年版,第143—144页。

② [美]梅尔文·弗莱勒:《人心之争:美国、苏联与冷战》,孙闵欣等译,华东师范大学出版社2010年版,第62页。

③ Vladimir Wozniuk, ed., *Understanding Soviet Foreign Policy: Reading and Documents*, New York: McGraw-Hill Publishing Company, 1990, pp. 104 – 105.

④ "Memorandum Prepared by the Policy Planning Staff", July 21, 1947, FRUS, 1947, Vol. Ⅲ, The British Commonwealth; Europe, 1972, p. 335.

⑤ 张盛发:《苏联对马歇尔计划的判断和对策》,载《东欧中亚研究》1999年第1期,第72—81页。

⑥ "关于成立经济互助委员会的公报",1949年1月25日,载《国际条约集(1948—1949)》,世界知识出版社1984年版,第166页。

在波兰，苏联派遣一些苏联军官在波兰军队中担任指挥官，其职务由师级到国防部长。具有代表性的人物是康斯坦丁·罗科索夫斯基（Konstantin Rokossovsky），其曾担任波兰部长会议副主席兼国防部长。在1949年4月以美国为首的西方12国建立北大西洋公约组织（North Atlantic Treaty Organization）后，苏联也迅速加强其在势力范围内的军事存在。"苏联驻扎在东欧的军队迅速扩大到30个师，约50万人。其中，在美苏对峙的所谓'前哨阵地'的民主德国驻扎了20多个师。"① 在1954年10月23日北大西洋公约组织接纳联邦德国后，苏联也联合中东欧社会主义国家于1955年5月14日在波兰首都华沙缔结友好合作互助条约，并据此建立了"华沙条约组织"（Warsaw Treaty Organization），与西方国家进行军事对抗。

第五，在宣传上，对美英等国的反苏宣传，苏联开始了反宣传，以维护苏联的意识形态安全。苏联外交部副部长洛佐夫斯基称，西方的反苏宣传"目的只有一个，就是在人民群众中削弱苏联的威望。我们必须予以坚决反击"②。于是，苏联也开始攻击美国的政治、经济、文化、日常生活中的弊端。1946年10月6日，苏共中央下达了一份特别指令，指出苏联的宣传工作应集中报道"苏联的和平政策"，并系统揭露对手——美国、英国和其他国家在内的反动帝国主义集团——的政策。③ 在这方面，俄罗斯东正教会及其领导人积极参与了苏联发起的和平运动。在1949年，都主教尼古拉在1949年8月举行的第一次苏联和平会议（the First USSR Conference for Peace）上发言时将矛头直指美国："在我们的国家忙于和平建设，致力于把所有决心和努力用于和平目的时，资本主义的美国正在试图把世界人民推向战争。"④ 为使和平运动取得实效，俄罗斯东正教会将和平运动的议题主要集中在裁军和反战两个方面。针对原子武器，都主教尼古拉指出："原子武器的实验激起的不是恐惧而是抗议，……抗议的浪潮席卷全球，要求立即禁止原子武器和氢弹武器，而这正是俄罗斯东正教

---

① 刘志清：《华沙条约组织建立前的酝酿与准备》，载《军事历史研究》2008年第3期，第147—153页。

② ［俄］V. O. 别恰特诺夫：《冷战初期的苏联对外宣传（1945—1947）》，褚国飞译，载《冷战国际史研究》（第三辑），世界知识出版社2006年版，第90页。

③ 同上书，第94页。

④ William C. Fletcher, *Religion and Soviet Foreign Policy*, 1945–1970, New York: Oxford University Press, 1973, p. 31.

会近些年来一直高声呼吁的。"朝鲜战争爆发后，都主教尼古拉对美国在战争中使用细菌武器（germ warfare）进行了猛烈的批评，指出"法西斯主义的精神还没有消失，世界上仍然存在一些继续从事狂热的希特勒梦想的人"①，"资本主义的美国不但准备消灭两亿苏联人民，而且准备消灭所有人"②。这些宣传不但有效地引导了公众舆论，更导致了反战情绪的高涨，使驶往朝鲜的运送战争物资的船只偶受干扰。此外，俄罗斯东正教会积极推销苏联政府关于"和平"的定义，以服务于苏联政府战后的特别目标。俄罗斯东正教会声称，一个基督徒，即使是一种真正的基督徒，如果他不支持某种特别的和平形式，即苏联宣传的和平形式，他就不是和平主义者。通过联系细菌战运动，尼古拉向西方的基督徒发表了一个声明："所有信仰宗教的人民毫无例外必须支持世界和平委员会事务局（the Bureau of the World Peace Council）的呼吁……因为在我们中间不存在对邪恶和愚蠢的崇拜者，就对和平的共同需要而言我们不能有不同意见，同样在就实现和平的手段上也不能有任何争吵。"③ 尼古拉意在表明，只有苏联发起的探寻解决战争问题的尝试才是正确的，而其他尝试是对西方侵略的不道德支持。

二 俄罗斯东正教会与苏联对"卫星国"的外交

美国国家安全委员会第58号文件曾指出苏联影响和控制卫星国的四个基本因素之一是诸如泛斯拉夫主义和东正教会等一些传统的纽带。因为，在历史上东正教过去曾使俄国与某些巴尔干国家在宗教上保持松散的联系。这种历史的记忆与联系对于苏联在战后维护其在卫星国的利益提供了一种"合法"的管道。因此，当军事权力不再能够带来有效的政治控制④时，借助能提供"合法性"的宗教则成为一种不错的选择。于是，第二次世界大战结束后，俄罗斯东正教会被要求巩固其在中东欧国家东正教

---

① William C. Fletcher, *Religion and Soviet Foreign Policy*, 1945 – 1970, New York: Oxford University Press, 1973, p. 32.

② Mary Grace Swift, Nikolai: Portrait of a Dilemma by William C, Fletcher, *Church History*, Vol. 39, No. 1 (March 1970), pp. 128 – 129.

③ William C. Fletcher, *Religion and Soviet Foreign Policy*, 1945 – 1970, New York: Oxford University Press, 1973, p. 34.

④ ［美］肯尼思华尔兹：《国际政治理论》，信强译，苏长和校，上海人民出版社2003年版，第246页。

会的影响。① 俄罗斯东正教会也承载着苏联的"秘密"外交使命,开展对外交往活动,以使莫斯科牧首区在铁幕之后的中东欧东正教世界中居于毋庸置疑的领导者地位。约翰·米尔斯海默就曾指出:"任何一个有责任心的苏联领导人都不会错过第二次世界大战结束时称霸欧洲的机会。"②

（一）在东正教会占据优势的苏联卫星国

在东正教会占据优势的苏联卫星国,如保加利亚（Bulgaria）、罗马尼亚（Rumania）和部分南斯拉夫地区,卡尔波夫表示:"为了使南斯拉夫、保加利亚和罗马尼亚的东正教会与俄罗斯东正教会的关系更为紧密,按照现有的邀请,派遣以普斯科夫和波尔霍夫斯克大主教格里高利（Gregoriy）为首的教会代表团一行四人赴索菲亚访问;派遣以基洛夫格勒和敖德萨主教谢尔盖为首的代表团一行五人赴贝尔格莱德访问;派遣以基希纳乌主教伊耶罗尼姆为首的代表团一行5人赴布加勒斯特访问。"③

在保加利亚,俄罗斯东正教会派遣了大主教格里高利前往索菲亚,以修复因布尔什维克革命而中断的莫斯科牧首区与保加利亚东正教会（the Bulgarian Orthodox Church）之间的宗教联系。格里高利的任务之一是把在保加利亚的、结束卡尔洛维茨宗教会议宗教管辖的俄罗斯移民教会纳入莫斯科牧首区的宗教管辖之下。1945年6月底,一支保加利亚东正教会的代表团在督主教（Exarch）④斯蒂芬（Stefan）的率领下受邀访问了莫斯科。其间,斯蒂芬拜访了莫斯科牧首区牧首阿列克谢一世和俄罗斯东正教事务委员会主席卡尔波夫,并商讨了两国教会代表团之间的交流、保加利亚东正教会在莫斯科建立代表处、保加利亚学生在莫斯科和彼得格勒的宗教学校接受教育等事宜。1946年5月,牧首阿列克谢一世对保加利亚东正教会进行回访时不但在里拉修道院（The Monastery of Saint Ivan of Rila）参加了保加利亚最受人尊敬的圣人伊凡·利尔斯基（St. Ivan Rilski）的千年纪念仪式,还参观了象征保加利亚与俄国友谊的历史遗址。⑤ 俄罗斯东

---

① Philip Walters, The Russian Orthodox Church and the Soviet Union, Annals of the American Academy of Political and Social Science, Vol. 483 (January 1986), pp. 135 – 145.

② John J. Mearsheimer, The Tragedy of Great Power Politics, New York: Norton, 2001, p. 198.

③ ГАРФ, ф. 6991, оп. 1, д. 29, л. 101 – 109, DA0720.

④ 在东正教中指牧首派驻国外教区的代理者,对之起管辖或监督作用。参见卓新平编《基督教小辞典》,上海辞书出版社2001年版,第588页。

⑤ Lucian N. Leustean, Eastern Christianity and the Cold War, 1945 – 1991, London and New York: Routledge, 2010, pp. 81 – 82.

正教会努力的结果是，原本接受君士坦丁堡牧首区宗教管辖的保加利亚东正教会在君士坦丁堡牧首区的抗议声中于1949年加入了莫斯科牧首区。斯蒂芬的继任者大主教科瑞尔（Kiril）不久升任牧首（这在保加利亚历史上是第一次），并在1950年7月访问了莫斯科。①

在罗马尼亚，俄罗斯东正教会的领导人在与斯大林会晤之后，基希纳乌（Chisinau）主教伊耶罗尼姆（Yeronim）被派往布加勒斯特，在接下来的五年里，罗马尼亚东正教会（the Romanian Orthodox Church）的牧首（Patriarch）及其继任者五次访问了莫斯科。俄罗斯东正教会牧首阿列克谢一世（Aleksii）在1947年访问了布加勒斯特，苏联大使馆的员工也参加了他在罗马尼亚牧首区直辖教堂（Patriarchal cathedral）举行的礼拜仪式。②

在南斯拉夫，基洛夫格勒（Kirovgrad）和敖德萨（Odessa）主教（bishop）谢尔盖（Sergii）于1946年访问了贝尔格莱德，其承载的使命是赢得塞尔维亚东正教会（the Serbian Orthodox church）对反天主教运动的支持。③ 他访问了铁托元帅（Marshal Tito），并从南斯拉夫政府那里获得了赠送给他和莫斯科牧首区牧首阿列克谢一世的奖章。此外，原本接受塞尔维亚东正教会宗教管辖的穆卡切沃—普雷绍夫（Mukacewo-Prjasevo）东正教教区在贝尔格莱德的同意下，成为波西米亚—摩拉瓦（Cechy-Morava）教区的一部分。此后不久，这一教区就被合并到莫斯科牧首区。④ 然而，塞尔维亚东正教会和莫斯科牧首区的和谐关系是短命的。随着苏联和南斯拉夫关系的破裂以及后者被九国共产党工人党情报局开除，莫斯科牧首区中断了与塞尔维亚东正教会的关系，归还了由铁托赠送的奖章，直到赫鲁晓夫执政时期苏联与南斯拉夫恢复友好关系，两个牧首区之间的教会关系才重新开始。⑤

---

① William C. Fletcher, *Religion and Soviet Foreign Policy*, 1945 – 1970, New York: Oxford University Press, 1973, p. 17.

② Ibid., pp. 17 – 18.

③ Peter C. Kent, *The lonely Cold War of Pope Pius XII : The Roman Catholic Church and the Division of Europe*, 1943 – 1950, Montreal and Kingston: McGill-Queen's University Press, 2002, p. 222.

④ CK3100382355, The Situation of the Serb Orthodox Church in Yugoslavia, December 6, 1951, DDRS.

⑤ William C. Fletcher, *Religion and Soviet Foreign Policy*, 1945 – 1970, New York: Oxford University Press, 1973, p. 18.

(二) 在东正教会不占优势的苏联卫星国

在东正教会不占优势的苏联卫星国,如波兰(Poland)、捷克斯洛伐克(Czechoslovakia)、东德(East Germany)、匈牙利(Hungary)和阿尔巴尼亚(Albania)等,卡尔波夫要求俄罗斯东正教会"采取措施结束波兰东正教会的自治权,让其完全加入到莫斯科牧首区。恢复在匈牙利、捷克斯洛伐克等国外使馆东正教堂的同时,迅速建立依附于教堂的教区。在必要时,莫斯科牧首区还应派遣牧师,最首要的是派遣教堂堂长以满足这些教区东正教徒的精神需求,借此在这些国家巩固东正教会和莫斯科牧首区的声望"①,从而使苏联对该地区的军事占领和政治控制变得更加容易。

在波兰,第二次世界大战前原本有500万东正教居民的波兰东正教会由于苏联根据《苏德互不侵犯条约》的密约部分侵占东波兰领土后而只剩下大约30万东正教徒。对此,于1939年至1941年期间在英国寻求避难的波兰流亡政府也声称莫斯科在波兰没有宗教管辖权,因为俄罗斯东正教会与官方无神论政体结盟。② 即便如此,俄罗斯东正教会也试图与波兰境内东正教少数群体建立密切的关系,在当地建立一个可靠的、从属的宗教联系网。但事与愿违,波兰东正教会的首脑都主教狄奥尼索斯(Dionysie)拒绝接受莫斯科牧首区的管辖,除非他被任命为波兰自治教会的首脑。鉴于这种局面,苏联政府向波兰新政府施压,于1948年开除了狄奥尼索斯,随后他的继任者蒂莫西(Timothy)访问了莫斯科,莫斯科牧首区也"慷慨"地于1948年6月22日赋予波兰东正教会自治教会地位,③ 而一个拥有苏联国籍的乌克兰人,马卡里(Makary)成为其领导人。④

在捷克斯洛伐克,在当地东正教会的"强烈要求"下,莫斯科牧首区答应在1946年给予其一个俄罗斯督主教(Exarch)。同年,卡尔波夫访问了捷克斯洛伐克东正教会(the Czechoslovak Orthodox Church)。在1951

---

① ГАРФ, ф. 6991, оп. 1, д. 29, л. 101 – 109, DA0720.

② Jordan Hupka, The Russian Orthodox Church as a Soviet Political Tool, *Constellations*, Vol. 2, No. 2 (Winter 2011), pp. 31 – 40.

③ H. M. Waddams, Communism and the Churches, *International Affairs*, Vol. 25, No. 3 (July 1949), pp. 295 – 306.

④ Dimitry Pospielovsky, *The Russian Church Under the Soviet Regime 1917 – 1982*, New York: St. Vladimir's Seminary Press, 1984, p. 305.

年,莫斯科牧首区给予捷克斯洛伐克东正教会自治教会地位,尽管又一次遭到了君士坦丁堡牧首区的反对。当喀尔巴阡山脉下鲁塞尼亚(Sub-Carpathian Ruthenia)地区被从捷克斯洛伐克割让给苏联之后,俄罗斯东正教会也接管了这一地区的东正教会。为了方便管理,莫斯科向布拉格(Prague)任命了一个督主教(Exarch),以承担监督捷克斯洛伐克东正教会和东正教居民的职责。①

在德国的苏占区,此前一直高呼反对共产主义者并热情支持希特勒作为反对"无神论共产主义"的十字军领导者的俄罗斯东正教移民群体迅速地接受了莫斯科牧首区的宗教管辖,而在英法美占领区的俄罗斯东正教移民群体则拒绝接受莫斯科牧首区的宗教管辖,并重新组织成立独立的俄罗斯东正教海外宗教会议(Russian Orthodox Synod Abroad)。②

在芬兰,莫斯科牧首区于1921年2月承认芬兰东正教会(the Finnish Orthodox Church,缩写为FOC)在莫斯科牧首区管辖下的自治教会地位。1923年7月23日,君士坦丁堡牧首区发布了一个谕令,接管自治的芬兰东正教会。③ 1945年5月,莫斯科牧首区牧首阿列克谢一世给芬兰东正教会领导人大主教赫尔曼(Archbishop Herman)写信,表示如果芬兰东正教会重归"母教会",那将是一件"非常愉快的事情"④。1945年9月底,彼得格勒的大主教格里高利(Grigoriy)到达芬兰,讨论重新联合事宜。在与大主教赫尔曼的谈判中,格里高利认为,只有回到俄罗斯东正教会的保护伞下,芬兰东正教会才能避免被路德宗"削弱"。此外,在对芬兰人的一次全国广播演讲中,格里高利也描绘了俄罗斯东正教会在苏联的发展盛况(in rosy shades)。在这次芬兰之行中,格里高利取得的主要成绩是使瓦拉莫(Valamo)修道院和科涅维茨(Konevitsa)修道院以及两个以俄语为交流语言的东正教区重归莫斯科牧首区的宗教管辖之下。由于受到君士坦丁堡牧首区的竞争,芬兰东正

---

① H. M. Waddams, Communism and the Churches, *International Affairs*, Vol. 25, No. 3 (July 1949), pp. 295 – 306.

② William C. Fletcher, *Religion and Soviet Foreign Policy*, 1945 – 1970, New York: Oxford University Press, 1973, p. 18.

③ Lucian N. Leustean, *Eastern Christianity and the Cold War*, 1945 – 1991, London and New York: Routledge, 2010, p. 282.

④ Letter from Aleksii to Herman, May 8, 1945, Archives of the Finnish Orthodox Church, Kuopio, 转引自 Lucian N. Leustean, *Eastern Christianity and the Cold War*, 1945 – 1991, London and New York: Routledge, 2010, p. 284.

教会在是否回归莫斯科牧首区的问题上摇摆不定。对此，莫斯科牧首区于 1947 年 11 月强烈要求芬兰东正教会立即回归莫斯科牧首区，并决定于 1948 年 5 月给予芬兰东正教会自治教会地位，以使其断绝与君士坦丁堡的联系，但芬兰东正教会以只有教会大会（the General Church Assembly）才能决定自治地位问题为由拒绝接受，但俄罗斯东正教会和支持芬兰东正教会回归的支持者们并没有抗议。有学者认为，其主要原因可能是苏联外交政策的目标是离间芬兰东正教会与君士坦丁堡牧首区之间的关系，而不是有效地将之带回"母亲的怀抱"[①]。

虽然在远东地区只有一些数量不大的俄罗斯东正教移民群体，但俄罗斯东正教会也增加了其在远东（the Far East）的兴趣。[②] 在中国，1945 年 9 月，新疆东正教区归属莫斯科牧首区管辖。同时，牧首阿列克谢一世派遣叶列费里雅主教和格列高里拉祖莫夫斯基修士大司祭前往哈尔滨，调查哈尔滨大主教区的情况。根据他们的报告，1946 年 1 月，牧首阿列克谢一世决定成立"东亚都主教区"，管辖中国和朝鲜境内的俄罗斯东正教会。同年 6 月，莫斯科牧首区又将"东亚都主教区"改为"莫斯科牧首区东亚牧首代表处"，管辖中国东北三省以及朝鲜境内的俄罗斯东正教会，将中国东正教会（北京总会）划归莫斯科牧首区直接管辖，晋升聂斯脱利大主教为都主教，担任莫斯科牧首区牧首在东亚的全权代表职务。1950 年 8 月，莫斯科牧首区决定：在中国境内的所有东正教堂均归中国东正教会（北京总会）大主教托克维尔管辖，并正式成立了隶属莫斯科牧首区管辖的"中国东正教会"，总会设在北京。原哈尔滨大主教区改为"中国东正教哈尔滨分区"，任命原哈尔滨大主教区主教尼堪德尔为托克维尔大主教的副手，驻哈尔滨。[③] 上海解放后，杜润臣在 1950 年接受了牧首阿列克谢一世晋升其为主教的"圣事"，并主持上海教区教务。[④] 俄罗斯东正教会在远东地区活动的结果是，除了日本的东正教会外，大部分群体接受了莫斯科牧首区的宗教管辖。

---

① Lucian N. Leustean, *Eastern Christianity and the Cold War*, 1945–1991, London and New York: Routledge, 2010, pp. 284–287.
② H. M. Waddams, Communism and the Churches, *International Affairs*, Vol. 25, No. 3 (July 1949), pp. 295–306.
③ 张绥：《东正教和东正教在中国》，学林出版社 1986 年版，第 278—279 页。
④ 同上书，第 287—288 页。

第三节　争夺"第三者"：俄罗斯东正教会与苏联对中东国家的外交

在地理学中，"中东地区"或"中东"主要是指从地中海东部到波斯湾的大片地区，其位于"五海（里海、地中海、红海、波斯湾、阿拉伯海）三洲（欧洲、亚洲、非洲）两洋（大西洋、印度洋）"之地，加之蕴藏着占全世界65%以上的石油资源，因此在世界政治、经济和军事上占据重要地位，也使其成为兵家必争之地。在政治地理学中，中东还属于哈罗德·麦金德所说的"内新月形地带"和斯拜克曼所言的"边缘地带"。如此重要之地区，在冷战初期自然难免成为美苏两国重点争夺的"第三者"。自1942年始陆续与中东地区的埃及、叙利亚、黎巴嫩、伊拉克等国建立外交关系后，苏联就积极采取各种措施，如进行经济、军事援助，支持当地民族解放运动等，扩大其对中东地区国家的影响。除此之外，苏联还加强与中东地区国家之间的工会、宗教和文化代表团之间的交流活动，并专门组织国内的穆斯林代表团前往伊斯兰教圣地麦加朝觐。在对中东地区的宗教交流中，最值得提及的是俄罗斯东正教会。根据俄罗斯东正教会阿列克谢一世的报告，他在同斯大林的会晤中提及了即将进行的俄罗斯东正教会领导人对中东地区的访问，加之考虑到东正教会随后开展的对外宗教交流活动，有学者认为在苏联领导人和教会领导人的会谈中，双方就教会对苏联外交政策的贡献达成了基本的共识。[①] 英国联合情报委员会（Joint Intelligence Sub-Committee）的一份报告也指出："借助东正教会增强苏联在中东地区的影响力是一个机会。苏联政府也在释放出一种信号，即希望恢复俄国在该地区作为基督教的保护者与拜占庭帝国的继承人的传统角色。"[②]

一　苏联对中东国家的外交目标及策略

第二次世界大战结束后，中东地区各国人民掀起了争取民族独立的民

[①] William C. Fletcher, *Religion and Soviet Foreign Policy*, 1945 – 1970, New York: Oxford University Press, 1973, p. 17.

[②] "Report by Joint Intelligence Sub-Committee on Russia's Strategic Interest and Intentions in the Middle East", June 6, 1946, DBPO.

族解放运动,英法在中东地区的殖民统治受到严重削弱,成为"权力真空地带",美国则"乘虚而入",并试图把中东地区打造成为遏制苏联与共产主义扩张的前哨。苏联也不甘示弱,借机开展中东外交,扩大苏联的影响。

(一) 冷战初期苏联对中东国家的外交目标

1. 维护苏联南部边疆安全:苏联中东外交的主要目标

从地缘政治的角度来看,苏联的南部边疆对苏联十分重要,因为这里有苏联生命力的源泉——乌克兰的麦田、顿涅茨盆地的铁砂和工业以及高加索的油田。① 如果其南部邻国土耳其和伊朗处于其敌人的控制之下,苏联的"软下腹"将处境危矣。因此,斯大林曾就高加索以南的边界问题对莫洛托夫说:"可这儿的边界我不喜欢。"② 斯大林的意思很明显,就是要在南部边疆获得"满意的边界",以保护其"软下腹"的安全。

有学者认为,斯大林时期的苏联对伊朗外交,具有"继承俄国沙皇政策的显著特点"③。沙俄对南下波斯湾的扩张兴趣,是帝俄的历史目标,也是斯大林统治时期苏俄的目标。④ 在第二次世界大战中,苏联借维护其安全为由,于1941年9月17日派军队伙同英军占领伊朗,并与伊朗签订条约,保证"竭尽一切办法来保卫伊朗,使它不受来自德国或任何其他国家的任何侵略"⑤。虽然条约规定在缔结停战和约后,英苏军队应在"不超过六个月内撤出伊朗",但当伊朗当局要求在伊驻有军队的美英苏三国撤军时,苏联以出于战略和安全利益考量为由,拒不履行撤军的承诺。在伊朗将撤军问题提交到联合国安理会的情况下,苏联向伊朗政府提出撤军的条件之一是"在苏军撤出的地区,也就是伊朗北部地区,其他列强的势力不得进入,因为这关系到苏联的安全"⑥。

就苏联与土耳其的关系而言,"对安全问题的考虑主导着苏联的战略

---

① [英] 阿诺德·汤因比主编:《第二次世界大战史大全第六卷——战时中东》,上海译文出版社1995年版,第4页。
② [苏] 费·丘耶夫:《同莫洛托夫的140次谈话》,刘存宽等译,新华出版社1992年版,第2页。
③ Ivar Spector, *The Soviet Union and the Muslim World*, 1917–1958, Seattle: University of Washington Press, 1967, p. 85.
④ [美] 罗伯特·唐纳森编:《苏联在第三世界的得失》,任泉、刘芝田译,世界知识出版社1985年版,第191页。
⑤ "联合王国、苏联和伊朗之间的同盟条约",1942年1月29日,载《国际条约集(1934—1944)》,世界知识出版社1984年版,第344—347页。
⑥ 刘竟等:《苏联中东关系史》,中国社会科学出版社1987年版,第120页。

目标"①。早在苏联卫国战争爆发前，莫洛托夫就曾与德国外交部长约阿希姆·冯·里宾特洛甫（Joachim Von Ribbentrop）谈论过土耳其海峡问题。在1940年11月22日发给斯大林的电报中，莫洛托夫说"苏联的利益也在南方——沿波斯湾和阿拉伯海"。此外，他赞成"重新审议蒙特勒条约，以保障苏联的优越地位，也尽可能不改变土耳其的'面貌'"②。迈斯基在《未来和平的最佳基本原则》中认为，苏联应"削弱土耳其作为海峡'哨兵'的地位③。鉴于土耳其在第二次世界大战期间纵容法西斯德国的政策及反苏的态度，斯大林在雅尔塔会议上表示，修改《蒙特勒公约》时"应该考虑到俄国人的利益"，不能让土耳其人扼住苏联的咽喉。④在莫洛托夫于1945年3月19日发给土耳其政府的一份照会中，宣布废除1925年12月17日签订的《苏土友好中立条约》，并要求土耳其："（一）把卡尔斯、阿尔达汉和阿尔特温归还给苏联；（二）允许苏联参加对海峡的监管，并允许苏联在海峡建立军事基地的权利；（三）修改蒙特勒海峡公约；（四）土耳其政府应调整与保加利亚的边界。"⑤土耳其断然拒绝了苏联的"无理"要求，并得到了美英的支持。1946年8月8日，苏联又向土耳其提出修改海峡公约事宜，认为"作为最有利害关系、最能保障商船航行自由和海峡安全的国家，苏联和土耳其将通过联合手段来组建海峡的防御，以防止其他国家出于敌视黑海国家的目的利用海峡"⑥。苏联政府的目的很明显，即借维护国家安全之名达到侵占土耳其领土、共同管理土耳其海峡的目的。有关中东地区对苏联的重要性，曾任苏联外交部长的葛罗米柯明确表示："这一地区在苏联的安全范围之内。"⑦

2. 扩大苏联的国际影响力：苏联中东外交的重要目标

在中东地区，苏联在将重点锁定伊朗与土耳其的同时，也一直高举

---

① ［挪］文安立：《全球冷战：美苏对第三世界的干涉与当代世界的形成》，牛可等译，世界图书出版公司2012年版，第57页。
② "迈斯基给莫洛托夫的关于《未来和平的最佳基本原则》的报告"，1944年1月11日，载沈志华总编《苏联历史档案选编》（第16卷），社会科学文献出版社2002年版，第696页。
③ "莫洛托夫致斯大林电文"，1940年11月22日，载沈志华总编《苏联历史档案选编》（第16卷），社会科学文献出版社2002年版，第111页。
④ 何伟："《诺维科夫报告》与冷战初期的苏联外交政策"，载《世界历史》2006年第2期，第29—36页。
⑤ 刘竟等著：《苏联中东关系史》，中国社会科学出版社1987年版，第93页。
⑥ 转引自刘金质《冷战史：1945—1991》，世界知识出版社2002年版，第61页。
⑦ 王京烈主编：《动荡中东多视角分析》，世界知识出版社1996年版，第30页。

"反帝民族统一战线"的旗号,通过经济贸易对阿拉伯国家进行共产主义宣传活动,以扩大苏联和共产主义的影响力。迈斯基曾直言不讳地指出,中东地区"至今还几乎完全处于苏联影响范围之外",因此苏联在这一地区的目的应当是"在经济、文化和政治方面加强苏联的影响"①。对此,斯大林也强调,虽然苏联在"加快亚洲人民的解放"方面付出了极大努力,但"今后我们还要朝着这个方向付出十倍的努力"。因为"第三世界革命民族主义者的动乱为共产党扩大影响、侵蚀资本主义势力提供了无限的机遇"②。苏联领导人的话语表明:第一,与英、法、美等西方资本主义对中东地区的影响相比,苏联的影响微乎其微;第二,中东地区的民族解放运动为苏联增进对中东地区国家的影响提供了难得的机遇;第三,苏联应对中东地区的民族解放运动加大支持力度,而采取的措施是对中东地区国家进行经济援助、政治支持以及开展文化交流活动等;第四,苏联对中东地区外交的最终目的是扩大苏联的国际影响力。

(二)冷战初期苏联对中东国家的外交策略

为了维护苏联南部边疆的安全,"把作为南俄和外高加索工业区屏障的中东缓冲地区保护带推进到东地中海和波斯湾"③,并扩大苏联的国际影响力,苏联在冷战初期对中东国家采取了以下外交策略:

1. 高举"大棒",威慑伊朗与土耳其

为实现南部边疆安全的目标,苏联在相邻的"北层"(Northern Tier)地区发动攻势④,试图在土耳其和伊朗建立一条战略缓冲地带。为此,在德国投降后,苏联以各种托词拖延从伊朗领土上撤军,并向伊朗政府施压以获得伊朗北部的石油特许权。同时,苏联还在伊朗北部的苏占区内支持伊朗境内的阿塞拜疆人和库尔德人进行民族自治运动,并公开阻止伊朗军队前往北部镇压阿塞拜疆人和库尔德人。在联合国干预伊朗问题的情况下,苏联军队才"极不情愿"地于1946年5月9日撤出伊朗。为迫使土

---

① "迈斯基给莫洛托夫的关于《未来和平的最佳基本原则》的报告",1944年1月11日,载沈志华总编《苏联历史档案选编》第16卷,社会科学文献出版社2002年版,第697页。

② [美]梅尔文·弗莱勒:《人心之争:美国、苏联与冷战》,孙闵欣等译,华东师范大学出版社2010年版,第55页。

③ [英]乔治·柯克:《1945—1950年的中东》,复旦大学历史系世界史教研室译,上海译文出版社1995年版,第8页。

④ 黄民兴:《试析冷战在中东的分期和特点》,载《史学集刊》2011年第3期,第40—45页。

耳其修改《蒙特勒公约》，以使苏联获得共同管理土耳其海峡的权利，斯大林甚至使用武力"威慑"土耳其，在土耳其东部边境地区部署了12个师的兵力，并在保加利亚驻扎了20万人。① 在进行武力"威慑"的同时，苏联还利用电台和报刊发动针对土耳其的宣传活动，进行举世瞩目的"神经战"。②

2. 支持中东民族解放运动，"赢取人心"

早在1921年，斯大林就指出"各民族和殖民地有国家分离权、有成立独立国家的权利"③。莫洛托夫也表示，如果是"反对帝国主义和殖民主义"的民族主义，"我们就支持"④。因此，当中东地区在第二次世界大战后出现反对英法殖民主义的民族解放运动，而英法为维持和恢复其殖民统治地位对之进行镇压时，苏联就积极利用这一"可乘之机"在各种外交场合支持中东各国争取民族独立的斗争，以"赢取人心"。在1945年5月法国总统戴高乐下令炮轰叙利亚首都大马士革，造成2000余人死伤后，苏联政府立即发表声明，谴责法国政府的暴行，并照会各大国，要求共同制止法国在中东地区的侵略行为。在联合国安理会上，苏联代表也要求法国立即从叙利亚撤军。⑤ 与此同时，埃及也爆发了大规模的反对英国殖民统治的斗争，人们要求终止1936年8月26日签订的《英埃同盟条约》，并要求驻埃英军立即撤出埃及。对此，苏联政府发表了坚决支持埃及人民反对殖民主义的声明。在1948年3月14日的政治局特别会议上，斯大林说："我们应当强烈支持那些受到美国、英国、法国殖民的人民奋起反抗。"⑥ 苏联的电台和报纸也对中东人民的民族解放斗争进行报道和赞扬，认为殖民地人民"争取民族独立的斗争是争取和平斗争中不可分割的一部分"⑦。苏联的努力也博得了中东地区一些领导人的好感，1950年4月叙利亚经济和贸易部（Ministry of Economy and Trade）部长马鲁夫·帕瓦

---

① 戴超武：《斯大林、苏联外交与冷战的起源》，载《俄罗斯研究》2013年第1期，第3—87页。
② 彭树智主编：《二十世纪中东史》（第二版），高等教育出版社2001年版，第336页。
③ 《斯大林全集》第5卷，人民出版社1957年版，第43页。
④ ［苏］费·丘耶夫：《同莫洛托夫的140次谈话》，新华出版社1992年版，第111页。
⑤ 刘竟等：《苏联中东关系史》，中国社会科学出版社1987年版，第99页。
⑥ ［美］梅尔文·弗莱勒：《人心之争：美国、苏联与冷战》，孙闵欣等译，华东师范大学出版社2010年版，第55页。
⑦ Carol R. Saivetz and Sglva Woolby, *Soviet-Third World Relations*, Boulder: Westview Press, 1985, p. 23.

利比就高呼恢复因"巴勒斯坦问题"而受到冲击的苏阿关系,以此减轻英美等西方国家对阿拉伯国家的压力。

3. 支持犹太复国运动,打击亲西方阿拉伯势力

虽然苏联积极支持中东地区的民族解放运动,但由于英国在此地经营了数百年,因此亲英的阿拉伯势力十分强大。为"削弱英国在该地区的地位"①,苏联采取了一种很矛盾的政策:既支持阿拉伯民族解放运动,又支持犹太复国运动。在1947年5月14日联合国专门讨论巴勒斯坦问题的会议上,苏联代表葛罗米柯发言时表示,他希望在巴勒斯坦地区建立一个"独立的、二元的、民主的和同样性质的阿拉伯—犹太国",假设这一方案在实践中难以实施,就把"巴勒斯坦分成两个独立的国家,一个是犹太国,一个是阿拉伯国"②。葛罗米柯声称不能无视犹太人建立一个独立国家的愿望,"对此拒绝加以考虑或者否认犹太人民有实现这一愿望的要求和权利将是不公正的"③。他说:"犹太人和阿拉伯人都把巴勒斯坦看作自己的故乡,只要证明这两个民族不能和平地生活在一起并且没有可能建立一个双民族的国家,苏联就将支持分治计划。"④ 1947年11月29日,联合国大会第128次全体会议通过了巴勒斯坦分治决议。⑤ 有学者认为,苏联支持以色列建国的真正目的是迫使阿拉伯人"投向莫斯科"⑥。

二 俄罗斯东正教会与苏联对中东国家的外交

为增强苏联在中东地区的影响力,苏联除了采用经济援助、军事援助、建立外交关系等手段外,开展文化交流活动也是其手段之一。在中东地区,虽然主要的宗教信仰是伊斯兰教,但东正教会四个最为古老的牧首

---

① "Report by Joint Intelligence Sub-Committee on Russia's Strategic Interest and Intentions in the Middle East", June 6, 1946, DBPO.

② 《苏联代表在联合国发言选集》(第1集),世界知识出版社1955年版,第176—183页。

③ 丁沙:《苏联对阿拉伯—以色列的政策》,载《苏联东欧问题》1982年第8期,第12—17页。

④ 国际关系研究所:《巴勒斯坦问题参考资料》,世界知识出版社1960年版,第53—60页。

⑤ 决议号为A/RES/181(1947)。

⑥ Viktor Fischl, *Moscow and Jerusalem: twenty years of relations between Israel and the Soviet Union*, London and New York: Abelard-Schuman, 1970, p. 25.

区也都集中于此：首席牧首区——君士坦丁堡牧首区——教会总部设在土耳其的伊斯坦布尔，并主要管辖土耳其境内的四个都主教区和一个大主教区；亚历山大里亚牧首区虽然总部设在希腊的菲西亚，但其教会的力量主要集中在埃及及非洲其他地区；安提阿牧首区的教会总部设在叙利亚的大马士革，主要管辖叙利亚、黎巴嫩、伊朗、伊拉克等18个主教区；耶路撒冷牧首区总部设在耶路撒冷，主要管辖巴勒斯坦和西奈半岛的东正教会。① 因此，利用在东正教传统的尊称排列上位居第五的莫斯科牧首区对中东地区开展"朝觐之旅"是一个不错的选择。卡尔波夫的报告指出，"受亚历山大和全非洲牧首克里斯托弗的邀请与安提阿和全东方牧首亚历山大的邀请，可在今年夏天组织莫斯科牧首区牧首阿列克谢一世在副牧师随员的陪同下到中东国家（叙利亚、黎巴嫩、巴勒斯坦和埃及）进行访问"，"目的之一是调查在贝鲁特、大马士革、耶路撒冷、开罗和亚历山大组建俄罗斯东正教教区的可能性和与东方的牧首们商讨在莫斯科召开全世界基督教会代表会议的前提"②。为实现上述目标，卡尔波夫亲自挑选那些愿意率领代表团前往中东地区进行"朝觐之旅"的东正教会领导人，牧首阿列克谢一世、都主教尼古拉和一个感到懊悔的分裂主义主教（archbishop）维特来（Vitalii）成为卡尔波夫的人选。

1945年5月28日，牧首阿列克谢一世、都主教尼古拉等人率领一支庞大的俄罗斯东正教会代表团登上前往中东的船只，开始"朝觐之旅"。由于耶路撒冷（Jerusalem）是基督教、伊斯兰教和犹太教三大亚伯拉罕宗教的圣地（the Holy land），因此俄罗斯东正教代表团把出访的第一站选在了耶路撒冷。为表达对俄罗斯东正教会与中东地区教会建立良好关系的支持，苏联政府特意提供了一个第二次世界大战时期的苏联英雄飞行员为代表团驾驶飞机。虽然俄罗斯东正教会代表团在耶路撒冷访问期间也因与苏联政府的"合作"关系而遭到一些敌视，但其对圣地耶路撒冷的访问显然达到了预期的效果。第一，由于这次访问是莫斯科牧首区牧首第一次访问耶路撒冷，因此受到普通公众特别是东正教徒的极大关注，这无形中提高了俄罗斯东正教会的影响力。第二，与耶路撒冷牧首区牧首（the Patriarch of Jerusalem）的会晤也取得了成功。耶路撒冷牧首区牧首对于俄罗斯东正教会提供的金融援助表示十分感谢。第三，莫斯科牧首区重

---

① 乐峰：《东正教史》（修订本），中国社会科学出版社1996年版，第216—219页。
② ГАРФ, ф.6991, оп.1, д.29, л.101–109, DA0720.

新获得了在1917年以前属于俄罗斯东正教会的头衔,并在耶路撒冷重新建立了常驻使节团。①

结束对圣地耶路撒冷的访问后,俄罗斯东正教会代表团到达了埃及。在这一站中,俄罗斯东正教会也享受着极高的外交待遇:从政治、外交的层面来说,埃及国王法鲁克一世(King Farouk of Egypt)在开罗亲自接见了牧首阿列克谢一世一行;从宗教层面上来讲,牧首阿列克谢一世不但与亚历山大里亚牧首(the Patriarch of Alexandria)建立了良好的个人关系,而且亚历山大里亚牧首还表示乐意陪同俄罗斯东正教会代表团走完在中东地区的剩下旅程。此外,牧首阿列克谢一世还将居住在埃及的俄罗斯东正教移民教会纳入莫斯科牧首区的管辖范围之内。②

结束对亚历山大里亚牧首区的访问之后,俄罗斯代表团一行来到了安提阿牧首区(Patriarchiate of Antioch)。在大马士革(Damascus),历史的记忆以及采取的经济援助措施使俄罗斯东正教会代表团取得了可喜的成绩。在历史的记忆方面,叙利亚东正教会(the Syrian Orthodox Church)常遭受贫困之苦,而俄罗斯东正教会在"十月革命"前常"雪中送炭",对其提供经济与物质援助。因此,安提阿牧首区牧首非常愿意重建与俄罗斯东正教会的关系。在会谈中,牧首阿列克谢一世表示,俄罗斯东正教会将再次向叙利亚东正教会提供资金援助③,而援助的结果是,在接下来的几年里叙利亚东正教会成为莫斯科牧首区在中东地区最值得信赖的支持者之一。此外,俄罗斯东正教会代表团还访问了安提阿牧首区的黎巴嫩主教区、伊朗主教区和伊拉克主教区。④

在中东朝觐之旅中,俄罗斯东正教会到访了东正教会中四个最为古老的牧首区中的三个,而对处于荣誉首席地位的君士坦丁堡牧首区却"过家门而不入",其是"故意而为之"。除了与苏土关系因海峡问题而关系紧张有关外,也与莫斯科牧首区一直与君士坦丁堡牧首区争夺东正

---

① William C. Fletcher, *Religion and Soviet Foreign Policy*, 1945 – 1970, New York: Oxford University Press, 1973, pp. 19 – 20.

② Ibid., p. 20.

③ Anna Dickinson, "Domestic and Foreign Policy Considerations and the Origins of Post-war Soviet Church-State Relations, 1941 – 1946", in Dianne Kirby, ed., *Religion and the Cold War*, New York: Palgrave Macmillan, 2003, p. 28.

④ William C. Fletcher, *Religion and Soviet Foreign Policy*, 1945 – 1970, New York: Oxford University Press, 1973, pp. 20 – 21.

教世界的领导地位有关。对此，美国驻土耳其大使埃德温·威尔森（Edwin Wilson）发出了关于"莫斯科牧首区牧首阿列克谢一世为增强其权威和影响力而牺牲君士坦丁堡牧首区"的警告。① 英国也认为，"俄罗斯东正教会正在成为苏联在近东的一种宣传工具"②。这也表明，冷战既反映在由国家组成的世界中，也清楚地反映在由宗教行为体组成的宗教世界中。

此外，为使斯大林和莫洛托夫提出的收复卡尔斯（Kars）与阿尔达汉（Ardahan）地区的要求合法化，苏联还鼓动各国（包括美国在内）的亚美尼亚（Armenia）宗教团体支持苏联的要求。1945年6月，新当选的亚美尼亚大主教埃奇米阿津（Echmiatsin）就要求"被土耳其强行夺去的土地应从它手中拿出来，退还给已加入苏维埃亚美尼亚的合法原主"③。而在煽动反对伊朗中央政府的库尔德民族主义运动中，苏联人最终也是选中了马哈巴德的世袭法官和宗教领袖卡迪·穆罕默德。

小　结

苏维埃政府建立后，列宁一直主张同宗教的斗争要服从于建设社会主义的考虑，这一观点也被其继任者所坚持。因为这个原因，处理宗教问题常受到其他领域问题的形塑，如外交问题等。④ 同时这一主张也导致了苏联政府对待宗教的实用主义态度：即在需要利用宗教以实现国家利益时，政府就对宗教采取宽容政策；而在不需要利用宗教时，则对宗教采取限制政策。由此导致宗教在国家中的地位与作用常随着政府目的、领导人的更替而发生急剧变化。

从俄国"十月革命"至苏联卫国战争爆发期间，苏联的政教关系总体上来说处于一种紧张、相互对立的状态，双方一直处于"安全困境"

---

① William Inboden, *Religion and American Foreign Policy*, 1945 – 1960: *The Soul of Containment*, New York: Cambridge University Press, 2008, p. 133.

② "Mr. Roberts (Moscow) to Mr. Bevin (Received 10 November)", October 31, 1945, DBPO.

③ [英]乔治·柯克：《1945—1950年的中东》，复旦大学历史系世界史教研室译，上海译文出版社1995年版，第39页。

④ 转引自 John Anderson, *Religion, State and Politics in the Soviet Union and Successor States*, 1953 – 1993, New York: Cambridge University Press, 1994, p. 4.

之中：在"十月革命"前，共产主义意识形态对宗教的态度与立场使俄罗斯东正教会担忧布尔什维克革命后自己的"安全生存"问题，因此对布尔什维克革命持敌视与反对的态度；俄罗斯东正教会对布尔什维克革命的敌视与反对也使新生的苏维埃政府一直担心其"安全生存"问题，因此对俄罗斯东正教会采取了敌视与限制的政策；苏维埃政府对俄罗斯东正教会采取的敌视与限制政策使后者"知觉"曾经的"预言"变成了"现实"，因此后者更加敌视苏维埃政府，并努力为自己的"安全生存"而斗争，这又加深了苏维埃政府对俄罗斯东正教会负面作用的"感知"，并试图消灭之，两者处于一种"恶性螺旋"之中。虽然俄罗斯东正教会的领导人曾表达了对苏维埃政府的"忠诚"，但并未消除苏维埃政府对其的"担忧"，结果俄罗斯东正教会处于一种濒临"灭绝"的边缘。

在苏联卫国战争爆发后，大多数俄罗斯东正教会领导人及教徒并未对苏联政府"落井下石"，而是"以德报怨"，在国内号召苏联民众特别是俄罗斯东正教徒捐款、捐物、参军以反对德国法西斯对"祖国"的入侵，在国际上呼吁英美等国对苏联进行军事与物质支援。俄罗斯东正教会对国家的"忠诚"也使苏联政府"感知"到了俄罗斯东正教会的积极作用，或者说可以将之视为一种维护"统治合法性"的工具。因此，自1943年9月至斯大林逝世期间的岁月里，苏联政府采取了诸如把全苏联地位最高的也是俄罗斯东正教的圣地谢尔盖·圣三一修道院归还给教会，承认教会的主教、神甫及宗教团体有演讲、开设银行账户、缔结合同等权利的宗教宽容政策以"回报"俄罗斯东正教会对国家、对政府的支持，这一时期也成为苏维埃政府建立以来宗教及宗教组织发展的"黄金时期"。俄罗斯东正教会也积极利用政府赋予的权利扩建神学院与神学研究院，开放教堂，为东正教徒提供宗教服务。俄罗斯东正教会最初规划建设9所神学院，至少2所神学研究院。后扩建为10所神学院和3所神学研究院。10所神学院中，4所在乌克兰，5所在俄罗斯，1所在白俄罗斯（Belorussia）；3所神学研究院分设于莫斯科、彼得格勒与基辅。[①] 在1945年至1947年，俄罗斯东正教会重新开放了1270所东正教堂，到1949年年初东正教堂的数量达到了14477所。此外，东正教徒、神甫、神学院学生的

---

① Dimitry Pospielovsky, *The Russian Church Under the Soviet Regime* 1917 - 1982, New York: St. Vladimir's Seminary Press, 1984, p. 302.

数量也大幅增长,"1947年仅彼得格勒就有东正教徒40万人。在信教人中,青年人的比重上升。到1953年,仅莫斯科教区就新增加3万名牧师,新增2万—2.5万名主教"①。在1949—1950学年,莫斯科神学院共招生196名,1952年增至将近400名,而彼得格勒则增至320名。②

在国内实施宗教宽容政策的同时,苏联政府还积极支持宗教"走出去"战略,"授意"俄罗斯东正教会对外开展宗教交流活动,以服务于战后苏联的总体外交。为维持战时大国合作关系,扮演"国家教会"(national Church)角色的俄罗斯东正教会先后出访英国、法国、美国等西方大国,以建立与维持同西方国家的教会之间的良好关系,培植西方人士的"知己派"、"亲己派"、"友己派",并试图使西方国家境内的俄罗斯东正教移民群体接受莫斯科牧首区的宗教管辖;为在苏联周边建立一条战略缓冲地带以维护苏联的国家安全,俄罗斯东正教会先后使中东欧国家、芬兰、中国等境内的东正教会接受莫斯科牧首区的宗教管辖,并"合并"或取缔了苏联势力范围内的东仪天主教会,从而为苏联在其势力范围内的"老大哥"地位提供宗教层面上的"合法性";为维护苏联南部边疆的安全,扩大苏联在中东地区的影响力,俄罗斯东正教会进行了朝觐之旅,先后出访了耶路撒冷牧首区、亚历山大里亚牧首区、安提阿牧首区,并故意"遗漏"了君士坦丁堡牧首区。在苏联政府的"授意"下,在俄罗斯东正教会的努力下,苏联在其周边建立了一个庞大的宗教势力范围。莫斯科牧首区成为东正教世界几大牧首区中拥有教徒最多、势力最大的牧首区。虽然对俄罗斯东正教会一系列出访活动的成效难以进行定量评估,但这一案例仍具有很大的启示意义:第一,宗教与宗教组织的对外交流活动能促进国外对一国的理解与认知,并能有效提升一国的国际形象。因此,宗教及宗教组织能成为国家对外交往的一种"渠道"(channel)或桥梁。第二,国家之间的共同宗教信仰或曰宗教认同能增强它们之间的"亲近感",促进它们之间的合作与凝聚力,并使核心国家的领导地位获得"合法性"。塞缪尔·亨廷顿在其"文明冲突论"中就指出:"国家都倾向于追随文化相似的国家,抵制与它们没有文化共性的国家。"对核心国家而言,宗教

---

① 傅树政:《战后斯大林时期苏联宗教政策剖析》,《吉林大学社会科学学报》1995年第6期,第52—57页。

② Dimitry Pospielovsky, *The Russian Church Under the Soviet Regime* 1917 – 1982, New York: St. Vladimir's Seminary Press, 1984, p. 323.

上的共性使其"对成员国及外部国家和机构的领导和加强秩序的作用合法化"①。第三，斯大林后期的政教关系模式类似于一种政教"合作"模式，这种模式对"政""教"双方都有好处。从教会的角度来说，俄罗斯东正教会从反抗苏维埃政府，转而与苏联政府"合作"，既维护了自己的"安全生存"，又增强了自身的影响力，扩大了势力范围，还服务了苏联的外交政策目标，可谓"一箭四雕"。从国家的角度来说，政府与教会建立"和谐"的政教关系而获得的收益比从社会中消除宗教获得的收益要大。政教关系的"和谐"既平息了宗教徒对政府的不满，维持了国内稳定的大局，又能改善国家形象，还能借教会将触角伸向世界各个角落。从这个方面来说，"政""教"双方和则两利，斗则两伤。

---

① ［美］塞缪尔·亨廷顿：《文明的冲突与世界秩序的重建》，周琪等译，新华出版社1998年版，第166—167页。

第五章　异曲同工：宗教与冷战初期的美苏外交

国内外学者在研究美苏冷战，特别是讨论影响冷战的因素时，常常过多地关注安全关切①、地缘政治②、意识形态冲突③、领导者及其个性④等因素，而忽略一个有重要意义的因素——宗教。⑤ 虽然欧洲 30 年宗教战争后签订的《威斯特伐利亚和约》(Treaty of Westphalia) "放逐" 了宗教，但这并不意味着宗教在政治或世界秩序的建构中不再起作用。宗教作为兼具 "硬实力" 与 "软实力" 于一身的国际关系行为体，是可以 "通过无形的宗教意识形态和有形的组织机构两个维度来发挥其作

---

① John Lewis Gaddis, *Strategies of Containment: A Critical Appraisal of American National Security Policy During the Cold War*, New York: Oxford University Press, 1982; Daniel Yergin, *Shattered Peace: The Origins of the Cold War and the National Security State*, Boston: Houghton Mifflin, 1977; Robert A, Pollard, *Economic Security and the Origins of the Cold War*, 1945 – 1950, New York: Columbia University Press, 1985; Gunnar Adler-Karlsson, *Western Economic Warfare*, 1947 – 1967: *A Case Study in Foreign Economic Policy*, Stockholm: Almqvist & Wiksell, 1968; Gunnar Adler-Karlsson, *The Political Economy of East-West-South Co-operation*, Wien: Springer-Verlag, 1976; Michael Mastanduno, *Economic containment: CoCom and the politics of East-West trade*, Cornell University Press, 1992; Lan Jackson, *The Economic Cold War*, *American*, *Britain and East-west trade*, 1948 – 63, New York, 2001; 白建才：《论冷战的起源》，载《陕西师大学报》（哲学社会科学版）1995 年第 4 期，第 35—42 页。

② S. Cohen, *Geography and Politics in a Divided World*, New York: Random House, 1963; André fontaine, *History of the Cold War 1917 – 1950*, New York: Pantheon Books, 1969; John Lewis Gaddis, *Strategies of Containment*, New York: Oxford University Press, 1982; Y. Golbet, *Political Geography and the World*, London: George Philip, 1955; 时殷弘：《美苏冷战史：机理、特征和意义》，载《南开学报》（哲学社会科学版）2005 年第 3 期，第 1—12 页。

③ Mark Kramer, Ideology and the Cold War, *Review of International Studies*, Volume 25, Issue 4 (October 1999), pp. 539 – 576; William C. Wohlforth, Ideology and the Cold War, *Review of International Studies*, Volume 26, Issue 2 (April 2000), pp. 327 – 331; 杨光斌：《意识形态与冷战的起源》，载《教学与研究》2000 年第 3 期。

④ John Lewis Gaddis, *The United States and the Origins of the Cold War*, 1941 – 1947, New York: Columbia University Press, 1972; 席来旺：《丘吉尔与"冷战"起源》，载《史学月刊》1985 年第 3 期，第 107—110 页；李世安：《英国与冷战的起源》，载《历史研究》1999 年第 4 期，第 38—51 页。

⑤ William Inboden, *Religion and American Foreign Policy*, 1945 – 1960: *The Soul of Containment*, New York: Cambridge University Press, 2008, pp. 3 – 4.

用的",但由于"宗教意识形态的弥散性和不确定性使其作为外交政策要素的影响难以评估"①,因而不论是在现实主义学派占主导地位的国际关系理论中,还是在重视权力、安全等"高级政治"的各国领导人及外交人员的外交实践中,宗教因素都处于"边缘地带"。但在冷战时期,这一情况却发生了"逆转",信仰上帝的美国与无神论的苏联都不约而"同"地拿起了宗教武器,利用宗教来实现各自的外交目标,并呈现了不尽相同的特征。

第一节 不约而"同":宗教与冷战初期的美苏外交

在人类的历史上,许多国家或民族为了在战争中获胜常采用一些宗教或具有宗教性质的礼仪和仪式,②或者"通过鼓动各自民众的宗教忠诚来促使他们参与"③到战争中去。因此,在冷战初期,美苏虽社会制度迥异,但都不约而"同"地采用各种方式利用宗教资源服务于本国的外交目标,促进国家利益的实现。在这一过程中,美苏呈现出了某些方面的"共性"。

一 指导思想之"同":宗教是一种外交工具

约翰·米尔斯海默在论及美国政治文化时指出,其深处是自由主义的,但往往根据现实主义行事。④ 也就是说,美国阐述与实施其外交政策时常常是言行不一的。美国常强调政教分离,但却常常将与政治相"分离"的宗教纳入美国的外交体系当中。虽然美国常指责苏联把俄罗斯东正教会变成其外交政策的一种工具,但美国政府自身也把宗教作为一种外交政策工具来对待,这在冷战初期尤为明显。美国心理战略委员会的一封密级备忘录(a classified memo)明确无误地表达出了这一点。该备忘录指出:"宗教作为一种同共产主义斗争的工具的潜力是极其惊人的。我们

---

① 徐以骅:《宗教与冷战后美国外交政策——以美国宗教团体的"苏丹运动"为例》,载《中国社会科学》2011 年第 5 期,第 199—218 页。

② 董小川:《20 世纪美国宗教与政治》,人民出版社 2002 年版,第 226 页。

③ [美]约翰·F. 威尔逊:《当代美国的宗教》,徐以骅等译,上海人民出版社 2013 年版,第 133 页。

④ 王义桅、唐小松:《大国政治的悲剧与国际关系理论的悲剧》,载[美]约翰·米尔斯海默《大国政治的悲剧》,王义桅、唐小松译,上海人民出版社 2003 年版,第 28 页。

寻求利用宗教作为一种冷战武器的总体目标是促进世界宗教兴旺，因为共产主义在一个宗教兴盛的世界里是无法存在的。"① 杜鲁门政府的遏制政策也强烈地体现了对宗教的工具主义态度。杜鲁门政府借助宗教可确定遏制的范围——即哪些国家将参与遏制（相信上帝与道德准则的国家），哪些国家将被遏制（不信仰上帝的国家）。同时，由于在美国和苏联之间爆发一场全面的军事冲突将是毁灭性的，更不要说会有赢家，因此宗教就成为一种可以用来遏制苏联与共产主义扩张、促进苏东集团内部崩溃的有价值的工具。因为，杜鲁门相信宗教是一种削弱苏联信誉并导致其最终灭亡的强大工具。②

利用俄罗斯东正教会作为对外扩张的一种工具一直是俄国对外政策的历史传统。但十月革命后，苏维埃政府把一切宗教都视为剥削阶级的工具，并对之进行了限制。在占领波罗的海、割占东波兰以及罗马尼亚的比萨拉比亚后，苏联政府重拾"宗教武器"，利用莫斯科牧首区"同化"并统一上述地区的东正教会，以为苏联对上述地区的统治提供合法性源泉。反法西斯战争爆发后，苏联政府利用俄罗斯东正教会作为一种宣传工具，在国内动员民众参加战争，③ 在国外呼吁反法西斯盟国对苏进行经济、军事与物质援助。第二次世界大战结束后，苏联又派遣俄罗斯东正教会领导人频繁出访中东欧、中东与英法美，将不少脱离莫斯科牧首区的东正教区重新纳入莫斯科牧首区的宗教管辖范围之内，如俄罗斯东正教会成功地使得波罗的海三国、罗马尼亚、南斯拉夫、保加利亚等国的东正教会"回归"莫斯科牧首区的"怀抱"，使得芬兰东正教会、波兰东正教会脱离君士坦丁牧首区的领导，这无疑为苏联政府影响甚至控制中东欧国家提供了一个很好的渠道。在为苏联政府控制中东欧提供"宗教合法性"外衣的同时，俄罗斯东正教会还积极支持苏联开展的和平运动。早在 1946 年，斯大林就指出，在一个被战争的创伤耗尽的世界里，对和平的渴望可以成为反西方的工具。④ 在宣传苏联的反西方和平运动时，俄罗斯东正教会又

---

① William Inboden, *Religion and American Foreign Policy*, 1945 – 1960: *The Soul of Containment*, New York: Cambridge University Press, 2008, p. 118.

② Ibid., p. 107.

③ Lucian N. Leustean, *Orthodoxy and the Cold War*: *Religion and Political Power in Romania*, 1947 – 1965, New York: Palgrave Macmillan, 2009, pp. 14 – 17.

④ William C. Fletcher, *Religion and Soviet Foreign Policy*, 1945 – 1970, New York: Oxford University Press, 1973, p. 30.

成为其利用的工具。不少宗教神职人员出现在各种会议上,在批判西方重整军备和发展核武器行为的同时,赞扬苏联为人类的和平事业作出的努力及贡献。针对苏联"前后不一"的宗教政策,有学者就一针见血地指出苏联宗教政策变化的实质:"在苏联的领导层眼中,莫斯科牧首区主要被视为一种国家外交政策的工具。"①

二 主要目的之"同":为本国外交提供"合法性"

伊恩·赫德(Ian Hurd)认为,合法性是"一个行为体所持的关于某一规则或制度应被遵从的规范性信念"②。在当代国际关系中,合法性不但是其重要特征之一,还是各国外交政策制定者最为有效的资产。因此,利用各种资源以增强自身外交政策的合法性成为各种国际行为体的惯用策略。在增添合法性方面,宗教是一种极为有效的资源,因为"没有谁会否认宗教是合法性的一种极好来源"③。杰克·斯奈德认为,在国内层面上,宗教虽能"削弱政府的权威",但也"有助于使政府权威合法化";在国际层面上,"宗教及宗教组织不但能有效引起跨越边界的他国信众对本国的认同与忠诚,而且能直接或间接对他国政府施压"④。此外,教会及各种宗教组织也声称其超越政治,而这种声称在许多方面是被人们所接受的。因此,美国学者乔纳森·福克斯直接指出了宗教的巨大外交功能,即宗教"能使外交政策合法化"⑤。

在利用宗教增添自身政策的合法性方面,杜鲁门政府可以说是深谙此道。作为一个意识到宗教重要性的政治家,杜鲁门在其主掌白宫期间常有意识地运用宗教术语来表述或证明其外交政策的"合法性",特别是常把遏制苏联和共产主义的政策描绘为反对"邪恶的共产主义"的"十字军

---

① Anna Dickinson, "Domestic and Foreign Policy Considerations and the Origins of Post-war Soviet Church-State Relations, 1941–1946", in Dianne Kirby, ed., *Religion and the Cold War*, New York: Palgrave Macmillan, 2003, p. 27.

② Ian Hurd, Legitimacy and Authority in International Politics, *International Organizations*, Vol. 53, No. 2 (1999), p. 381.

③ Jonathan Fox and Shmuel Sandler, *Bringing Religion into International Relations*, New York: Palgrave Macmillan, 2004, p. 35.

④ Jack Snyder, *Religion and International Relations Theory*, New York: Columbia University Press, 2011, p. 4.

⑤ Jonathan Fox, Religion as an Overlooked Element of International Relations, *International Studies Review*, Vol. 3, No. 3 (Autumn 2001), pp. 53–73.

东征"。杜鲁门指出,"国际共产主义运动建立于残忍的、可怕的狂热主义之上。它拒绝承认上帝的存在,其所处之地,对上帝的崇拜均遭压制。我们的宗教信仰向我们展示了一条在上帝庇佑之下创建一个人尽其乐的社会的道路。正如共产主义者忠诚地信奉他们的无神论信条一样。我们也有决心坚持我们的信仰"①。对此,杜鲁门表示如果美国在共产主义的威胁面前做缩头乌龟,那么等待美国的将是启示录中的悲惨命运。1949 年 11 月 11 日,杜鲁门在向基督教和犹太教国民大会发表演讲时也表示,邪恶的共产主义政权"威胁毁灭人类艰难取得的文明成就。他们代表了一种新的野蛮行为,比以往任何时候的野蛮行为都更为可怕"。对此我必须"组织世界的道德力量来迎接这种挑战",因为"只有世界各地信仰宗教的民众才有能力战胜专制的力量"②。在同一位美国主教谈话时,杜鲁门也表示其目标之一是"联合世界上的道义之师建立一条反对邪恶之师的共同战线"③。

在利用宗教增加自身政策的合法性方面,斯大林时期的苏联政府也知"耻"而后勇。鉴于共产主义的无神论意识形态,曾为俄国"国教"的俄罗斯东正教对布尔什维克革命持强烈的敌视与反对态度,认为"俄国人民唯一的救星是一位俄罗斯东正教沙皇,只有通过选举一位贤明的俄罗斯东正教沙皇,才可能把俄国推上正确的历史轨道,建立良好的秩序。只要我们没有贤明的东正教沙皇,就不会有秩序"④。对于"人民的鸦片"的宗教,苏维埃政府颁布了教会同国家分离、学校同教会分离的法令,并对境内的宗教及宗教组织进行了限制,而这既遭到了国内宗教徒的反抗,又引起了一些欧美国家政府及教会对其宗教政策的抗议。教会的敌视与反对和来自西方的抗议严重削弱了苏维埃政府的统治合法性。但斯大林仍无动于衷,在同外国记者的谈话中表示,"我唯一遗憾

---

① Harry S. Truman, Address at the Cornerstone Laying of the New York Avenue Presbyterian Church, April 3, 1951, In *Public Papers of the Presidents*: *Harry S. Truman*, 1951, Washington: United States Government Printing Office 1965, p. 212.

② Harry S. Truman, Address at a Luncheon of the National Conference of Christians and Jews, November 11, 1949, In *Public Papers of the Presidents*: *Harry S. Truman*, 1949, Washington: United States Government Printing Office 1964, p. 63.

③ Ralph E. Weber, ed., *Talking with Harry: Candid Conversations with President Harry S, Truman*, Wilmington DE: Scholarly Resources Inc., 2001, p. 290.

④ [俄] 赫克:《俄国革命前后的宗教》,高骅、杨缤译,学林出版社 1999 年版,第 59 页。

的是，教徒未遭到彻底的消灭"①。但在面临德国战争威胁的时候，苏联政府为组建"东方战线"，逐渐开始利用宗教以维护其在新占领土地上统治的合法性，向毗邻波兰的西部边疆区派遣俄罗斯东正教会主教。苏联卫国战争爆发后，苏联政府也感受到了俄罗斯东正教会及其他宗教团体对国家的"忠诚"，发现了宗教促进民族团结的巨大"正能量"。为回报宗教，苏联政府中止了所有的反宗教宣传，解散了"战斗的无神论者同盟"（the League of Militant Godless），并给予各宗教"自由"的"生存与发展空间"，同时支持俄罗斯东正教会与其他宗教团体开展宗教交流活动。如派遣俄罗斯东正教会代表团访问中东地区的东正教会，召开东正教会宗教会议，用飞机运送穆斯林神职人员前往麦加（Mecca）朝觐，接待访问苏联的教会领导人等，斯大林甚至提出要"与罗马教廷建立公开的外交关系"②。斯大林宗教政策"剧变"的后果是，"俄罗斯东正教会及其他教会的领袖在国内事务上支持苏联政府，并通过反对西方大国政策和热情地支持苏联和平运动为苏联外交政策提供坚强后盾"③。例如，1948年7月17日，俄罗斯东正教会代表团向所有的基督徒发出呼吁，督促他们同西方的恐怖主义作斗争，而斯大林被描绘为"天才的和平调解人"④。政府同教会之间的"合作"，不但使苏联政府在政治领域，也在宗教领域加强了自己的统治合法性。

三 服务领域之"同"：舆论宣传领域

美国学者梅尔文·莱弗勒（Melvyn P. Leffler）认为，美苏之间长达40多年的冷战是一场"人心之争"⑤。曾任美国助理国务卿的埃利奥特·艾布拉姆斯（Elliott Abrams）也曾表示，我们同苏联的斗争"是一场争取

---

① 转引自雷丽平《斯大林与赫鲁晓夫时期苏联的宗教政策与政教关系》，吉林大学博士学位论文，2006年，第40页。

② Frank J. Coppa, "Pope Pius XII and the Cold War: The Post-war Confrontation between Catholicism and Communism", in Dianne Kirby, ed., *Religion and the Cold War*, New York: Palgrave Macmillan, 2003, p. 55.

③ John Shelton Curtiss, Religion as a Soviet Social Problem, *Social Problems*, Vol. 7, No. 4, Symposium on Social Problems in the Soviet Union (Spring 1960), pp. 328–339.

④ Lucian N. Leustean, *Orthodoxy and the Cold War: Religion and Political Power in Romania, 1947–1965*, New York: Palgrave Macmillan, 2009, pp. 14–17.

⑤ ［美］梅尔文·弗莱勒：《人心之争：美国、苏联与冷战》，孙闵欣等译，华东师范大学出版社2010年版。

人心的斗争，我们必须打赢这场斗争"①。为取得"人心之争"的胜利，美国政府制定了"史密斯－蒙特法案"（Smith-Mundt Act），并以此法为依据在国务院建立了专职对外宣传的机构——美国信息署（U. S. Information Service，简称 USIS）。USIS 被授权利用无线电广播、电影、书刊、教育文化交流等一切可行的手段开展对外宣传，以使"他者"更好地了解、理解、支持美国及美国的对外政策，最终实现"劝导外国人基于他们自己的利益需要而采取同美国国家目标一致的行动"②的目的。苏联政府也"有组织地使用支配舆论的力量，使其成为对外政策的常用手段"③，向世界上的其他国家与民众展示一种美好的苏联生活方式，借此影响其他国家的舆论。在开展对外宣传，影响"他者"舆论的过程中，美苏两国政府都打出"宗教牌"，利用宗教及宗教组织争夺"人心"。

在美国政府方面，美国领导人在冷战伊始就宣传，"苏联共产主义和自由世界之间的冲突是一场宗教冲突……一场争夺现代人灵魂的斗争"④，认为"在宣传保卫西方文明与基督教，反对无神论的苏俄方面，宗教是一种关键的宣传工具"⑤。因此，为赢得这场冲突的胜利，美国常攻击苏联与中东欧共产主义国家的无神论信仰，将美国与苏联之间的冷战描绘为"一场同患躁狂症病人之间的冲突（a Manichaean conflict）"⑥。美国著名福音布道家葛培理（Billy Graham）在 1949 年洛杉矶（Los Angeles）的一场集会上也宣称："世界已经分裂为两大阵营，其中一方是我们所看到的共产主义，其宣称反对上帝、反对圣经、反对所有宗教！"⑦ "美国 USIE

---

① 倪世雄：《美国人权外交的周期及实质》，《国际展望》1990 年第 6 期，第 10—12 页。

② Frank Ninkovich, *U. S. Information Policy and Cultural Diplomacy*（Headline Series No. 308），New York: Foreign Policy Association, 1996, p. 21.

③ ［英］爱德华·卡尔：《20 年危机（1919—1939）：国际关系研究导论》，秦亚青译，世界知识出版社 2005 年版，第 123 页。

④ William Inboden, *Religion and American Foreign Policy, 1945 - 1960: The Soul of Containment*, New York: Cambridge University Press, 2008, p. 21.

⑤ D. Kirby, The Archbishop of York and Anglo-American Relations During the Second World War and Early Cold War, 1942 - 1955, *Journal of Religious History*, 23 (3) (October 1999), pp. 327 - 345.

⑥ Dianne Kirby, "Harry Truman's Religious Legacy: The Holy Alliance, Containment and the Cold War", in Dianne Kirby, ed., *Religion and the Cold War*, New York: Palgrave Macmillan, 2003, p. 93.

⑦ 转引自 Roy Palmer Domenico, "For The Cause of Christ Here in Italy": America's Protestant Challenge in Italy and the Cultural Ambiguity of the Cold War, *Diplomatic History*, Vol. 29, Issue 4 (September 2005), pp. 625 - 654。

项目的道德与宗教因素"的特别政策指南指出,美国这一项目意在"唤醒世界各地珍惜道德与宗教自由的人们,使他们认识到需要反对极权主义对自由的侵犯"①。为使世界各国的民众相信苏联及共产主义的"邪恶",了解美国及其"善行",杜鲁门决定在全球范围内发动一场名为"真理运动"的大规模宣传攻势。1950年4月20日,杜鲁门在美国报纸编辑协会(the American Society of Newspaper Editors)集会上发表的演说中称,冷战是一场与共产主义"争夺人心的斗争",在这场斗争中,真相必须传达到世界各地的人们,"否则我们将在这场争夺人心的战斗中失败"②。杜鲁门强调说:"我们必须使我们自己知道我们真实的形象,而不是像共产主义的宣传所描画的那样,我们必须倾尽全力,与其他自由世界的人民一起在一场持续的、紧张的宣传项目中提升自由的理想,反击奴役似的宣传。我们必须在一场伟大的真理运动中让全世界听到我们的声音。"③ 为有效开展"意识形态领域的马歇尔计划"的"真理运动",美国政府针对世界不同区域制订了相应的计划,如针对"心脏地区"的苏东集团,美国制订了《对苏联的教义(意识形态)战》(Doctrinal < ideological > Warfare Against USSR)和《美国利用东欧卫星国动荡的临时心理战略计划》(Interim U. S. Psychological Plan for Exploitation of Unrest in Satellite Europe);针对"危险地带"的法国和意大利制订了《削弱共产党在法国和意大利的势力和影响》(Reduction of Communist Power and Influence in France and Italy);针对东南亚国家制订了《对东南亚的心理战略计划》(Psychological Strategy Planning for Southeast Asia);针对中东地区制订了《对中东的心理战略计划》(Psychological Strategy Planning for the Middle East)等。在这些心理战计划中,宗教都是其利用的宣传工具之一。

在苏联政府方面,其主要利用俄罗斯东正教会进行宣传。在反法西斯战争期间,俄罗斯东正教会发起了"德国是罪犯"的宣传,④ 在1943年9

---

① CK3100210894, Information Program Guidance on Special Series: Moral and Religious Factors in the USIE Program, June 22, 1951, Harry S. Truman Library, Papers of Harry S. Truman, Records of the Psychological Strategy Board, DDRS.

② Elizabeth Spalding, Harry S, Truman, *Features*, May 7, 2007.

③ "Record of the Under Secretary's Meeting", April 17, 1950, FRUS, 1950, Vol. Ⅳ, Central and Eastern Europe; The Soviet Union, 1980, p. 304.

④ William C. Fletcher, *Religion and Soviet Foreign Policy*, 1945 – 1970, New York: Oxford University Press, 1973, p. 14.

月底邀请了由约克大主教赛瑞尔·加伯领导的英国国教会代表团。这次对莫斯科的访问实现了苏联的宣传目的,加伯回国后向西方国家讲述了苏联政府给予信仰者的自由。① 在第二次世界大战后出访法国时,为使所有教区(parishes)都回归母教会(俄罗斯东正教会),尼古拉对教区居民发表了多次演讲,描绘了苏联境内各宗教的蓬勃发展景象,其意在于劝说教区居民不要相信苏联存在宗教限制的"谣言",同意接受莫斯科牧首区对法国境内东正教区的宗教管辖。在举行俄罗斯东正教会自治500周年庆典时,莫斯科牧首区特意渲染了东正教会对和平与正义的热爱,同时批判新教和罗马天主教会对战争与剥削的偏好。俄罗斯东正教会参与的和平运动也意在帮助苏联构建一个讨人喜欢的苏联形象,以影响西方国家的公众舆论,给西方国家的政府施加压力。

除了俄罗斯东正教会外,伊斯兰教组织也成了苏联对外宣传机构的一部分。比如,在开展和平运动时,苏联的穆斯林神职人员出现在许多和平会议上,积极宣传苏联的和平主张。在1952年,参与苏联外交政策的最杰出的穆斯林神职人员巴巴卡洛夫(Zia al-Din Babakhanov)对中东国家发表广播演说:"作为一个穆斯林,我呼吁你们支持有关德国统一的世界和平会议的解决方案,支持日本人反对美国强加给日本的旧金山条约的和平事业。我完全支持关于朝鲜问题的北京和平会议的解决方案,美国正在联合国的名义下在朝鲜使用生化武器毁灭村镇……如果人们现在不从事和平事业,发生在朝鲜的事情也将发生在其他国家。我呼吁中东的人们筹备维也纳和平会议。"②

总之,在冷战初期,美苏两国在舆论宣传领域都声称本国政府能与教会进行密切的合作。美国宣称它在保卫西方的文明和基督教,苏联则声称其宗旨在于促进"和平运动",从核毁灭中拯救这个世界。③

第二节 两者之"异":宗教与冷战初期的美苏外交

虽然美苏在冷战初期都不约而"同"地把宗教视为实现自身外交目

---

① Ann Shukman, Metropolitan Sergi Stragorodsky: The Case of the Representative Individual, *Religion, State and Society*, Vol. 34, Issue 1 (2006), pp. 51 – 61.

② William C. Fletcher, *Religion and Soviet Foreign Policy*, 1945 – 1970, New York: Oxford University Press, 1973, p. 71.

③ Dianne Kirby, "The Churches and Christianity in Cold War Europe", in Klaus Larres, eds., *A Companion to Europe Since 1945*, Blackwell Publishing Ltd., 2009, pp. 188 – 189.

标的一种工具，但两者在实施过程中还是存在不少差异。

一 地缘宗教战略之"异"："全球战略"与"地区战略"

在国际关系理论中，地缘政治理论主要关注各种地理要素对国家对外战略及对外行为的影响，特别是强调地理因素对一国与他国关系的影响。如哈罗德·麦金德的"心脏地区说"强调从东欧平原至西伯利亚平原这一广阔的内陆地域对于世界政治的重大意义；马汉的"海权论"强调控制海洋与重要海上通道对于一国的战略意义。地缘经济理论也突出地缘关系对各国国际战略，特别是对各国对外经济行为产生的重要影响。如在各国的对外经济活动中，总是有选择与邻近国家进行合作的"偏好"。地缘政治理论与地缘经济理论都意在突出地理因素对国际关系的影响。鉴于宗教因素在现代国际关系中起着越来越重要的作用，有学者指出在国际关系研究中，应将地缘因素与宗教因素结合起来，研究"地缘宗教"①，探讨宗教的地缘分布对各国对外政策或曰国际关系的影响。事实上，国际关系学者对于国际问题的研究远远落后于各国的外交政策实践。早在冷战初期，美苏两国在利用宗教开展对外交往时就呈现出明显的"地缘宗教"特征，并且两者的战略也明显不同。

从世界宗教的区域分布可以看出，宗教的分布具有明显的"地缘"特征。就世界三大宗教而言，基督教徒在全球的分布最为广泛。其中，新教徒主要分布在北欧诸国、英国、美国、大洋洲国家等；天主教徒主要分布在中东欧（主要是德国、波兰、匈牙利、捷克、斯洛伐克）、西欧、拉丁美洲等；东正教徒则主要分布在俄罗斯、乌克兰、白俄罗斯、罗马尼亚、保加利亚、巴尔干地区、高加索地区等。伊斯兰教的信徒则主要分布在赤道以北的非洲、西亚、中亚、南亚次大陆至东南亚的马来西亚与印度尼西亚这一北纬10度—40度之窗的"动荡弧"上。佛教徒则主要分布在蒙古、中国、东南亚的缅甸、老挝、柬埔寨、泰国等地。

在冷战早期的"宗教冲突"中，国家的"宗教属性"和地缘宗教位置深刻作用于并在某种程度上界定了美苏两国的安全战略和对外政策。就

---

① 徐以骅主编：《宗教与美国社会——宗教与美国对外关系》第七辑，时事出版社2012年版。

美国而言,美国国内宗教信仰的"多元化"以及欧美宗教的"亲缘关系"使美国领导人在建立国际反苏与反共产主义"宗教同盟"时采取了一种"全球战略",即联合世界上一切有宗教信仰的国家与民众来反对无神论的苏联及其盟友。例如在"心脏地区",美国试图分化东正教世界,使其他的东正教会与莫斯科牧首区产生"缝隙";在西方世界,为强调同罗马天主教会结盟的好处,泰勒向国务院出示了一张新教、天主教和东正教的欧洲分布图,其结果显示罗马天主教会是运转于铁幕背后的最大的反苏反共组织;[1] 在伊斯兰教的"心脏地区"中东,美国也鼓动伊斯兰教徒反苏反共;在东南亚,利用该地区的佛教徒反对中国与共产主义;在日本,利用神道教反华反共。如果将美国的"宗教战略"区域用线条大致连接起来,可以发现从东亚、东南亚、西亚至西欧,美国构筑了一条针对苏联的"宗教包围圈"。

反观苏联,虽然苏联境内的宗教生态也呈现"多元格局",但东正教在俄国历史上的"国教"地位使苏联领导人在利用宗教开展外交活动时采取了一种"地区战略",即利用俄罗斯东正教会在毗邻的东正教世界开展宗教交流活动,在团结与拉拢东正教盟友的同时,试图将其他东正教会纳入莫斯科牧首区的羽翼之下。如果将苏联的"宗教战略"区域用线条大致连接起来,可以发现从中东、东南欧至中东欧,苏联在周边构筑了一条维护自身安全的"宗教缓冲地带"。而美苏之间的"宗教分界线"与冷战初期东西方阵营的地缘分界线十分吻合。

二 宗教策略之"异":"求同存异"与"求异存同"

为反对苏联和共产主义对美国的威胁,杜鲁门政府试图联合世界上所有有宗教信仰的国家和民众,忽略各宗教信仰之间的分歧,转而关注对宗教信仰的共同威胁。苏联则主要利用东正教来开展对东正教世界的交往活动,并特别强调东正教与基督教其他宗派的"差异"。

自杜鲁门视美苏之间的冲突为一场"宗教冲突"后,就一直试图在国际上建立一个反对苏联和共产主义的"宗教同盟"。杜鲁门的理想是实现世界上所有宗教信仰的宗教领导人及其信徒之间的积极合作。只有这

---

[1] Dianne Kirby, "Harry Truman's Religious Legacy: The Holy Alliance, Containment and the Cold War", in Dianne Kirby, ed., *Religion and the Cold War*, New York: Palgrave Macmillan, 2003, p. 86.

样，在对苏联和共产主义的斗争中，才有可能取得胜利。1946年11月21日，杜鲁门写信给罗马教宗庇护十二世，表示："作为一个基督教国家，美国祈祷世界上所有的道德与宗教力量都能联合起来，创造一个持久的世界和平。"① 为劝说世界上的所有宗教领导人联合起来，杜鲁门特别强调冷战冲突的性质是信仰宗教的国家与否定宗教的国家之间的冲突，即有神论者与无神论者之间的冲突。杜鲁门表示，在这场宗教之战中，所有信仰宗教的人们应团结起来，在上帝的帮助和指引下，搁置争议，团结一致。虽然基督教、犹太教、伊斯兰教、佛教、印度教、神道教等所有宗教信仰在教旨、教义等方面都有很大的不同，但杜鲁门认为面对共产主义无神论对所有宗教信仰的威胁时，信仰宗教的人们能够求反苏反共之"同"，存宗教教旨、教义等之"异"，即能够在反对共产主义这一"共同信念"的基础上建立起一种各种宗教信仰相互合作的模式。杜鲁门在其自传中承认，为了建立国际反共"宗教战线"："我与基督新教的高级教士有过一些私下的观点交流，他们其中有主教俄南会督（G. Bromley Oxnam）和塞缪尔·卡沃特（Dr. Samuel McCrea Cavert）。我同一些杰出的犹太教领导人谈过话，同穆斯林世界的精神权威接触过。我试图同其他宗教信仰的领导人建立联系，包括西藏的达赖喇嘛（the Dalai Lama of Tibet）。"②

虽然苏联领导人并未视美苏之间的冲突为"宗教冲突"，但并未忽视宗教在对外交往中的作用，并积极利用东正教增强苏联在东正教世界的影响力，突出东正教与西方教会的不同。在举行俄罗斯东正教会自治500周年庆典时，莫斯科牧首区专门举办了一系列小型会议，讨论诸如东正教会同罗马天主教会的关系、教会授圣职的有效性（The validity of Anglican ordination）、教会的历法（the Church calendar）、普世运动（the ecumenical movement）等宗教议题。其中最特别的是，重点把东正教会与新教会和罗马天主教会进行了"差异化"对比，认为在东正教会中，人们更崇尚和平与正义；而在新教会和罗马天主教会中，人们更喜好战争与剥削。俄罗斯东正教会此举很明显有以下三个方面的意思：第一，虽然东正教会与

---

① William Inboden, *Religion and American Foreign Policy*, 1945 – 1960: *The Soul of Containment*, New York: Cambridge University Press, 2008, p. 121.

② Dianne Kirby, "Harry Truman's Religious Legacy: The Holy Alliance, Containment and the Cold War", in Dianne Kirby, ed., *Religion and the Cold War*, New York: Palgrave Macmillan, 2003, p. 93.

新教会和罗马天主教会是基督教的三大分支，但只有东正教会才是基督教会的正统，否认罗马教宗在基督教内的首脑地位。第二，东正教会内的人们崇尚和平与正义，因此以东正教为主要信仰的国家也是爱好和平与坚持正义的，因而是"善"的；新教会和罗马天主教会内的人们喜好战争与剥削，因此以新教和罗马天主教为主要信仰的国家是崇尚战争与剥削"他者"的，因而是"恶"的。因此，东方与西方的冷战是一场"善"与"恶"之间的斗争。第三，作为世界上规模最大的东正教会，俄罗斯东正教会应在东正教世界中起领导作用，其他的东正教会应团结在俄罗斯东正教会的周围。

三 政府主导程度之"异"：美"弱"苏"强"

冷战初期美苏两国都积极利用宗教及宗教组织开展对外交流活动，以实现本国的外交政策目标。从外交的角度来说，这些活动毫无疑问都是在本国政府主导下开展的，但就政府主导的程度强弱来说，美国政府的主导性较弱，比较隐蔽；相反，苏联政府的主导性较强，比较明显。究其原因，与两国的政教关系模式不同有关。

关于政教关系模式，教会传统上主要有以下见解：第一，以属灵权柄高过世俗权柄为由，主张教权高于政权。赞成此观点的主要是历史上的罗马天主教会，欧洲中世纪的历史即体现了这一政教关系模式；第二，认为属灵权柄与世俗权柄均为上帝旨意的载体，为神设政府的平等左右手，二者各司其职。这种模式的代表是传统的新教"国教会模式"；第三，认为属灵与政治属于不同领域，不可相互干扰而主张"政教分离"，这是当今大部分国家所采用的政教关系模式。中国学者张践教授认为，根据宗教与政治相互作用的表现形式，政教关系呈现四种形态：政教一体型、政教依赖型、政教主从型和政教分立型。① 英国学者阿兰·亨特（Alan Hunter）也总结了当今世界各国实施的宗教政策，将之归结为三类，② 这实质上也暗含了三种政教关系模式：第一类，国家极力推动某一种宗教（常常是国教）的发展，比如中东地区极力推动伊斯兰教发展的沙特阿拉伯，其

---

① 详见张践《论政教关系的层次与类型》，载《宗教学研究》2007年第2期，第132—144页。

② ［英］阿兰·亨特著：《宗教、和平与冲突：跨国议题》，刘跃一等译，载《学海》2012年第1期，第5—13页。

政教关系模式为政教合一型；第二类，国家对宗教持中立态度，比如西方宗教氛围最为浓厚的美国，其政教关系模式为政教分立型；第三类，国家出于意识形态或政治原因镇压某些或所有宗教，比如信仰无神论的苏联，其政教关系模式可归为政主教从型。其图示如下：

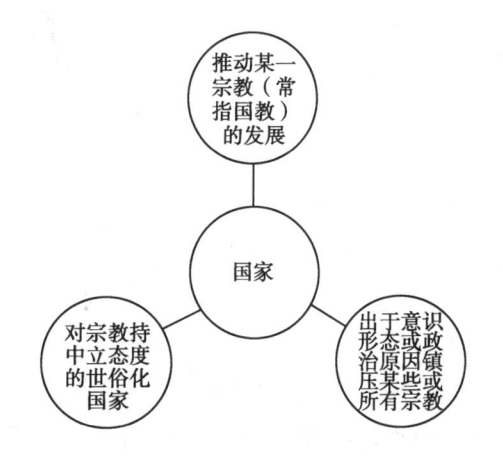

图5-1 阿兰·亨特的三种政教关系模式

在美国，宪法第一修正案确立了"政教分离"原则，即坚持"恺撒的归恺撒，上帝的归上帝"，因此美国政府并不干预宗教及宗教组织的内部事务。在教会与国家的关系问题上，美国的多数宗教组织都在不同程度上坚持"政教分离"原则，要求美国政府尊重和保障公民的宗教自由，因此宗教及宗教组织也不愿让政府干预宗教组织的"内政"。在这种"政教分立型"政教关系模式下，美国在利用宗教组织开展对外交流活动时其主导程度相对弱一些。例如，杜鲁门在试图将WCC纳入其反苏反共"宗教战线"时不但遭到了WCC的反对，也遭到了美国国内几位新教会大佬的反对。艾普林·雷纳兹博士（Dr. Eppling Reinartz）就明确指出，世界基督教协进会"不是一个反共产主义的社团，也不是一种限制无神论的尝试……我希望总统能从这一错误观念中醒悟，即在伊斯兰教、犹太教和基督教中建立一个道德统一体，其在结构上能联合起来，或者以非正式的方式防止共产主义或无神论的洪流"①。长老会的威廉·普（William

---

① Transcript of Meeting of Protestant Clergymen with Myron C. Taylor, May 3, 1949; Myron Taylor Papers 2; HST Papers. 转引自William Inboden, *Religion and American Foreign Policy*, 1945 – 1960: *The Soul of Containment*, New York: Cambridge University Press, 2008, p.138。

Pugh）坚持认为 WCC 的主要兴趣"不在世界和平或宗教反对共产主义的战斗，而在于普世运动"。而卫理公会（the Methodist Church）的俄南会督（Bishop G. Bromley Oxnam）也声称，"在欧洲的新教团体中，共产主义的渗透并不严重"①。此外，美国也常常采取"隐身其后"的方式，即在幕后给予各种宗教组织以资金、物质、技术等方面的支持，由宗教组织"出面"与他国境内的宗教组织开展宗教交流活动，以消除美国政府在幕后支持的印迹。例如，美国利用佛教对东南亚佛教国家进行"心理战"时，就要求避免所开展的行动被"误解"为美国利用佛教作为一种政治工具。

在教会与国家的关系问题上，俄国自彼得大帝始一直希望"君主能够领导教会"，并视东正教会为国家的一个部门。东正教会也十分珍视与国家的联盟，希望最大限度地影响国家政权，并怀有把政权神圣化和政权溶解于教会自发性之中的理想。② 因此，在苏联实施宗教宽容政策后，这种历史遗产也被斯大林所承继。斯大林希冀利用俄罗斯东正教会增强苏联政府的统治合法性与国际影响力，东正教会也希冀重现东正教会在俄国的"历史荣耀"，两者一拍即合。但在这种"政主教从型"政教关系模式下，处于"奴仆地位"的教会很难抵御政权对教会主权的"侵蚀"。俄罗斯东正教会在冷战初期开展的一系列对外交流活动都是在苏联政府的"授意"下进行的，缺乏对自身宗教事务管理的自主性。例如，在劝说芬兰东正教会回归莫斯科牧首区这一"宗教"问题上，俄罗斯东正教会本来很容易就能实现这一目标，但因为与苏联的外交目标不一致，结果未能有效地将之带回"母亲的怀抱"。虽然苏联政府在利用俄罗斯东正教会开展对外交流活动时也尽量隐身其后，以避免外界视俄罗斯东正教会为苏联政府手中的"木偶"，但由于苏联政府官方的无神论意识形态，以及苏联境内宗教团体缺乏自主性，俄罗斯东正教会开展的一系列对外交流活动被外界打上苏联政府的"烙印"，并由此影响了俄罗斯东正教会对外交流活动的效果。

---

① William Inboden, *Religion and American Foreign Policy*, 1945–1960: *The Soul of Containment*, New York: Cambridge University Press, 2008, p. 139.
② ［俄］C. H. 布尔加科夫：《东正教——教会学说概要》，徐凤林译，商务印书馆 2001 年版，第 196—201 页。

第三节 "以史为镜":美苏案例的启示

美国学者朱迪斯·戈尔茨坦(Judith Goldstein)和罗伯特·基欧汉(Robert O. Keohane)在《观念与外交政策：信念、制度与政治变迁》一书中指出，观念通过三种途径对各国的外交政策产生影响：第一，观念有助于帮助界定国家利益，起着"路线图"的作用；第二，当因存在多种利益的竞争而无法抉择时，观念能起到"聚焦"与"黏合剂"的作用，帮助各方形成合作的"共识"与联盟；第三，观念能"固化"为制度，形成持久性的影响。① 宗教作为一种强大的道德性观念，无疑成为各国外交政策决策者们竞相争夺的资源，以确定外交行动的"路线图"，帮助"聚焦"核心利益，形成"共识"。在冷战初期，信仰有神论的美国与信仰无神论的苏联都积极利用各种国内外宗教资源来开展各种服务于本国外交政策的对外交流活动，并取得了一定的成效。美苏的案例有以下启示。

一 重叠与交错：一国信仰版图与政治版图的画卷

自国家出现始，人类社会便有了政治版图的理念。一国政府在某一固定区域内有行使统治与管理本国事务的"排他性"权力，而该固定区域也成为他国神圣不可侵犯的疆土。一国有其排他性的政治版图，宗教也有其有形的"信仰版图"。关于"信仰版图"，马来西亚道教学院主席王琛发博士认为其"比较接近《周礼·天官·内宰》的初始概念，是倾向以采用世界华人神庙的'合境平安'概念作为基础，它在国际公民社会范围内，是建立在信仰的互相认同之上，以信徒在各区域共同实践教义、投入公共议题作为联系网络，但不是超越具体的地理边界去形成宗教社会服务以外的政治权势"②。他还指出，如果能在世界地图上将华人道教神明

---

① ［美］朱迪斯·戈尔茨坦、罗伯特·基欧汉主编：《观念与外交政策：信念、制度与政治变迁》，刘东国、于军译，北京大学出版社2005年版。

② 关于"信仰版图"，详见《重构全球信仰版图 道教不能缺席当代国际议题》，http://www.nanyue.gov.cn/xwzx/10y24/dhfy/xx/223a6ca1-21ad-4b47-8af2-61d56c741847.shtml，2011年10月24日；《先贤、神圣香火、开拓主权：华南原乡与南洋信仰版图的互相呼唤》，世界客属第24届恳亲大会"国际客家文化学术研讨会"，北海市，2011年12月1日；《中华神道的信仰版图——以开漳圣王为讨论范例》，载《闽台文化交流》2012年第1期。

的庙宇用点标出,并用线连接,或会发现其总体"边界"重叠在多国领土之上。这种连接起来的区域就是道教的"信仰版图"。虽然苏联的解体使苏联成为"过去时",但现今俄罗斯东正教会依然圈定了自己的"信仰版图",即视苏联的整个疆域为自己的宗教管辖区域。①

正如在一个政治现实主义的世界中,一国的政治版图会随着国家实力的强弱而发生增减一样,宗教不但有"信仰版图",而且其版图也不断地发生变化,会随着其信仰的扩散与消解而扩张或收缩。有学者撰文指出,当前大规模的"全球宗教复兴"正在深刻改变世界宗教的传统布局,使全球信仰版图在发生巨变。② 在三大世界性宗教中,作为当今世界上传播最广泛、教徒人数最多的全球第一大宗教——基督教——最初只传播于巴勒斯坦地区,在罗马帝国奉基督教为国教后,迅速在罗马帝国境内传播。现今,基督教的20多亿教徒遍布全球。其"信仰版图"主要集中在欧洲、撒哈拉以南非洲、南北美洲与大洋洲。世界第二大宗教伊斯兰教在其创立之初,地域也仅限于阿拉伯半岛,之后伊斯兰教迅速"遍及中东、北非,触及中亚、东南亚地区与南亚,波及欧美,大有席卷世界之势"③。美国皮尤研究中心(Pew Research Center)的调查数据也显示,截至2010年,作为伊斯兰世界"心脏地区"的中东—北非地区,其穆斯林人口仅占全球穆斯林人口的19.9%(约3亿2000万人),而作为传统伊斯兰世界"边缘地带"的亚太地区,其穆斯林人口则占全球穆斯林人口的62.1%(约10亿人)。④ 同样,佛教起源于印度,却兴于中国,并由中国传播至蒙古、朝鲜、日本、东南亚。现在,信奉佛教的人口主要居于东亚与东南亚,而在其起源地印度却主要是印度教教徒与伊斯兰教教徒。

从世界宗教的地域分布图可以看出,虽然宗教在国际关系中通常是一个非领地性的文化单位,但宗教却拥有世界上许多国家都难以企及的

---

① Andrew Evans, Forced Miracles: The Russian Orthodox Church and Postsoviet International Relations, *Religion, State & Society*, Vol. 30, No. 1 (2002), pp. 33 – 43.

② 徐以骅、邹磊:《地缘宗教与中国对外战略》,载《国际问题研究》2013年第1期,第26—39页。

③ 俞正樑:《当代伊斯兰复兴思潮的发展轨迹与中国》,载《复旦学报》(社会科学版)1996年第3期,第106—110页。

④ Pew Research Center's Forum on Religion & Public Life, *The Future of the Global Muslim Population: Projections for 2010 – 2030*, January 2011, p. 14.

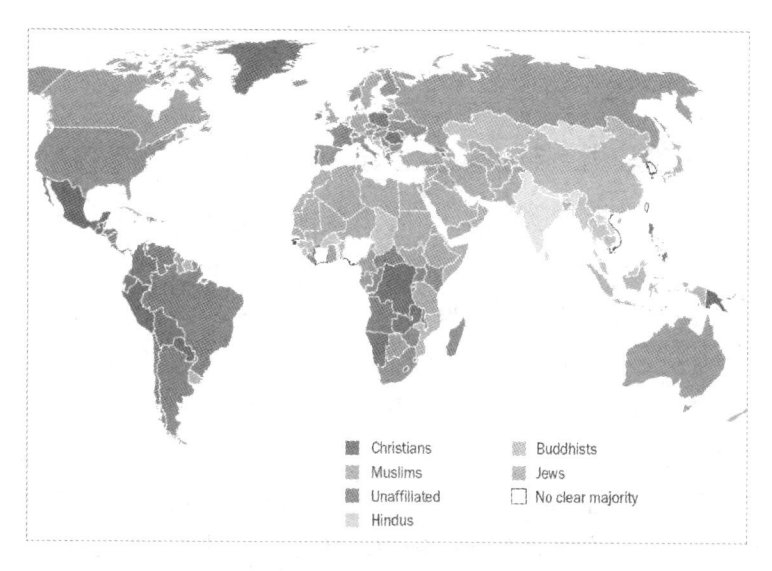

Pew Research Center's Forum on Religion & Public Life,
Global Religious Landscape, December 2012

图 5-2 世界宗教地域分布图

巨大"版图"。某一国家内占主导地位的宗教所拥有的"信仰版图"或大于一国的政治版图，或与一国的政治版图相重叠，或与一国的政治版图犬牙交错。例如，世界三大宗教各自所拥有的信仰版图很显然比世界任何以其为主导宗教的国家的政治版图都要辽阔；印度教所拥有的信仰版图与以印度教为主导宗教的印度的政治版图几乎一致，神道教所拥有的信仰版图与以神道教为主导宗教的日本的政治版图也比较吻合；而在乌克兰，其东部地区信奉东正教，西部地区则信仰天主教，这一基督教两大宗派的信仰版图与乌克兰的政治版图交错在一起。宗教的信仰版图与一国政治版图的这种复杂关联也常为政治领导人所利用。虽然美国是一个"宗教多元化"（relisious plurality）的国家，但基督教所拥有的巨大"信仰版图"使杜鲁门总统在冷战初期试图建立一个包括所有宗教在内的全球反共"宗教战线"，并将重点放在除"俄罗斯东正教会"外的所有基督教宗派上。试图消灭宗教的苏联政府也从1943年始开始利用俄罗斯东正教会在东正教的信仰版图上建立霸权之"锚"，利用境内的穆斯林团体与伊斯兰世界建立良好的关系。因此，拥有丰富宗教资源的国家也可借助宗教的"信仰版图"来针对性地开展对外宗教交流活动，以为本国的国家安全提供一道隐性的战略缓冲地带，为本国经济发展提供一片广阔的"地缘经济"区域，并为本国树立良好的国家宗教形象提供支撑力量。①

二 一国权力之源：教会之间的"依附"关系

关于"依附"（Dependency）这一概念，罗伯特·基欧汉（Robert Keohane）与约瑟夫·奈（Joseph S. Nye, Jr.）认为"是外力所支配或受其巨大影响的一种状态"②。国际政治经济学（IPE）依附理论的代表之一特奥托尼奥·多斯桑托斯（Theotonio Dos Santos）认为："依附是这样一种状态，即一些国家的经济受制于它所依附的另一国家经济的发展与扩张。两个或更多国家的经济之间以及这些国家的经济与世界贸易之间存在着相互依赖关系，但是，结果某些国家（统治国）能扩张和加强自己，而另外一些国家（依附国）的扩展和自身的加强则反而是前者扩展的反映。"③ 这种经济上的依附关系是"外围国家"贫穷的根源，而要摆脱对"中心国家"的依附关系，多斯桑托斯认为应进行社会主义式的革命，改变现存的不平等世界经济秩序。④ 安德烈·冈德·弗兰克（Andre Gunder Frank）开出的药方是处于依附地位的"卫星国"必须与处于剥削地位的"宗主国""脱钩"，否则难言获得真正的发展⑤；费尔南多·卡多索（Fernando H. Cardoso）则反对处于依附地位的发展中国家与世界资本主义经济体系"脱钩"，而主张韬光养晦，利用与发达国家的依附地位来发展自己，实现"依附性发展"（Dependency Development），最终实现"独立自主"的目标。⑥"世界体系论"（World system theory）的代表人物伊曼纽尔·沃勒斯坦（Immanuel Wallerstein）则主张在世界经济体系中处于"边缘"（periphery）地位的落后国家应先争取成为在世界经济体系中处于"半边缘"（semi-periphery）地位的中等发达国家，然后成为在世界经

---

① 徐以骅、邹磊：《信仰中国》，载《国际问题研究》2012年第1期，第43—58页。
② ［美］罗伯特·基欧汉、约瑟夫·奈：《权力与相互依赖》（第3版），门洪华译，北京大学出版社2002年版，第9页。
③ 转引自樊勇明《西方国际政治经济学》，上海人民出版社2000年版，第73页。
④ ［巴西］特奥托尼奥·多斯桑托斯：《帝国主义与依附》，杨衍永等译，社会科学文献出版社1999年版。
⑤ Andre Gunder Frank, *Dependent Accumulation and Underdevelopment*, London: Macmillan, 1978.
⑥ Fernando Henrique Cardoso and Enzo Faletto, *Dependency and Development in Latin America*, trans. Marjory Mattingly Urguidi, Berkeley: University of California Press, 1979.

济体系中处于"中心"(center)地位的发达国家。① 上述学者关于"依附"的讨论清楚地表明了处于依附关系的各行为体之间的互存共生关系及其利弊，也暗含了这种依附关系所隐含的权力资源可以转化为一种现实的权力。罗伯特·基欧汉与约瑟夫·奈则明确指出，在各国的相互依赖关系中，既存在对称性相互依赖，也存在不对称性相互依赖，而不对称性相互依赖是一国权力的来源。因为，在不对称性相互依赖关系中，因"敏感性"(sensitivity)② 弱、"脆弱性"(vulnerability)③ 小而付出代价较少、收益较大的国家就可以利用敏感性与脆弱性，通过联系战略、设定谈判议题、国际组织等途径对因敏感性强、脆弱性大而付出代价较大、收益较小的国家施压影响，从而将这种不对称性相互依赖转化为一种政治权力。④ 在罗伯特·基欧汉与约瑟夫·奈的对称性相互依赖与不对称性相互依赖关系中，对称性相互依赖实质上是一种平等的关系，而不对称性相互依赖实质上是一种不平等的依附关系。

在宗教领域，宗教行为体之间既存在对称性相互依赖，即平等的关系，也存在不对称相互依赖，即不平等的依附关系。在自成一体的宗教体系之间，如基督教、伊斯兰教、佛教、印度教、犹太教等，都属于在宗教市场上相互竞争的平等关系。各自在进行宗教扩张（传教）运动时，都试图削弱"他者"的影响力，减少"他者"的信众，扩张自己的信仰版图。例如，基督教、伊斯兰教的全球传教运动不但造成了严重的宗教冲突，还使很多原始宗教与弱势宗教在宗教地图上被"抹去"。在某一宗教系统内部的宗派之间，如基督教的天主教、新教、东正教之间，伊斯兰教的逊尼派与什叶派之间，佛教的汉传佛教、南传佛教与藏传佛教之间，其相互之间的关系交往亦属于对称性的相互竞争、相互依赖关系。

但宗教行为体之间的不对称相互依赖也是普遍存在的。在天主教会中，罗马教宗是最高首脑，拥有最高立法权与司法权，能创立教区，任命

---

① ［美］伊曼纽尔·沃勒斯坦：《现代世界体系》（第一卷），尤来寅等译，高等教育出版社1997年版；《现代世界体系》（第二卷），吕丹等译，高等教育出版社1997年版；《现代世界体系》（第三卷），孙立田等译，高等教育出版社2000年版。

② 敏感性指的是在某种政策框架内作出反应的程度——一国变化导致另一国家发生有代价变化的速度多快？所付出的代价有多大？

③ 脆弱性指的是一行为体因外部事件强加的代价而遭受损失的程度。

④ ［美］罗伯特·基欧汉、约瑟夫·奈：《权力与相互依赖》（第3版），门洪华译，北京大学出版社2002年版。

世界各地天主教教区的主教，而世界各地的天主教会也都"依附"于罗马教廷。这种教会上的从属、"依附"关系赋予了罗马教廷巨大的权力，使其常借此干涉一些国家的"内政"。新中国成立后，中国政府认识到了中国天主教会的依附性所产生的"危险"，因而割断了与梵蒂冈的联系，坚持独立自主自办的原则。这实际上阻断了他国利用教会之间的依附关系来干涉中国内部事务的一种路径。但由此也产生了一个不利的后果，即中国天主教会的主教由于没有受到罗马教廷的"认可"而在国际天主教界缺少所谓的"合法性"。在东正教会中，一些彼此独立的、在法规和行政方面有自主权的、被称为"自主教会"的地方教会之间也明显存在着不对称相互依赖。例如，在15个"自主教会"中，君士坦丁堡牧首区在东正教传统的尊称排列上位居首位，其牧首被尊为所有东正教会的精神领袖，并拥有授予"自治教会"地位的权力。虽然俄罗斯东正教会在东正教传统的尊称排列上只位居第五，但也有授予"自治教会"地位的权力。冷战初期，在俄罗斯东正教会的"同意"下，波兰东正教会（1948年）、捷克斯洛伐克东正教会（1952年）、原属君士坦丁堡牧首区管辖的阿尔巴尼亚东正教会（1970年）等获得了自治教会的地位。格鲁吉亚东正教会、塞尔维亚东正教会、保加利亚东正教会、罗马尼亚东正教会也处于俄罗斯东正教会的"间接"领导之下，缺乏作为自治教会的"自主性"。在东正教会中，由于教会与世俗政权关系密切，这种宗教上的依附关系也时常被一些政治领导人所利用，成为一国权力的来源。因为在这种不对称相互依赖关系中，敏感性强、脆弱性大而付出代价较大、收益较小的国家领导人在处理相互关系时，需要考虑国内民众特别是国内宗教徒的观众成本（audience cost）。[①] 未成为自治教会的东正教会就"渴望"成为自治教会，以拥有"自主权"，而这种"渴望"就会给本国政府以压力，使其在同拥有"授权"权力的君士坦丁堡牧首区和莫斯科牧首区的所在国政府进行交往时处于"不利"地位。

三 宗教：一种重要的外交资源

虽然宗教与政治的二元分离试图消减宗教对政治的影响，但在实践中宗教不但对各国的国内政治产生影响，也能影响一国的外交。宗教既

---

① James D. Fearon, Domestic Political Audiences and the Escalation of International Disputes, *The American Political Science Review*, Vol. 88, No. 3（September, 1994）, pp. 577–592.

能成为一国外交政策的"路线图",亦能为一国外交政策提供一种"黏合剂"。

(一)宗教:一国外交政策的"路线图"

著名社会学家马克斯·韦伯认为,宗教的"救赎"理念具有独特的意义,并指出虽然"直接支配人类行为的是物质上与精神上的利益,而不是理念。但是由'理念'所创造出来的'世界图像'常如铁道上的转辙器,决定了轨道的方向,在这轨道上,利益的动力推动着人类的行为"①。韦伯的话语表明了利益在决定人类行为中的决定性作用,但决定人类行为的深层根源是"理念",因为理念所创造出来的"世界图像"犹如铁道上的转辙器,决定着人们前进的方向。蒂莫西·菲茨格拉德(Timothy Fitzgerald)在描述包含宗教的文化的功能时认为,"文化等于地图"②。这种"地图"有助于国家关系行为体理解现实,预测未来,区分敌我,分清主次。宗教之所以能为一国外交政策提供"路线图",主要在于以下两个方面:

其一,宗教能为领导人制定外交政策提供一种"世界观"(worldview)。关于"世界观",马克思主义学者认为,"世界观"是"人关于世界(包括自然界、社会和人)及人在世界中的地位和作用的根本看法,是关于人与世界关系的根本看法"③。美国哲学家罗伯特·所罗门(Robert C. Solomon)简明扼要地指出:"世界观是一种看待世界和理解世界的方式。"④ 马克思主义还认为:"有什么样的世界观,相应的就会有什么样的方法论。"⑤ 因此,作为一种世界观的宗教,在为人们提供一套理解与认识世界的系统化、理论化信仰体系的同时,其关于"善恶"、"正邪"、"是非"等的规范性信念更是直接指导人们的具体行为。以基督教的战争观为例,在罗马帝国皇帝君士坦丁一世(Constantinus I Magnus)于313

---

① [德]马克斯·韦伯:《中国的宗教;宗教与世界》,康乐、简惠美译,广西师范大学出版社2004年版,第477页。
② [美]约瑟夫·拉彼德、弗里德里希·克拉托赫维尔主编:《文化与认同:国际关系回归理论》,金烨译,浙江人民出版社2003年版,第27页。
③ 袁贵仁主编:《马克思主义哲学原理》,北京出版社1999年版,第2—3页。
④ [美]罗伯特·所罗门:《大问题:简明哲学导论》,张卜天译,广西师范大学出版社2004年版,第430页。
⑤ 王之波主编:《马克思主义哲学原理》,吉林人民出版社2006年版,第3页。

年颁布"米兰敕令"(Edict of Milan)①,承认基督教的合法地位之前,处于受压迫地位的基督教是反对战争的,认为战争是人类"原罪"(Original Sin)的产物。② 以此理念为指导的君主更倾向于采用和平的手段来解决争端。在取得"合法地位"后,基督教兴起了"正义战争论"(just war theory)。奥古斯丁(Aurelius Augustinus)认为,如果为了"正义",战争并非不可为之。如进行"正当防卫",维持国家的"秩序与和平"等。③ 托马斯·阿奎那(Thomas Aquinas)认为,如果君主有"正当的理由"且为了"善"的意图,就可以发动战争。④ 冷战后西方国家屡次进行的所谓的"人道主义干预"正是在基督教"正义战争论"的指导下发生的。塞缪尔·亨廷顿也指出,世界上现存的每一种文明(以宗教为核心)都有其一整套独特的价值观念或曰世界观,其价值观念决定了推崇本文明的国家及其民众的思维方式和行为方式,且以自身的价值观念为标准来评判"他者"的行为,这导致了"文明的冲突"⑤。

其二,宗教是一种区分"自我"(self)与"他者"(other)的身份标识。关于"身份"(identity)一词,有学者认为,这种基于进程的概念主要涉及我们为何属于某一社会群体,以及其如何塑造我们的知识、信念、偏好和战略,而这些构成了我们个体和集体行为的基础。⑥ 埃里克森(E. H. Erikson)指出,"身份"问题主要是回答"我是谁"的问题。而要回答这个问题,必须把"身份"放在自我与他者的相互关系中。⑦ 建构主义学派的代表人物亚历山大·温特(Alexander Wendt)认为,从他者的视角来看,社会身份是某一行为体属于其自身的一套价值观念,是关于

---

① "米兰敕令"(Edict of Milan),又译作米兰诏书,是罗马帝国皇帝君士坦丁一世于313年在意大利米兰颁发的一道宽容基督教的敕令。此敕令承认基督教在帝国内的合法地位,宣布罗马帝国的公民有信仰基督教的自由。

② Ryan Dreveskracht, Just War in International Law: An Argument for a Deontological Approach to Humanitarian Law, *Buffalo Human Rights Law Review*, Vol. 16 (2010), p. 243.

③ Theodore R. Malloch, When War is Undertaken in Obedience to God: Just War Theory and the 1980's, *JASA* 35 (March 1983), pp. 47-50.

④ Alexander C. Linn, The Just War Doctrine and State Liability for Paramilitary War Crimes, *Georgia Journal of International and Comparative Law*, Vol. 34, No. 3 (2005-2006), p. 627.

⑤ [美]塞缪尔·亨廷顿:《文明的冲突与世界秩序的重建》,周琪等译,新华出版社1998年版。

⑥ Rawi Abdelal, et al., *Treating Identity as a Variable: Measuring the Content, Intensity, and Contestation of Identity*, Paper Prepared for Presentation at APSA, August 30-September 2, 2001, San Francisco.

⑦ Erik H. Erikson, *Identity: Youth and crisis*, New York: Norton, 1968.

"我是谁"或"我们是谁"的问题。此外,他还坚持认为,身份是"关于自我的特别角色理解和期望……身份是利益的基础"①。从以上关于"身份"的定义可以看出,"身份"就是社会中的个体对于自我身份的一种认知及其确认,其要回答和解决的问题是"我是谁"(Who I am)或"我们是谁"(Who we are)。很明显,身份是一种"建构"的产物。换句话说,身份也是一种"想象的共同体"②。

在国际关系中,宗教一直是划分"敌我",建构"自我"与"他者"身份的最主要方式之一。国际关系行为体常以宗教来界定自我与他者、内群体(in-group)与外群体(out-group),把自我与他者、内群体与外群体归属于信奉同一种宗教的群体,形成一种区别于他群体的宗教身份(religious identity)。比如,基督徒(内部又分为天主教徒、新教徒、东正教徒等)、伊斯兰教徒(内部分为什叶派教徒、逊尼派教徒、苏菲派教徒等)、佛教徒(汉传佛教徒、南传佛教徒、藏传佛教徒等)、印度教徒、犹太教徒、巴哈伊教徒,等等。在冷战早期,杜鲁门就常用宗教术语来描述当时的国际政治图景,把美苏之间的冷战描述为有神论者(自我)和无神论者(他者)之间的"宗教冲突"。

(二)宗教:一国外交政策的"黏合剂"

著名社会学家爱弥尔·涂尔干认为,"宗教是一种与既与众不同、又不可冒犯的神圣事物有关的信仰与仪轨所组成的统一体系,这些信仰与仪轨将所有信奉它们的人结合在一个称为'教会'的道德共同体之内"③。中国著名思想家梁漱溟先生也曾说:"人群秩序及政治,导源于宗教,人的思想知识以至各种学术,亦无不导源于宗教。""非有较高文化不能形成一大民族;而此一大民族之统一,却每都有赖一个大宗教。"④ 涂尔干关于宗教的定义以及梁漱溟先生对宗教重要性的强调都凸显了一点,即宗教具有"黏合剂"的功能。在外交事务方面,宗教的"黏合剂"功能体现在以下几个方面:

---

① Alexander Wendt, Collective Identity Formation and the International State, *The American Political Science Review*, Vol. 88, No. 2 (June 1994), pp. 384–396.
② Benedict Anderson, *Imagined Communities: Reflections on the Origin and Spread of Nationalism*, London: Verso, 1991.
③ [法]爱弥尔·涂尔干:《宗教生活的基本形式》,渠东、汲喆译,上海人民出版社2006年版,第42页。
④ 梁漱溟:《梁漱溟全集》(第三卷),山东人民出版社1992年版,第97页。

其一，当政教关系"和谐"时，宗教有助于在国内促进民众特别是宗教徒对民族国家的认同。有学者指出："国家认同一般源于共同的祖先、共同的体验、共同的种族背景、共同的语言、共同的文化以及共同的宗教。"① 跨国实证研究表明，宗教能够促进认同。② 因此，在某一民族内，如果宗教认同③与民族认同能重合在一起的话，则能极大地增强该民族的凝聚力；如果宗教认同与民族认同相异，则会削弱该民族的凝聚力，甚至撕裂整个民族。同理，在信奉单一宗教的国家里，共同的宗教信仰是维系该国民众的纽带，进而促进民众对民族国家的忠诚。④ 但是在"宗教多元化"的国家里，不同的宗教信仰也有可能降低民众对民族国家的忠诚。例如，在冷战初期，杜鲁门及其继任者艾森豪威尔由于不满国内基督教各宗派的斗争，曾试图建立一种"公民宗教"（civil religion）。而一直对宗教持否定态度的苏联政府在 1943 年至 1953 年也开始积极利用宗教，显然是认识到了宗教的认同功能。

其二，当政教关系"和谐"时，宗教能在促进国外"同根同源"宗教徒对本国政府认同的同时，亦能促进宗教"同质"国家之间的同盟。对此，杰克·斯奈德做出了精辟的论述。斯奈德认为，对一国政府来说，宗教能引起跨越国家边界的宗教徒的忠诚，进而增强民族国家的认同；在国家之间，宗教能在国与国之间架起一座桥梁，进而形成一个不太可能实现的同盟。在判断同盟和敌人时，传统的权力计算和宗教意图可能同时起作用。⑤ 在冷战初期的美国，美国的"政教分离"制度使美国的"宗教生态"（Religious Ecology）⑥ 比较平衡，各宗教在"宗教

---

① 余潇枫：《"认同"危机与国家安全》，载《毛泽东邓小平理论研究》2006 年第 1 期，第 44—53 页。

② Jonathan Fox and Shmuel Sandler, *Bringing religion into International relations*, New York: Palgrave Macmillan, 2004, p. 53.

③ 笔者认为，"宗教认同"主要是指某一宗教团体的信徒对其他宗教团体的同源性认可，即"他者"属于"自群体"还是"他群体"的问题。

④ 徐以骅：《当代中国宗教和国家安全》，载晏可佳主编《中国宗教与宗教学》，上海人民出版社 2010 年版，第 171 页。

⑤ Jack Snyder, *Religion and International Relations Theory*, New York: Columbia University Press, 2011, p. 4.

⑥ 关于"宗教生态"的研究有：[俄] 克拉斯尼科夫：《宗教生态学》，载《现代外国哲学社会科学文摘》1999 年第 10 期，第 24—27 页；牟钟鉴：《宗教文化生态的中国模式》，载《中国民族报》2006 年 5 月 16 日；陈晓毅：《中国式宗教生态——青岩宗教多样性个案研究》，社会科学文献出版社 2008 年版。

市场"(Religious market)① 上相互竞争,自由发展。这种"多元和谐型"的"良性"宗教生态有助于美国对外开展宗教交流活动,提升国外"同根同源"宗教徒对美国的认同及好感。反观苏联,上述结论则更为明显。在苏联政教关系紧张时期,宗教不但不能促进国外"同根同源"宗教徒对苏联政府的认同,反而起副作用。移居海外的东正教移民群体常声称苏联政府是"强盗",是反对上帝的"魔鬼政权",呼吁东正教徒联合起来推翻苏联政府,并支持欧美国家对苏联进行干预。在斯大林实施宗教宽容政策后,政教关系的"和谐"不但促进了国外东正教徒对苏联政府的"些许"认同,而且促进了"相似"国家与苏联的结盟。冷战结束后,俄罗斯政教关系的和谐也促使分裂了80年的海外俄罗斯东正教会与俄罗斯东正教会于2007年5月17日正式合并,实现统一。对此,时任俄罗斯总统弗拉基米尔·普京就表示:"东正教会的合一是整个俄罗斯世界团结的先决条件。"②

四 "宗教外交":一国增强"软实力"的可行手段

约瑟夫·奈认为,一国的权力分为"命令式的硬实力"(hard command power)和"同化式的软实力"(soft co-optive power),而且"软实力"与"硬实力"对一国来说同等重要。"硬实力"通常与军事力量、经济力量等有形的权力资源联系在一起,而"软实力"则与文化、意识形态和制度等无形的权力资源相关联。如果一国能使其权力在他者眼中具有合法性,那么其就会遭遇较小的抵抗;如果其文化和意识形态具有吸引力,那么他者就会效仿;如果其能建立与其社会相一致的国际规则,那么它就不必被迫做出改变。③ 一言以蔽之,"软实力"就是让别人追求你想要的东西的能力。约瑟夫·奈认为,一国的"软实力"主要来自三种资源:文化、政治价值观以及被视为具有合法性和道德威信的外交政策。④

---

① "宗教市场论"主要由 Rodney Stark, Roger Finke 等提出,详见 Rodney Stark and Roger Finke, *Act of Faith*: *Explaining the Human Side of Religion*, Berkeley: University of California Press, 2000。

② 转引自《梵蒂冈电台》2007年5月17日。

③ Joseph S. Nye, Jr., Soft Power, *Foreign Policy*, No. 80 (Autumn 1990), pp. 153-171.

④ [美]约瑟夫·奈:《软力量:世界政坛成功之道》,吴晓辉、钱程译,东方出版社2005年版,第11页。

宗教作为"人类文化的一种表现形态"①，是"软实力"的一种有效来源。米歇尔·福柯（michel Foucault）就认为，宗教作为一种政治力量，是权力的一种极好工具。② 因此，常有一些国家的政府利用宗教来开展对外交流活动，以为本国外交政策提供"合法性"与获取国际支持。例如，在 1945 年至 1947 年，希腊政府为索要保加利亚的领土，多次在国际场合提出"泊马克问题"（the Pomak Question），即保障保加利亚境内泊马克人（Pomaks）的宗教自由问题，借此寻求赢得西方盟友的同情与支持。③有学者将国家利用宗教开展的对外交流活动定义为"宗教外交"（Religious Diplomacy）④。涂怡超博士认为，"宗教外交"是指一个国家的中央政府以特定宗教价值观念为指导，通过职业外交官直接实施、授权或者委托各种宗教组织实施的外交行为以及默许宗教组织开展的针对另一个国家政府的游说行为。其包括两个方面：一方面，宗教外交是利用宗教手段服务于外交使命的行为，比如借助宗教组织对其他国家民众进行传教，并动员教众对其他国家政府施加压力的行为；另一方面，宗教外交是利用外交手段为宗教扩展服务的行为。"宗教外交"有三个要素：其一，宗教外交的主体必须是一国中央政府或者得到中央政府许可或默认的组织或个人，没有政府背景的宗教传播活动不能算是宗教外交。其二，宗教外交的客体必须是宗教组织和广大教众。其三，宗教外交的目的是促进宗教信仰的扩散和国家利益的实现，更好地服务于国家战略和外交政策。⑤

从上述对"宗教外交"的界定来看，美苏两国在冷战初期利用宗教开展的一系列宗教交流活动实为"宗教外交"。在美国方面，第一，其宗教外交的主体是美国政府以及得到美国政府支持的各类宗教组织和宗教领袖、牧师等。例如，在针对意大利选举的"书信运动"中，美国国内的

---

① 卓新平：《宗教与文化关系刍议》，载《世界宗教文化》1995 年第 1 期，第 10—12 页。
② Jeremy R. Carrette, ed., *Religion and Culture*, New York: Routledge, 1999, p. 107.
③ Argyris Mamarelis, "An Early Attempt to Rip the Iron Curtain: The Pomak Question, 1945 - 1947", in Philip E. Muehlenbeck, ed., *Religion and the Cold War: A Global Perspective*, Nashville: Vanderbilt University Press, 2012, pp. 1 - 17.
④ Lucian N. Leustean, Religious Diplomacy and Socialism: The Romanian Orthodox Church and the Church of England, 1956 - 1959, *East European Politics and Societies*, Vol. 22, No. 7 (2008), pp. 7 - 43; Casey Lucius, Religion and the National Security Strategy, *Journal of Church and State*, Vol. 55, No. 1 (2012), pp. 50 - 70.
⑤ 涂怡超、赵可金：《宗教外交及其运行机制》，载《世界经济与政治》2009 年第 2 期，第 48—56 页。

天主教组织及牧师等都是美国宗教外交的行为主体。第二，美国宗教外交的客体是国外的宗教组织和广大教徒。在"心脏地区"，美国宗教外交的客体是苏东国家境内的东正教会及东正教徒、天主教会及天主教徒；在意大利，其宗教外交的客体是意大利境内的天主教徒，特别是拥有选举权的天主教徒；在泰国，其宗教外交的客体是泰国境内的佛教组织及佛教徒。第三，美国宗教外交的目的是借宗教力量为其遏制政策提供道义支持，遏制苏联并防止共产主义在世界的扩散。在苏联方面，其宗教外交的主体主要是得到苏联政府幕后支持的俄罗斯东正教会及其领导人；其宗教外交的客体是国外的宗教组织和广大教徒，特别是国外的东正教会及东正教徒；其宗教外交的目的是借俄罗斯东正教会的力量扩大苏联在东正教世界的影响力，以在苏联周边建立一条维护苏联安全的战略缓冲地带。

宗教外交不但是冷战初期美苏外交政策的一部分，而且两国实施的"宗教外交"也较为有效地提升了两国的"软实力"。以试图消灭宗教的苏联为例，约克大主教1943年对莫斯科的访问不但促进了英国国教会与俄罗斯东正教会之间的交流，也略微改善了国外对苏联宗教政策的看法，因为约克大主教回国后描述了苏联境内宗教发展的盛况及宗教徒享有的宗教自由。而俄罗斯东正教会代表团在冷战初期对英国国教会的回访也促使其改变支持卡尔洛维茨东正教教派的态度，转而支持莫斯科牧首区的教会。俄罗斯东正教会对塞尔维亚东正教会的访问也取得了其想要的成果，塞尔维亚东正教会的一位主教说："在公开表明信奉东正教信仰的所有国家中，只有俄罗斯能成为东正教会的领导。"① 这句话也道出了俄罗斯东正教会的心声，因为其一直追寻的目标就是能成为东正教世界的领导。苏联"宗教外交"的巨大成果之一就是使许多脱离莫斯科牧首区宗教管辖的东正教会又重回其"怀抱"，甚至使一些原先接受君士坦丁堡牧首区宗教管辖的东正教会与之相"脱钩"，转投到莫斯科牧首区"门下"。俄罗斯东正教会拥有的巨大"软实力"直接成为苏联"软实力"的来源，为苏联在东正教世界的外交政策提供了宗教层面的合法性，并改善了苏联的国际形象。

---

① William C. Fletcher, *Religion and Soviet Foreign Policy*, 1945-1970, New York: Oxford University Press, 1973, p. 18.

小　结

宗教作为兼具"硬实力"与"软实力"于一身的武器，任何国家和政治家在内政外交中都不会"遗忘"它。美国前国务卿马德琳·奥尔布赖特（Madeleine K. Albright）就曾说："与任何一个政府相比，宗教团体拥有更为丰富的资源、更为专业的技术人员、更为持久的关注度、更为丰富的相关经验、更多的物质投入，在促成调解方面也更易取得成功。"[1]对于宗教的巨大外交功能，第二次世界大战后的两个超级大国及其领导人显然都没有忽略这种"遗失的治国术"[2]（The Missing Statecraft），不约而"同"地拿起了"宗教武器"。对于美国来说，其"美国梦"中的宗教遗产有助于美国领导人利用宗教在国内团结民众、强化反共决心，在国外建立反共宗教战线，并从苏东集团内部削弱共产主义的根基。对于苏联来说，利用俄罗斯东正教会在国内的权威，可巩固本国公民对苏联政府的认同，在势力范围内建立一个可靠的、从属的宗教联系网络，使苏联对该地区的军事占领和政治控制变得更加容易，而建立与西方教会的良好关系也有利于改善苏联的国际形象。结果，美苏外交的"宗教化"不但使美苏之间的冷战不可避免地被赋予了宗教的维度，而且也使世界的"宗教分裂"逐渐固化，"宗教冷战"（religious cold war）不期而至。[3]

在冷战初期美苏实施的"宗教外交"中，美苏对待宗教都采取了"工具主义"的实用态度，将宗教视为外交政策的一种工具。美国主要将宗教视为一种同苏联与共产主义作斗争的、为其"遏制"政策提供"合法性"外衣的工具。为此，美国在舆论宣传领域利用各种宗教资源对"心脏地区"、"危险地带"与"至关重要的边缘地带"开展了"真理运动"。而苏联宗教政策"剧变"的根本原因正是发现了宗教的巨大"正能量"。在第二次世界大战中人员、物力方面的巨大损失使斯大林仍希望维持与西方的战时同盟，借此维护苏联的国家安全。为此，苏联利用俄罗斯

---

[1] Madeleine Albright, *The Mighty and the Almighty: Reflections on America, God, and World Affairs?*, New York: Harper Collins Publishers, 2006, p. 77.

[2] Douglas Johnson and Cynthia Sampson, eds., *Religion, The Missing Dimension of Statecraft*, New York: Oxford University Press, 1994.

[3] Dianne Kirby, "The Churches and Christianity in Cold War Europe", in Klaus Larres, eds., *A Companion to Europe since 1945*, Blackwell Publishing Ltd., 2009, p. 183.

东正教会的威望同西方世界进行宗教交流，培植西方世界内部的"知己者"、"亲己者"，把"势力范围"内的东正教会"拉拢"到自己的羽翼之下，建立与中东地区东正教会的联系，争夺中东地区的"第三者"。

虽然美苏不约而"同"地拿起了宗教武器，但两者还是存在许多不同。在地缘宗教战略方面，美国国内"多元"的宗教生态使之采取了"全球战略"，即联合所有有宗教信仰的国家来反苏反共；俄罗斯东正教在俄国历史上的"国教"地位使苏联采取了"地区战略"，利用俄罗斯东正教会与周边的东正教世界开展宗教交流活动。在宗教策略方面，为实现反苏反共的外交政策目标，杜鲁门政府试图"求同存异"，忽略各宗教信仰之间的分歧，强调共产主义对所有宗教信仰的威胁。苏联则"求异存同"，强调东正教与基督教其他宗派的"差异"。在政府主导性方面，政教分离的原则使美国政府为摆脱政府干预宗教事务的嫌疑，在利用宗教开展外交时尽量隐身其后，实施"幕后领导"，因此主导性较弱；而俄罗斯东正教会在苏联国内的"奴仆"地位，也使苏联在实施宗教外交时主导性较强。

美苏的案例表明，宗教作为一种兼具"硬实力"与"软实力"于一身的行为体，常拥有比一国政治版图更为广大的"信仰版图"，而教会之间的"依附"关系也能成为一国权力的源泉。因此，宗教作为一种十分重要的外交资源，应在国家的外交战略中占据一席之地，以此用来提高本国的"软实力"。

结语　冷战：一场"宗教冷战"？

在持续长达 40 多年的冷战时期，"相互确保摧毁"（Mutual Assured Destruction，简称 MAD）的两极体系使政治领导人确信军事、经济等物质性因素在国际关系中的重要性，而忽视文化与宗教等非物质性因素对国际关系的影响。与之相映照的是，重视军事、经济、地缘政治等"硬实力"的现实主义学派在国际关系理论中占据了主导地位，而与之"争鸣"的理想主义学派则成为人们嘲讽的对象。在对冷战性质的讨论中，学者们或认为冷战是东西方之间的"经济冷战"[①]（the Economic Cold War），或认为是资本主义与共产主义之间的"意识形态之争"[②]，或认为是两者之间

[①] Gunnar Adler-Karlsson, *Western Economic Warfare, 1947 – 1967: A Case Study in Foreign Economic Policy*, Stockholm: Almqvist & Wiksell, 1968; Gunnar Adler-Karlsson, *The Political Economy of East-West-South Co-operation*, Wien: Springer-Verlag, 1976; Michael Mastanduno, *Economic Containment: CoCom and the Politics of East-West Trade*, New York: Cornell University Press, 1992; Lan Jackson, *The Economic Cold War, American, Britain and East-West Trade, 1948 – 1963*, Basingstoke: Palgrave-Macmillan, 2001; Shu Guang Zhang, *Economic Cold War: America's Economic Embargo against China and the Sino-Soviet Alliance, 1949 – 1963*, Washington, D. C. and Stanford, Calif: Woodrow Wilson Center Press and Stanford University Press, 2001; Yoko Yasuhara & Vibeke Sorensen, The Myth of Free Trade: the Origins of CoCom, 1945 – 1950, *The Japanese Journal of American Studies*, Vol. 4 (1991), pp. 127 – 148; Tor E. Forland, "Economic Warfare" and "Stratigic Goods": A Conceptual Framework for Analyzing COCOM, *Journal of Peace Research*, Vol. 28, No. 2 (May 1991), pp. 191 – 204; Michael Mastanduno, Trade as a Strategic Weapon: American and Alliance Export Control Policy in the Early Postwar Period, *International Organization*, Vol. 42, No. 1 (Winter 1998), pp. 121 – 150; Jeffrey Engel, Of Fat and Thin Communists: Diplomacy and Philosophy in Western Economic Warfare Strategies toward China, *Diplomatic History*, Volume 29, Issue 3 (June 2005), pp. 445 – 474; 崔丕:《美国的冷战战略与巴黎委员会、中国委员会（1949—1994）》，东北师范大学出版社 1992 年版；陶文钊:《禁运与反禁运：五十年代中美关系的一场严重斗争》，《中国社会科学》2000 年第 6 期，第 179—194 页。

[②] Tuong Vu and Wasana Wongsurawat, eds., *Dynamics of the Cold War in Asia: Ideology, Identity, and Culture*, New York: Palgrave Macmillan, 2009; Mark Carrol, *Music and Ideology in Cold War Europe*, Cambridge: Cambridge University Press, 2003; Benjamin O. Fordham, Economic Interests, Party, and Ideology in Early Cold War Era U. S. Foreign Policy, *International Organization*, Vol. 52, No. 2 (Spring 1998), pp. 359 – 396; Mark Kramer, Ideology and the Cold War, *Review of International Studies*, Vol. 25, No. 4 (October 1999), pp. 539 – 576.

的"文化冷战"①(the Cultural Cold War)。在这些讨论中,相关研究成果常忽略美国对自身宗教意识形态与苏联宗教意识形态的认知之间的巨大鸿沟及这些敏感性认知在冷战时期所起的作用②,也忽略了冷战初期信奉无神论意识形态的苏联政府对宗教作用认知的变化以及在外交中对宗教资源的利用。

一 冷战:一场美苏之间的"宗教对弈"

宗教作为一种"软硬兼施"的力量,其所具有的生存、整合与认知等功能不但能为一国外交政策提供"路线图",而且能为一国团结"他者"、反对敌人提供"黏合剂",所以宗教一直是国际舞台上各国竞相争夺的资源,一些政府常为了自身的政治目的利用教会——特别是教会的管理层。③ 在"十字军东征"、欧洲"三十年宗教战争"中,宗教因素的重要性自不待言,其功能也显露无遗。冷战时期的两个超级大国——美苏——也都是有着浓厚宗教情结的国家:美国可谓"宗教立国",而俄国一直视东正教为国教。因此,即使在被学者称为"上帝已死"的冷战时期,宗教也是世界各国,特别是美苏竞相利用并积极使用的"武器"。可以说,宗教因素贯穿于冷战始终,并成为美苏外交战略的重要组成部分。

---

① Walter L. Hixson, *Parting the Curtain: Propaganda, Culture, and the Cold War*, 1945–1961, Hampshire: Macmillan Press, 1998; Frances Stonor Saunders, *The Cultural Cold War: the CIA and the World of Arts and Letters*, New York: The New Press, 1999; Giles Scott-Smith and Hans Krabbendam, eds., *The Cultural Cold War in Western Europe, 1945–1960*, London: Frank Cass, 2003; Peter Romijn, Giles Scott-Smith, Joes Segal, *Divided Dream Worlds?: The Cultural Cold War in East and West*, Amsterdam: Amsterdam University Press, 2012; Charles K. Armstrong, The Cultural Cold War in Korea, 1945–1950, *The Journal of Asian Studies*, Vol. 62, No.1 (February 2003), pp. 71–99; Ieva Zake, Controversies of US-USSR Cultural Contacts During the Cold War: The Perspective of Latvian Refugees, *Journal of Historical Sociology*, Vol. 21, No.1 (2008), pp. 55–81; Erin G. Carlston, Modern Literature under Surveillance: American Writers, State Espionage, and the Cultural Cold War, *American Literary History*, Vol. 22, No.3 (Fall 2010), pp. 615–625;胡惠林:《论文化冷战与大国文化战略博弈》,载《毛泽东邓小平理论研究》2007 年第 3 期,第 25—34 页;申小翠:《好的宣传就是做的不像宣传——西方国家的文化冷战策略研究》,载《郑州大学学报》(哲学社会科学版) 2007 年第 5 期,第 28—31 页。

② Maxwell Bevilacqua, The Cold War and Heated Divides: Religious Proliferation, *The Undergraduate Journal of Social Studies*, Vol.3, Issue 2, Article 3 (2012), pp. 1–14.

③ Matthew Spinka, A Survey of Recent Eastern Orthodox Historical Literature, *Church History*, Vol. 20, No.3 (September 1951), pp. 82–85.

因此，可以说，冷战是一场"宗教冷战"①。

在冷战初期的美国，美国的外交决策者显然理解宗教在激发他者反对共产主义、渲染美国"遏制战略"的可接受性等方面的力量和作用。② 杜鲁门常宣扬共产主义的邪恶与不正当性，特别是攻击共产主义的无神论信仰，以此呼唤世界各地各宗教的广大信徒团结起来，组建国际反共"宗教战线"，以为美国外交政策提供合法性外衣。在具体的外交实践中，针对"心脏地区"的苏东集团，美国不但利用宗教否定苏东集团统治的合法性，而且试图在苏东集团内部嵌入"楔子"，利用东正教分化苏联"卫星国"对苏联的"依附"，从内部点燃吞噬苏东共产党政权的火焰；在"危险地带"的意大利，美国则利用宗教的"亲缘关系"，鼓动国内天主教徒影响意大利境内的天主教徒，进而影响意大利大选的结果，使亲美的基督教民主党上台执政，进而使意大利成为美国的盟友；在"边缘地带"的泰国，美国则积极利用佛教及佛教徒来反对苏联在东南亚地区的渗透及共产主义在该地区的发展，并通过各种手段把以佛教为国教的泰国培育成反共的基地。

在苏联，虽然斯大林曾试图消灭苏联境内的宗教及宗教组织，特别是曾为俄国国教的俄罗斯东正教，但在其执政后期却也十分重视宗教在外交中的作用。俄罗斯东正教会在苏联卫国战争时期所作的贡献也许使斯大林认识到，一个政体只有能够很好地吸收那些旧的记忆、认同和忠诚，或者那些旧的记忆、认同和忠诚能与该国政体的主流意识形态相适应，该政体才有可能更好地生存。③ 因此，斯大林由"基要主义者"（fundamentalist）变成了"实用主义者"（pragmatist），④ 由坚持消灭宗教转变为给予宗教以适当的生存与发展空间，并特别要求驻外使节注重国际关系中的宗教因素。在任命安德鲁·葛罗米柯（Andrei Gromyko）为苏联驻美大使时，斯

---

① Dianne Kirby, ed., *Religion and the Cold War*, New York: Palgrave Macmillan, 2003; Dianne Kirby, Islam and the Religious Cold War, In John Saville, Commitment and History: Themes from the Life and Work of a Socialist Historian, London: Lawrence and Wishart, 2011; Dianne Kirby, Anglo-American Relations and the Religious Cold War, *Journal of Transatlantic Studies*, Volume 10, Issue 2 (2012), pp. 167-181.

② See Madeleine Albright, *The Mighty & the Almighty: Reflections on American, God and World Affairs*, NewYork: Harper Collins Publishers, 2006.

③ [美]约瑟夫·拉彼德、弗里德里希·克拉托赫维尔：《文化与认同：国际关系回归理论》，金烨译，浙江人民出版社2003年版，第53页。

④ Philip Walters, "A Survey of Soviet Religious Policy", in Sabrina Petra Ramet, ed., *Religious Policy in the Soviet Union*, New York: Cambridge University Press, 1993, p. 2.

大林就要求葛罗米柯每周都参加美国的教会，认为聆听美国牧师的布道（the sermons）将有助于明确地理解美国界定自身及其在世界上的地位。①在冷战初期，苏联政府也利用源于15世纪末的"第三罗马"思想来试图将莫斯科描绘成"第三罗马"，并批判与美国为伍的位于"旧罗马"的梵蒂冈与位于"新罗马"的君士坦丁堡牧首区，进而将莫斯科构建成为东正教世界的中心。在具体的外交实践中，苏联政府主要利用俄罗斯东正教会的影响力来加强与西方教会的交流，试图"解释"苏联的宗教政策，消减西方特别是宗教徒对苏联的敌意；加强与势力范围内东正教会的联系，增强苏联外交政策的合法性；加强与中东地区东正教牧首区的交流，提升苏联在该地区的影响力。

在这场美苏之间的"宗教对弈"中，美苏两国的意识形态虽极其不同——有神论与无神论，并都坚持"政教分离"原则，但他们并未忘记宗教这种"遗失的治国术"，而是都将宗教视为实现外交政策目标的一种重要工具，并不约而同地拿起了宗教武器，通过开展对"他者"的宗教交流活动为本国的外交政策提供一种道义上的合法性。在这一过程中，双方的"宗教博弈"固化了双方的错误知觉（Misperception）②，促进了双方敌意螺旋的上升，进而加剧了冷战双方的对峙与冲突。

二　冷战：教会之间博弈的"新舞台"

自公元2世纪以来，由于语言、民族、政治、神学以及教会组织制度等方面的分歧不断增大，以罗马为首的西方教会与以君士坦丁堡为首的东方教会最终于1054年分裂。③ 自东西方教会大分裂后，罗马天主教会与东正教会就一直相互敌对，而作为东正教会一支的俄罗斯东正教会也视罗马天主教会为对手。与此同时，俄罗斯东正教会也不承认君士坦丁堡牧首区在东正教世界中的首席地位，伺机取而代之。

在冷战的语境下，教会之间的明争暗斗也为各国政治领导人特别是美苏领导人所利用，并由此加剧了教会之间的冲突，并使教会之间的分裂进

---

① William Inboden, *Religion and American Foreign Policy*, 1945–1960: *The Soul of Containment*, New York: Cambridge University Press, 2008, p. 1.
② ［美］罗伯特·杰维斯：《国际政治洪的知觉与错误知觉》，秦亚青译，世界知识出版社2003年版。
③ ［德］毕尔麦尔等编：《中世纪教会史》，雷立柏译，宗教文化出版社2010年版，第92—95页。

一步固化。相应地,"铁幕"内外的教会领导人也借助本国政府的力量,以冷战为舞台,与敌方阵营的教会进行博弈,削弱对方教会的影响力与"信仰版图",扩大自己的影响力与"信仰版图"。

在"铁幕"之外,因"宗教考量"而与美国建立反苏反共"统一战线"的罗马天主教会指责俄罗斯东正教会为苏联对外扩张的一种工具,批判俄罗斯东正教会"消灭"东仪天主教会、将东仪天主教区纳入莫斯科牧首区的"恶劣"行径。对于莫斯科牧首区试图举办只有君士坦丁堡牧首区才有资格提议的东正教主教会议,罗马天主教会告诫君士坦丁堡牧首区警惕莫斯科牧首区此举的不良目的:莫斯科牧首区牧首阿列克谢一世"可能试图使主教们在礼拜仪式和教义等问题上不再忠诚于君士坦丁堡牧首区牧首,转而忠诚于莫斯科牧首区牧首"①。对此,君士坦丁堡牧首区在希腊东正教会的支持下也向莫斯科牧首区提出了抗议,对莫斯科牧首区的"挖墙脚"行为十分不满,并与之争夺对一些东正教会及教区的宗教管辖权。

此外,美苏冷战以及罗马天主教会与俄罗斯东正教会之间的博弈也导致西方教会内部发生了分歧。例如,在对俄罗斯东正教会的认知方面,罗马天主教会认为其是苏联的一种宣传工具,而 WCC 视其为一个虔诚的宗教团体,并欢迎俄罗斯东正教会派遣代表参加阿姆斯特丹会议,英国坎特伯雷大主教与法国新教会领导人也与 WCC 观点相同。与此同时,WCC 则不愿意邀请罗马天主教会的"官方"代表参会,除非梵蒂冈事先发送一份请求参会的正式申请。

在"铁幕"之内,俄罗斯东正教会在第二次世界大战之前不但失去了大量东正教徒,也丧失了不少归其管辖的"信仰版图"。第二次世界大战之后,对于俄罗斯东正教会来说,形势一片大好。借助苏联政府之力,俄罗斯东正教会不但成功地"兼并"了境内的东仪天主教会、将境内东仪天主教教区纳入莫斯科牧首区的信仰版图,而且还扶植境内旧天主教组织与罗马教廷进行对抗。在苏联政府的压力下,苏联盟友境内的天主教会也中断了与罗马天主教会的关系,成立了不接受梵蒂冈宗教管辖的天主教爱国会。同时,俄罗斯东正教会不但成功"收复"了"失地"②,还使一

---

① William Inboden, *Religion and American Foreign Policy*, 1945–1960: *The Soul of Containment*, New York: Cambridge University Press, 2008, p.130.

② "失地"在这里主要指一些原本接受莫斯科牧首区宗教管辖,但因布尔什维克革命转而接受君士坦丁堡牧首区或卡尔洛维茨宗教会议宗教管辖的东正教会。

些原本接受君士坦丁堡牧首区宗教管辖的东正教会转而接受莫斯科牧首区的宗教管辖。在削弱君士坦丁堡牧首区在东正教世界"威望"的同时，极大地提升了莫斯科牧首区在东正教世界的影响力。

莫斯科牧首区与君士坦丁堡牧首区的明争暗斗也使"铁幕"之外的东正教会发生了分裂。在巴西、阿根廷、加拿大、澳大利亚、法国和西德等国的东正教会中，一部分东正教徒拒绝承认依附于莫斯科的"红色"牧首，而另一部分则承认莫斯科牧首区牧首的合法性与权威，结果对立的两派常为争夺本国东正教会事务的主导权而争斗。①

三 宗教：冷战舞台上的"配角"与"主角"

有学者明确指出，宗教在国际政治舞台上扮演着"配角"与"主角"的双重角色，并且"配角"是宗教在国际关系中扮演的主要角色。无论其作用或功能是正是负，宗教在各种冲突中从来不是单独发挥作用，也不是暴力的唯一原因。② 对此，著名国际政治学者罗伯特·杰维斯（Robert Jervis）也指出，国际关系体系的"系统复杂性"③ 决定了阐释某一国际事件时单一变量的不可能性，即使是解释一国的某一外交行为也存在明显的不足。一国某一外交行为常是国际、国内多种因素相互作用、相互影响的综合结果。

很显然，在东西方冷战的舞台上，宗教不是国际关系舞台上的主要行为体，其扮演的也是一种"配角"的角色。在冷战初期的美国，虽然杜鲁门常攻击共产主义的无神论意识形态，渲染苏联对宗教及宗教徒的限制，但宗教只不过是杜鲁门为赋予美国外交政策以合法性而借以利用的"幌子"。不管是针对"心脏地区"苏东集团的"遏制"与"分化"政策，针对"危险地带"意大利的"拉拢"政策，还是对"边缘地带"泰国的"争夺"政策，美国首先凭借的是自身无与伦比的军事、经济等"硬实力"武器，通过军事威慑（核武器、强大的美国军事力量）、经济援助（马歇尔计划）来实现其对外政策目标，然后才辅之以"宗教"、教

---

① CK3100518526, Memorandum for Mr. Elmer B. Staats, February 23, 1954, DDRS.
② 徐以骅、邹磊：《地缘宗教与中国对外战略》，载《国际问题研究》2013年第1期，第26—39页。
③ [美]罗伯特·杰维斯：《系统效应：政治与社会社会中的复杂性》，李少军等译，上海人民出版社2008年版。

育交流等手段来赢取"人心"。在冷战初期的苏联,俄罗斯东正教会及其领导人也只不过是斯大林为赋予苏联外交政策以合法性而资以利用的一种外交工具。战后苏联对外政策的战略重心是在苏联周边建立一条"战略缓冲地带",其实现这一目标的手段首先凭借的是自身仅次于美国的军事、经济等"硬实力"武器,通过建立势力范围、经济援助(莫洛托夫计划)来实现其对外政策目标,同时辅之以"宗教"等手段来争取"人心",提升苏联的国际影响力。因此,从美苏冷战初期的外交博弈来看,宗教只是美苏在国际竞技场中实现各自国家利益的众多手段的一种手段,而且是一种辅助的、补充的外交手段。换句话说,宗教只是影响当代世界各国外交政策的众多因素中的一种因素。而如果从东西方冷战的整体语境下来评判宗教在冷战国际关系中的角色,宗教在冷战的进程中只是一个"配角",其在冷战国际关系中只不过是起到了加剧紧张局势的"催化剂"或"助推器"作用。

然而,在某些重要历史关头或时间节点上,宗教并不甘于充当"配角"的角色,而是试图在其中扮演"主角"一色。欧洲中世纪(Middle Ages)的许多战争,如1072年至1099年的卡斯提尔(Castilla)对摩尔人(Moors)的战争、1016年至1096年诺曼人(Normans)征服阿普里亚(Aprilia)和西西里(Sicily)以及诺曼人征服英格兰的战争,都是真正的十字军战争。① 著名的"十字军东征"则是罗马教廷领导下的基督徒对伊斯兰异教徒的"拯救圣地"的圣战,法国宗教战争或曰胡格诺战争(The Huguenot wars)则是基督教内部天主教势力与新教胡格诺派(Huguenots)的激烈对决,而1618年至1648年的欧洲30年战争起因于神圣罗马帝国皇帝对新教徒的迫害,并被冠以"三十年宗教战争"的名号。在冷战初期,虽然杜鲁门将美苏以及东西方之间的冷战渲染为有神论与无神论之间的对决只是美国实现对外政策目标的一个旗号,但毫无疑问也是其从事与苏联竞争和对抗的极大动因。纵观整个冷战进程可以发现,在某一时间、某些地方,宗教确实有能力影响冷战的进程。② 例如,美国在意大利1948年大选进程中的所作所为、印度与巴基斯坦在克什米尔的争端、东欧剧变

---

① 高福进:《试论第一次十字军东征的宗教原因》,载《世界历史》1994年第2期,第42—48页。

② Philip E. Muehlenbeck, ed., *Religion and the Cold War: A Global Perspective*, Nashville: Vanderbilt University Press, 2012, p. xvii.

进程中的罗马天主教与教宗约翰·保罗二世（Pope John Paul II）都充分显示了在某种条件下和某些时间节点上，宗教团体和宗教议题也可能成为国际政治中名副其实的"主角"，是"导火索"与"发动机"①。

在战争问题、安全问题等"高级政治"（high politics）不再像冷战时期那样受到高度重视，经济问题、文化问题、宗教问题等"低级政治"越来越受到重视的全球化时代，一国政治领导人在制定外交政策的全过程中应充分考虑宗教在外交中的"主角"与"配角"作用，学者们在理解和分析外交政策时，也不可忽视宗教对国际关系的重要影响。同时需要指出的是，虽然宗教在国际关系中呈现越来越重要的角色，并会影响一国的外交政策，但国际政治系统的复杂性要求在重视国际政治中宗教因素的同时，也不可以偏概全。

虽然宗教是一把双刃剑，其既可能是"和平的使者"，也可能是"动乱的根源"②，但应看到开展宗教交流活动，对改善甚至提升中国国际形象可能产生的积极意义。有学者就认为，在政府的指导和组织下，发挥宗教组织和宗教领袖的作用，适度开展宗教文化交流是中国未来文化外交不可或缺的内容。③ 在"扎实推进公共和人文外交"④，以"努力使我国在政治上更有影响力、经济上更有竞争力、形象上更有亲和力、道义上更有感召力，为全面建设小康社会、加快推进社会主义现代化营造良好国际环境和外部条件"⑤ 的进程中，中国也应借助国内"多元共生"的宗教资源，⑥ 发挥宗教界人士和信教群众在对外交流中的积极作用，向外投射宗教影响力，以增强中国"文化软实力"⑦ 与中华文化的国际影响力。

---

① 徐以骅、邹磊：《地缘宗教与中国对外战略》，载《国际问题研究》2013 年第 1 期，第 26—39 页。
② 徐以骅等：《宗教与当代国际关系》，载《国际问题研究》2010 年第 2 期，第 10 页。
③ 胡文涛：《美国文化外交的思想与实践特征及其对中国和平发展的启示》，载《世界经济与政治论坛》2008 年第 2 期，第 26—31 页。
④ 《坚定不移沿着中国特色社会主义道路前进 为全面建成小康社会而奋斗》，《人民日报》2012 年 11 月 9 日第 4 版。
⑤ 吴绮敏：《第十一次驻外使节会议在京召开 胡锦涛发表重要讲话》，《人民日报》2009 年 7 月 21 日。
⑥ 金泽、邱永辉主编：《中国宗教报告（2010）》，社会科学文献出版社 2010 年版，第 12 页。
⑦ 宋黎磊、陈志敏：《中欧对软实力概念的不同认知及对双边关系的认知》，载《欧洲研究》2011 年第 2 期，第 46—60 页。

参 考 文 献

一 档案文献

[1] "First Session of the Council of Foreign Ministers", September 11-October 2, 1945. FRUS, Diplomatic Papers, 1945, Vol. II, General: Political and Economic Matters, 1967, pp. 191 – 192.

[2] "The Chargé in the Soviet Union (Kennan) to the Secretary of State", February 22, 1946. FRUS, 1946, Vol. VI, Eastern Europe; The Soviet Union, 1969, pp. 696 – 709.

[3] "Memorandumby the Appointed Ambassador to Italy (Dunn) to the Secretary of State", January 6, 1947. FRUS, 1947, Vol. III, The British Commonwealth; Europe, 1972, p. 842.

[4] "The Italian Ambassador (Tarchiani) to the Under Secretary of State for Economic Affairs (Clayton)", March 8, 1947. FRUS, 1947, Vol. III, The British Commonwealth; Europe, 1972, p. 874.

[5] "Telegram from The Ambassador in Italy (Dunn) to the Secretary of State", April 1, 1947. FRUS, 1947, Vol. III, The British Commonwealth; Europe, 1972, pp. 877 – 878.

[6] "Telegram from The Ambassador in Italy (Dunn) to the Secretary of State", May 3, 1947. FRUS, 1947, Vol. III, The British Commonwealth; Europe, 1972, pp. 890 – 891.

[7] "Memorandum of Conversation, by the Secretary of State", May 16, 1947. FRUS, 1947, Vol. III, The British Commonwealth; Europe, 1972, pp. 904 – 905.

[8] "Maurice Peterson Memorandum of Conversation Between Bevin and William Clayton", June 24, 1947. FRUS, 1947, Vol. III, The British Commonwealth; Europe, 1972, p. 268.

[9] "Memorandum Prepared by the Policy Planning Staff", July 21,

1947. FRUS, 1947, Vol. Ⅲ, The British Commonwealth; Europe, 1972, p. 335.

[10] "The Chargé in Italy (Byington) to the Secretary of State", January 28, 1948. FRUS, 1948, Vol. Ⅲ, Western Europe, 1974, p. 823.

[11] "Telegram from The Ambassador in Italy (Dunn) to the Secretary of State", March 10, 1948. FRUS, 1948, Western Europe Vol. Ⅲ, 1974, p. 846.

[12] "Policy Planning Staff Paper on United States Policy Toward Southeast Asia", March 29, 1949. FRUS, 1949, Vol. Ⅶ, The Far East and Australasia (part 2), 1976, p. 1132.

[13] "United States Objectives and Programs for National Security", April 14, 1950. FRUS, 1950, Vol. Ⅰ, pp. 234 - 292.

[14] "Record of the Under Secretary's Meeting", April 17, 1950. FRUS, 1950, Vol. Ⅳ, Central and Eastern Europe; The Soviet Union, 1980. p. 304.

[15] "The Secretary of State to the Embassy in Thailand", August 22, 1950. FRUS, 1950, Vol. Ⅵ, East Asia and The Pacific, 1976, pp. 134 - 135.

[16] "United States Relations with Thailand", October 15, 1950. FRUS, 1950, Vol. Ⅵ, East Asia and The Pacific, 1976, pp. 1531 - 1532.

[17] CK3100393328, Probable Soviet Reactions to a U. S. Aid Program for Italy, August 5, 1947, DDRS.

[18] CK3100354016, Note by the Executive Secretary to the National Security Council on U. S. Policy toward Southeast Asia, March 29, 1949, DDRS.

[19] CK3100283857, Vulnerabilities of Communist Movements in the Far East, September 20, 1949, DDRS.

[20] CK3100397853, Memorandum for the Present, March 9, 1950, DDRS.

[21] CK3100224916, National Intelligence Estimate, Resistance of Thailand, Burma, and Malaya to Communist pressures in the Event of a Communist Victory in Indochina in 1951, March 15, 1951, DDRS.

[22] CK3100210894, Information Program Guidance on Special Series: Moral and Religious Factors in the USIE Program, June 22, 1951, Harry S. Truman Library, Papers of Harry S. Truman, Records of the Psychological Strategy Board, DDRS.

[23] CK3100212293, Memorandum to Joe Phillips, August 21, 1951, Truman Library, Papers of Harry Truman, Records of the Psychological Strategy Board, DDRS.

[24] CK3100284122, "Project Troy", October 9, 1951, DDRS.

[25] CK3100382355, The Situation of the Serb Orthodox Church in Yugoslavia, December 6, 1951, DDRS.

[26] CK3100366670, Department of State, Indochina, January 2, 1952, Truman Library, Papers of HST, PSF, General File, DDRS.

[27] CK3100318259, Psychological Strategy Board Planning Objectives Detailed, March 20, 1952, DDRS.

[28] CK3100451704, Annex to NSC 129, April 7, 1952, p. 4, DDRS.

[29] CK3100399828, National Security Council by the Executive Secretary on United States Objectives and Courses of Action with Respect to Southeast Asia, June 19, 1952, DDRS.

[30] CK3100568523, Psychological Strategy for Southeast Asia, January 5, 1953, DDRS.

[31] CK3100140967, Memorandum from Edmond L. Taylor to George Morgan, January 16, 1953, DDRS.

[32] CK3100676182, Program for Support of the Orthodox Church, April 27, 1953, DDRS.

[33] CK3100480103, Proposal to OCB by Foundation for Religious Action, September 24, 1954, DDRS.

[34] CK3100148157, Proposals regarding U. S. Relations with The Rawada Buddhist Countries, July 13, 1956, DDRS.

[35] CK3100325165, OCB Intelligence Notes, July 16, 1956, DDRS.

[36] CK3100474903, Memorandum from Kenneth T. Young, Jr. to OCB Mr. Landon, August 27, 1956, DDRS.

[37] CK3100143740, Proposals Regarding U. S. Relations with The Rawada

Buddhist Countries, September 7, 1956, DDRS.

[38] CK3100143796, OCB Outline Plan Regarding Buddhist Organizations in Ceylon, Burma, Thailand, Laos, and Cambodia, January 16. 1957, DDRS.

[39] CK3100114874, Report on Information Activities Abroad, July 11, 1960, DDRS.

[40] PD00001, NSC 1, "A Report to the National Security Council by the Executive Secretary on the Position of the United States With Respect to Italy", October 15, 1947, DNSA.

[41] PD00003, NSC 1/2, "A Report to the National Security Council by the Executive Secretary on the Position of the United States With Respect to Italy", February 10, 1948, DNSA.

[42] PD00004, NSC 1/3, "A Report to the National Security Council by the Executive Secretary on the Position of the United States With Respect to Italy", March 8, 1948, DNSA.

[43] PD00066, NSC 20/1, "U. S. Objectives with respect to Russia", August 18, 1948, DNSA.

[44] PD00069, NSC 20/4, "U. S. Objectives with respect to the USSR to Counter Soviet Threats to U. S. Security", November 23, 1948, DNSA.

[45] PD00158, NSC 58/1, "United States Policy Toward the Soviet Satellite States in Eastern Europe", December 6, 1949, DNSA.

[46] PD00159, NSC 58/2, "United States Policy Toward the Soviet Satellite States in Eastern Europe", December 8, 1949, DNSA.

[47] Harry S. Truman, Address in Columbus at a Conference of the Federal Council of Churches, March 6, 1946. In *Public Papers of the Presidents: Harry S. Truman*, 1946, Washington: United States Government Printing Office, 1962.

[48] Harry S. Truman, Statement by the President Upon Reappointing Myron Taylor as His Personal Representative at the Vantican, May 3, 1946. In *Public Papers of the Presidents: Harry S. Truman*, 1946, Washington: United States Government Printing Office, 1962.

[49] Harry S. Truman, Statement by the President Concerning Myron Taylor's

Mission in Rome, November 23, 1946. In *Public Papers of the Presidents: Harry S. Truman*, 1946, Washington: United States Government Printing Office, 1962.

[50] Harry S. Truman, Address at a Luncheon of the National Conference of Christians and Jews, November 11, 1949. In *Public Papers of the Presidents: Harry S. Truman*, 1949, Washington: United States Government Printing Office 1964.

[51] Harry S. Truman, Address at the Cornerstone Laying of the New York Avenue Presbyterian Church, April 3, 1951, in Harry S. Truman: 1951: Containing the Public Messages, Speeches, and Statements of the President, January 1 to December 31, 1951. Public Papers of the Government Printing Office, 1965.

[52] Harry S. Truman, Address to the Washington Pilgrimage of American Churchmen, September 28, 1951. In *Public Papers of the Presidents: Harry S. Truman*, 1951, Washington: United States Government Printing Office, 1965.

[53] "Comments on the Reply of the Soviet Govt. to the Protest of the Archbishop of Canterbury Against Bolshevik Persecution of the Church", June 27, 1922, DBPO.

[54] "The Marquess Curzon of Kedleston to Mr. Hodgson (Moscow)", May 2, 1923, DBPO.

[55] "Mr. Roberts (Moscow) to Mr. Bevin (Received 10 November)", October 31, 1945, DBPO.

[56] "Mr. Roberts (Moscow) to Mr. Bevin (Received 28 March)", March 17, 1946, DBPO.

[57] "Report by Joint Intelligence Sub-Committee on Russia's Strategic Interest and Intentions in the Middle East", June 6, 1946, DBPO.

[58] ГАРФ, ф. 6991, оп. 1, д. 29, л. 101 – 109, DA0720.

[59] 沈志华:《苏联历史档案选编》第 2 卷, 社会科学文献出版社 2002 年版。

[60] 沈志华:《苏联历史档案选编》第 3 卷, 社会科学文献出版社 2002 年版。

［61］沈志华：《苏联历史档案选编》第13卷，社会科学文献出版社2002年版。

［62］沈志华：《苏联历史档案选编》第16卷，社会科学文献出版社2002年版。

［63］沈志华：《苏联历史档案选编》第23卷，社会科学文献出版社2002年版。

［64］沈志华：《苏联历史档案选编》第24卷，社会科学文献出版社2002年版。

［65］周建明、王成至：《美国国家安全战略解密文件选编（1945—1972）》（第一册），社会科学文献出版社2010年版。

［66］苏联外交部编：《1941—1945年苏联伟大卫国战争期间苏联部长会议主席同美国总统和英国首相通信集》第一卷，潘盒柯译，世界知识出版社1961年版。

［67］苏联外交部编：《1941—1945年苏联伟大卫国战争期间苏联部长会议主席同美国总统和英国首相通信集》第二卷，潘盒柯译，世界知识出版社1961年版。

二　中文文献

［1］白建才：《冷战初期美国"隐蔽行动"政策的制订》，载《陕西师范大学学报（哲学社会科学版）》2003年第4期，第5—13页。

［2］白建才：《论冷战的起源》，载《陕西师大学报（哲学社会科学版）》1995年第4期，第35—42页。

［3］陈晓毅：《中国式宗教生态——青岩宗教多样性个案研究》，社会科学文献出版社2008年版。

［4］戴超武：《斯大林、苏联外交与冷战的起源》，载《俄罗斯研究》2013年第1期，第3—87页。

［5］丁沙：《苏联对阿拉伯——以色列的政策》，载《苏联东欧问题》1982年第4期，第12—17页。

［6］丁则民：《"边疆学说"与美国对外扩张政策》，载《世界历史》1980年第3期，第16—23页。

［7］董小川：《20世纪宗教与美国政治》，人民出版社2002年版。

［8］段琦：《梵蒂冈的乱世抉择（1922—1945）》，金城出版社2009年版。

［9］ 樊勇明：《西方国际政治经济学》，上海人民出版社2000年版。
［10］ 冯绍雷：《一场远未终结的辩论——关于苏联解体问题的国外学术诠释》，载《世界经济与政治》2012年第3期，第138—155页。
［11］ 傅树政、雷丽平：《俄国东正教会与国家（1917—1945）》，社会科学文献出版社2001年版。
［12］ 傅树政：《战后斯大林时期苏联宗教政策剖析》，载《吉林大学社会科学学报》1995年第6期，第52—57页。
［13］ 国际关系研究所：《巴勒斯坦问题参考资料》，世界知识出版社1960年版。
［14］ 韩全会：《浅谈俄苏时期的政教关系》，载《俄罗斯研究》2004年第3期，第56—59页。
［15］ 何伟：《"诺维科夫报告"与冷战初期的苏联外交政策》，载《世界历史》2006年第2期，第29—36页。
［16］ 黄民兴：《试析冷战在中东的分期和特点》，载《史学集刊》2011年第3期，第40—45页。
［17］ 金泽、邱永辉：《中国宗教报告（2010）》，社会科学文献出版社2010年版。
［18］ 孔陈焱：《罗马天主教会在当代国际外交中的身份辨》，载《浙江学刊》2012年第6期，第149—153页。
［19］ 乐峰：《东正教史（修订本）》，中国社会科学出版社1996年版。
［20］ 乐峰：《东方基督教探索》，宗教文化出版社2008年版。
［21］ 乐峰：《俄国宗教史》，社会科学文献出版社2008年版。
［22］ 雷丽平：《斯大林与赫鲁晓夫时期苏联的宗教政策与政教关系》，吉林大学博士学位论文，2006年。
［23］ 梁漱溟：《梁漱溟全集（第三卷）》，山东人民出版社1992年版。
［24］ 李世安：《英国与冷战的起源》，载《历史研究》1999年第4期，第38—51页。
［25］ 刘竟等：《苏联中东关系史》，中国社会科学出版社1987年版。
［26］ 刘金质：《冷战史：1945—1991》，世界知识出版社2002年版。
［27］ 刘莲芬：《论1950—1970年代的美泰关系》，载《世界历史》2006年第3期，第51—59页。
［28］ 刘同舜：《"冷战"、"遏制"和大西洋同盟（1945—1950）：美国战

略决策资料选编》，复旦大学出版社 1993 年版。

[29] 刘绪贻、杨生茂：《美国通史》（第 2 卷），人民出版社 2002 年版。

[30] 刘志清：《华沙条约组织建立前的酝酿与准备》，载《军事历史研究》2008 年第 3 期，第 147—153 页。

[31] 罗辉：《宗教对冷战时期美国外交政策的影响研究》，复旦大学出版社 2009 年版。

[32] 牟钟鉴：《宗教文化生态的中国模式》，载《中国民族报》2006 年第 5 卷第 16 期。

[33] 倪世雄：《美国人权外交的周期及实质》，载《国际展望》1990 年第 6 期，第 10—12 页。

[34] 钮松：《超越威斯特伐利亚体系——国际体系中的宗教合法性问题》，载《中国社会科学报》2012 年第 9 卷第 12 期。

[35] 潘一禾：《文化与国际关系》，浙江大学出版社 2005 年版。

[36] 彭树智：《二十世纪中东史》（第二版），高等教育出版社 2001 年版。

[37] 彭小瑜：《主权、人权与国际社会的道德制高点——对美国天主教会两部和平牧函的历史解读》，载《首都师范大学学报》（社会科学版）2010 年第 6 期，第 1—12 页。

[38] 钱其琛：《当前国际关系研究中的若干重点问题》，载《世界经济与政治》2000 年第 9 期，第 5—8 页。

[39] 沈丁立：《中美关系：竞争合作 风险增大》，载《国际问题研究》2012 年第 6 期，第 32—34 页。

[40] 沈志华：《冷战的起源：战后苏联的对外政策及其转变》，九州出版社 2013 年版。

[41] 沈志华、张盛发：《从大国合作到集团对抗——论战后斯大林对外政策的转变》，载《东欧中亚研究》1996 年第 6 期，第 55—66 页。

[42] 沈志华：《斯大林的"联合政府"政策及其结局》（下），载《俄罗斯研究》2007 年第 6 期，第 77—84 页。

[43] 史澎海：《冷战初期美国对泰国的心理战行动——以 PSB D-23 心理战计划为核心的考察》，载《西南大学学报》（社会科学版）2012 年第 3 期，第 157—165 页。

[44] 史澎海、杨艳琪：《冷战初期美国对外隐蔽心理战的考察》，载《河

北师范大学学报》（哲学社会科学版）2011 年第 1 期，第 110—116 页。

[45] 时殷弘：《美苏从合作到冷战》，华夏出版社 1988 年版。

[46] 时殷弘：《美苏冷战史：机理、特征和意义》，载《南开学报》（哲学社会科学版）2005 年第 3 期，第 1—12 页。

[47] 宋黎磊、陈志敏：《中欧对软实力概念的不同认知及对双边关系的认知》，载《欧洲研究》2011 年第 2 期，第 46—60 页。

[48] 涂怡超、赵可金：《宗教外交及其运行机制》，载《世界经济与政治》2009 年第 2 期，第 48—56 页。

[49] 汪婧：《美国杜鲁门政府对意大利政府的政策研究》，陕西师范大学博士学位论文，2009 年。

[50] 王京烈：《动荡中东多视角分析》，世界知识出版社 1996 年版。

[51] 王玮、戴超武：《美国外交思想史：1775—2005 年》，人民出版社 2007 年版。

[52] 王之波：《马克思主义哲学原理》，吉林人民出版社 2006 年版。

[53] 席来旺：《丘吉尔与"冷战"起源》，载《史学月刊》1985 年第 3 期，第 107—110 页。

[54] 薛冬霞：《战后初期美国对泰国援助政策的制定与美国冷战战略的调整》，《延安大学学报》（社会科学版）2007 年第 4 期，第 101—103 页。

[55] 徐以骅：《宗教与美国社会——宗教与国际关系（第四辑）》，时事出版社 2007 年版。

[56] 徐以骅：《宗教与当代国际关系论丛（序）》，上海人民出版社 2010 年版。

[57] 徐以骅：《宗教与美国社会——宗教与美国对外关系（第七辑）》，时事出版社 2012 年版。

[58] 徐以骅：《宗教与当代国际关系》，上海人民出版社 2012 年版。

[59] 徐以骅：《当代国际传教运动研究的"四个跨越"》，载《世界宗教文化》2010 年第 1 期，第 61—66 页。

[60] 徐以骅：《宗教与当代国际关系》，载《国际问题研究》2010 年第 2 期，第 44—49 页。

[61] 徐以骅：《宗教与冷战后美国外交政策——以美国宗教团体的"苏

丹运动"为例》，载《中国社会科学》2011 年第 5 期，第 199—218 页。

[62] 徐以骅：《全球化时代的宗教与国际关系》，载《世界经济与政治》2011 年第 9 期，第 4—19 页。

[63] 徐以骅、邹磊：《信仰中国》，载《国际问题研究》2012 年第 1 期，第 43—58 页。

[64] 徐以骅、邹磊：《地缘宗教与中国对外战略》，载《国际问题研究》2013 年第 1 期，第 26—39 页。

[65] 徐以骅：《当代中国宗教和国家安全》，见晏可佳《中国宗教与宗教学》，上海人民出版社 2010 年版。

[66] 杨光斌：《意识形态与冷战的起源》，载《教学与研究》2000 年第 3 期，第 29—34 页。

[67] 叶江：《斯大林的战后世界体系观与冷战起源的关系》，载《历史研究》1999 年第 4 期，第 52—65 页。

[68] 袁贵仁：《马克思主义哲学原理》，北京出版社 1999 年版。

[69] 尤洪波：《冷战期间美国对东南亚政策的演变》，载《东南亚》2000 年第 3—4 期，第 35—40 页。

[70] 于群：《美国国家安全与冷战战略》，中国社会科学出版社 2006 年版。

[71] 于群：《特洛伊计划——美国冷战心理宣传战略探微》，载《东北师大学报》（哲学社会科学版）2007 年第 2 期，第 5—12 页。

[72] 余潇枫：《"认同"危机与国家安全》，载《毛泽东邓小平理论研究》2006 年第 1 期，第 44—53 页。

[73] 俞正樑：《当代伊斯兰复兴思潮的发展轨迹与中国》，载《复旦学报》（社会科学版）1996 年第 3 期，第 106—110 页。

[74] 张广翔、王学礼：《冷战初期苏联外交中的若干问题——乌特金院士吉林大学讲学纪要》，载《西伯利亚研究》2010 年第 5 期，第 91—95 页。

[75] 张宏毅、董宝才：《也谈二战后期冷战的责任者问题》，载《历史教学》1990 年第 9 期，第 23—29 页。

[76] 张骥：《国际政治文化学导论》，世界知识出版社 2005 年版。

[77] 张践：《论政教关系的层次与类型》，载《宗教学研究》2007 年第 2

期，第 132—144 页。

[78] 张盛发：《斯大林与冷战（1945—1953）》，中国社会科学出版社 2000 年版。

[79] 张盛发：《论苏联在冷战形成中的举措》，载《上海师范大学学报》1995 年第 1 期，第 104—109 页。

[80] 张盛发：《苏联对马歇尔计划的判断和对策》，载《东欧中亚研究》1999 年第 1 期，第 72—81 页。

[81] 张盛发：《雅尔塔体制的形成与苏联势力范围的确立》，载《历史研究》2000 年第 1 期，第 119—133 页。

[82] 张盛发：《战后初期斯大林大国合作政策的结束》》，载《东欧中亚研究》2000 年第 5 期，第 73—82 页。

[83] 张曙光：《美国遏制战略与冷战起源再探》，上海外语教育出版社 2007 年版。

[84] 张绥：《东正教和东正教在中国》，学林出版社 1986 年版。

[85] 张小明：《冷战及其遗产》，上海人民出版社 1998 年版。

[86] 张杨：《以宗教为冷战武器——艾森豪威尔政府对东南亚佛教国家的心理战》，载《历史研究》2010 年第 4 期，第 34—48 页。

[87] 张志刚：《宗教与国际热点问题》，载《北京大学学报》（哲学社会科学版）2008 年第 4 期，第 42—54 页。

[88] 张仲礼、黄仁伟：《中美关系的深刻底蕴：两种文化的底蕴》，载《社会科学》1998 年第 8 期，第 21—25 页。

[89] 资中筠：《战后美国外交史》（上册），世界知识出版社 1994 年版。

[90] 周琪：《"美国例外论"与美国外交政策传统》，载《中国社会科学》2000 年第 6 期，第 83—94 页。

[91] 周尚文、叶书宗、王斯德：《新编苏联史 1917—1985》，上海人民出版社 1990 年版。

[92] 邹函奇：《冷战后宗教影响美国外交的动力、路线与机制》，载《史学理论研究》2011 年第 3 期，第 117—121 页。

[93] 卓新平：《基督教小辞典》，上海辞书出版社 2001 年版。

[94] 卓新平：《宗教与文化关系刍议》，载《世界宗教文化》1995 年第 1 期，第 10—12 页。

[95] 卓新平：《宗教与文化战略》，载《天风》2012 年第 1 期，第

37 页。

[96] 中央编译局:《马克思恩格斯选集》(第1卷),人民出版社1995年版。

[97] 中央编译局:《列宁选集》(第2卷),人民出版社1995年版。

[98] 中央编译局:《列宁全集》(第17卷),人民出版社1990年版。

[99] 中央编译局:《斯大林全集》(第5卷),人民出版社1957年版。

[100] 中央编译局:《斯大林文集(1934—1952)》,人民出版社1985年版。

[101] 世界知识出版社:《国际条约集(1934—1944)》,世界知识出版社1984年版。

[102] 世界知识出版社:《国际条约集(1945—1947)》,世界知识出版社1959年版。

[103] 世界知识出版社:《国际条约集(1948—1949)》,世界知识出版社1984年版。

[104] 苏联代表在联合国发言选集:《苏联代表在联合国发言选集》(第1集),世界知识出版社1955年版。

[105] [巴西]特奥托尼奥·多斯桑托斯著:《帝国主义与依附》,杨衍永等译,社会科学文献出版社1999年版。

[106] [德]毕尔麦尔等编著:《近代教会史——从宗教改革到现代时期(1517—1950年)》,雷立柏译,宗教文化出版社2011年版。

[107] [德]马克斯·韦伯:《新教伦理与资本主义精神》,黄晓京、彭强译,四川人民出版社1986年版。

[108] [德]马克斯·韦伯:《中国的宗教;宗教与世界》,康乐、简惠美译,广西师范大学出版社2004年版。

[109] [俄]米·谢·戈尔巴乔夫:《戈尔巴乔夫回忆录(全译本)》,述弢等译,社会科学文献出版社2003年版。

[110] [俄]尼古拉·别尔嘉耶夫:《俄罗斯的命运》,汪剑钊译,云南人民出版社1999年版。

[111] [俄]瓦列金·别列什科夫:《斯大林私人翻译回忆录》,薛福岐译,海南出版社2004年版。

[112] [俄]V. O.别恰特诺夫:《冷战初期的苏联对外宣传(1945—1947)》,褚国飞译,见李丹慧《冷战国际史研究(第三辑)》,载

《世界知识出版社》2006年第2期，第77—101页。

[113] [俄] 赫克：《俄国革命前后的宗教》，高骅、杨缤译，学林出版社1999年版。

[114] [俄] C.H. 布尔加科夫：《东正教——教会学说概要》，徐凤林译，商务印书馆2001年版。

[115] [俄] 克拉斯尼科夫：《宗教生态学》，载《现代外国哲学社会科学文摘》1999年第10期，第24—27页。

[116] [苏] 谢沃斯季扬诺夫：《美国现代史纲》，生活·读书·新知三联书店1978年版。

[117] [苏] 费·丘耶夫著：《同莫洛托夫的140次谈话》，刘存宽等译，新华出版社1992年版。

[118] [苏] 安·安·葛罗米柯、鲍·尼·波诺马廖夫主编：《苏联对外政策史》，韩正文等译，中国人民大学出版社1989年版。

[119] [法] 爱弥尔·涂尔干：《宗教生活的基本形式》，渠东、汲喆译，上海人民出版社2006年版。

[120] [法] 托克维尔：《论美国的民主》，董果良译，商务印书馆1995年版。

[121] [挪] 文安立：《全球冷战：美苏对第三世界的干涉与当代世界的形成》，牛可等译，世界图书出版公司2012年版。

[122] [马] 王琛发：《中华神道的信仰版图——以开漳圣王为讨论范例》，载《闽台文化交流》2012年第1期，第93—101页。

[123] [美] 斯皮克曼：《和平地理学》，刘愈之译，商务印书馆1965年版。

[124] [美] 哈里·杜鲁门：《杜鲁门回忆录》（第一卷），李石译，世界知识出版社1966年版。

[125] [美] 哈里·杜鲁门：《杜鲁门回忆录》（第二卷），李石译，世界知识出版社1966年版。

[126] [美] 迪安·艾奇逊：《艾奇逊回忆录》，伍协力等译，上海译文出版社1978年版。

[127] [美] 约翰·F. 卡迪：《战后东南亚史》，姚楠等译，上海译文出版社1984年版。

[128] [美] 罗伯特·唐纳森编：《苏联在第三世界的得失》，任泉、刘

芝田译，世界知识出版社 1985 年版。

[129]［美］乔治·凯南：《美国外交》，葵阳等译，世界知识出版社 1989 年版。

[130]［美］约翰·兰尼拉格：《中央情报局》，潘世强等译，中国社会科学出版社 1990 年版。

[131]［美］亨利·基辛格：《大外交》，顾淑馨、林添贵译，海南出版社 1998 年版。

[132]［美］亚瑟·亨·史密斯：《中国人的性格》，乐爱国、张华玉译，学苑出版社 1998 年版。

[133]［美］塞缪尔·亨廷顿：《文明的冲突与世界秩序的重建》，周琪等译，新华出版社 1998 年版。

[134]［美］伊曼纽尔·沃勒斯坦：《现代世界体系》（第一卷），尤来寅等译，高等教育出版社 1997 年版。

[135]［美］伊曼纽尔·沃勒斯坦：《现代世界体系》（第二卷），吕丹等译，高等教育出版社 1997 年版。

[136]［美］伊曼纽尔·沃勒斯坦：《现代世界体系》（第三卷），孙立田等译，高等教育出版社 2000 年版。

[137]［美］罗伯特·基欧汉、约瑟夫·奈：《权力与相互依赖》（第 3 版），门洪华译，北京大学出版社 2002 年版。

[138]［美］约瑟夫·拉彼德、弗里德里希·克拉托赫维尔主编：《文化与认同：国际关系回归理论》，金烨译，浙江人民出版社 2003 年版。

[139]［美］约翰·J. 米尔斯海默：《大国政治的悲剧》，王义桅、唐小松译，上海人民出版社 2003 年版。

[140]［美］麦加罗著：《世界霸主——杜鲁门传》，张武清译，时代文艺出版社 2003 年版。

[141]［美］约翰·J. 米尔斯海默、斯蒂芬·M. 沃尔特：《以色列游说集团与美国对外政策》，王传兴译，上海人民出版社 2009 年版。

[142]［美］肯尼思·华尔兹：《国际政治理论》，信强译，苏长和校，上海人民出版社 2003 年版。

[143]［美］雷蒙德·加特霍夫：《冷战史：遏制与共存备忘录》，伍牛、王薇译，新华出版社 2003 年版。

［144］［美］罗伯特·所罗门：《大问题：简明哲学导论》，张卜天译，广西师范大学出版社2004年版。

［145］［美］布鲁斯·雪莱：《基督教会史》，刘平译，北京大学出版社2004年版。

［146］［美］约瑟夫·奈：《软力量：世界政坛成功之道》，吴晓辉、钱程译，东方出版社2005年版。

［147］［美］朱迪斯·戈尔茨坦、罗伯特·基欧汉主编：《观念与外交政策：信念、制度与政治变迁》，刘东国、于军译，北京大学出版社2005年版。

［148］［美］塞缪尔·亨廷顿：《我们是谁？美国国家特性面临的挑战》，程克雄译，新华出版社2005年版。

［149］［美］兹比格纽·布热津斯基：《大棋局：美国的首要地位及其地缘战略》，中国国际问题研究所译，上海人民出版社2007年版。

［150］［美］唐纳德·E.戴维斯、尤金·P.特兰尼：《第一次冷战：伍德罗·威尔逊对美苏关系的遗产》，徐以骅等译，北京大学出版社2007年版。

［151］［美］梅尔文·弗莱勒：《人心之争：美国、苏联与冷战》，孙闵欣等译，华东师范大学出版社2010年版。

［152］［美］约翰·F.威尔逊：《当代美国的宗教》，徐以骅等译，上海人民出版社2013年版。

［153］［南］米洛凡·吉拉斯：《同斯大林的谈话》，司徒协译，世界知识出版社1989年版。

［154］［英］D.G.E.霍尔：《东南亚史》，中山大学东南亚历史研究所译，商务印书馆1982年版。

［155］［英］阿诺德·汤因比主编：《第二次世界大战史大全第六卷——战时中东》，上海译文出版社1995年版。

［156］［英］乔治·柯克：《1945—1950年的中东》，复旦大学历史系世界史教研室译，上海译文出版社1995年版。

［157］［英］爱德华·卡尔：《20年危机（1919—1939）：国际关系研究导论》，秦亚青译，世界知识出版社2005年版。

［158］［英］阿兰·亨特：《宗教、和平与冲突：跨国议题》，刘跃一等译，载《学海》2012年第1期，第5—13页。

三 英文文献

[1] Adam B. Ulam, *Expansion and coexistence: Soviet Foreign Policy, 1917 – 1973*, New York: Praeger, 1974.

[2] Alexander C. Linn, The Just War Doctrine and State Liability for Paramilitary War Crimes, *Georgia Journal of International and Comparative Law*, Vol. 34, No. 3 (2005 – 2006), pp. 619 – 651.

[3] Alexander Wendt, Collective Identity Formation and the International State, *The American Political Science Review*, Vol. 88, No. 2 (June 1994), pp. 384 – 396.

[4] Alex Inkeles, Family and Church in the Postwar U. S. S. R., *Annals of the American Academy of Political and Social Science*, Vol. 263, The Soviet Union Since World War II (May 1949), pp. 33 – 44.

[5] Allen D. Hertzke, *Freeing God's Children: the Unlikely Alliance on Global Human Rights*, Lanham, Maryland: Rowman & Littlefield Publishers, 2004.

[6] Alvin Z. Rubinstein, *The Foreign Policy of the Soviet Union*, New York: Random House, 1972.

[7] Alvin Z. Rubinstein, *Soviet Foreign Policy Since World War II: Imperial and Global* (3rd), Illinois: Scott, Foresman and Company, 1989.

[8] Alexander DeConde, et al., *Encyclopedia of American Foreign Policy: Studies of the Principal Movements and Ideas*, New York: Charles Scribner's Sons, 2002.

[9] André Fontaine, *History of the Cold War 1917 – 1950*, New York: Pantheon Books, 1969.

[10] Andre Gunder Frank, *Dependent Accumulation and Underdevelopment*, London: Macmillan, 1978.

[11] Andrew Evans, Forced Miracles: The Russian Orthodox Church and Postsoviet International Relations, *Religion, State & Society*, Vol. 30, No. 1 (2002), pp. 33 – 43.

[12] Andrew J. Rotter, *The Path to Vietnam: Origins of the American Commitment to Southeast Asia*, Ithaca: Cornell University Press, 1987.

[13] Andrew J. Rotter, Christians, Muslims, and Hindus: Religion and US-South Asian Relations, 1947 – 1954, *Diplomatic History*, Vol. 24, No. 4 (Fall 2000), pp. 593 – 613.

[14] Andrew Delbanco, *The Real American Dream: A Meditation on Hope*, Cambridge: Harvard University Press, 1999.

[15] Anna Dickinson, "Domestic and Foreign Policy Considerations and the Origins of Post-war Soviet Church-State Relations, 1941 – 1946", in Dianne Kirby, ed., *Religion and the Cold War*, New York: Palgrave Macmillan Ltd., 2003.

[16] Anne R. Pierce, *Woodrow Wilson and Harry Truman: Mission and Power in American Foreign Policy*, Westport, CT: Praeger Publishers, 2003.

[17] Ann Shukman, Metropolitan Sergi Stragorodsky: The Case of the Representative Individual, *Religion, State and Society*, Vol. 34, No. 1 (2006), pp. 51 – 61.

[18] Arthur M. Schlesinger, Jr., The Origins of the Cold War, *Foreign Affairs*, 46 (October 1967), pp. 22 – 52.

[19] Arthur M. Schlesinger Jr., *The Cycles of American History*, Boston: Houghton Mifflin Company, 1986.

[20] Ayman Al-Yassini, *Religion and Foreign Policy in Saudi Arabia*, Montreal, Queébec: Centre for Developing-Area Studies, McGill University, 1983.

[21] Benedict Anderson, *Imagined Communities: Reflections on the Origin and Spread of Nationalism*, London: Verso, 1991.

[22] Bradford Perkins, "The Creation of a Republican Empire, 1776 – 1865", in Warren I. Cohen, ed., *The Cambridge History of American Foreign Policy*, Vol. I, Cambridge: Cambridge University Press, 1993.

[23] Caroline Kennedy-Pipe, *Stalin's Cold War: Soviet Strategies in Europe*, 1943 – 1956, Manchester and New York: Manchester University Press, 1995.

[24] Carol R. Saivetz and Sglva Woolby, *Soviet-Third World Relations*, Boulder: Westview Press, 1985.

[25] Casey Lucius, Religion and the National Security Strategy, *Journal of Church and State*, Vol. 55, No. 1 (2012), pp. 50 – 70.

[26] C. Edda Martinez and Edward A. Suchman, Letters From America and the 1948 Elections in Italy, *The Public Opinion Quarterly*, Vol. 14, No. 1 (Spring 1950), pp. 111 – 125.

[27] Christopher P. Croly, *Religion and English Foreign Policy*, 1558 – 1564, Cambridge: Cambridge University Press, 2000.

[28] Clarence A. Manning, Religion within the Iron Curtain, *Annals of the American Academy of Political and Social Science*, Vol. 271, Moscow's European Satellites (September 1950), pp. 112 – 121.

[29] Daniel Fineman, *A Special Relation: the United States and Military Government in Thailand*, 1947 – 1958, Honolulu: University of Hawai'i Press, 1997.

[30] Daniel Yergin, *Shattered Peace: The Origins of the Cold War and the National Security State*, Boston: Houghton Mifflin, 1977.

[31] David Horowitz, *The Free World Colossus: A Critique of American Foreign Policy in the Cold War*, New York: Hill & Wang, 1965.

[32] David W. Curtiss, Evan C. Stewart, Myron C. Taylor, Part Two: President Franklin D. Roosevelt's Ambassador Extraordinary, *Cornell Law Forum*, Vol. 33, Issue 2 (Winter 2007), p. 12.

[33] Dennis Merrill, *Documentary History of the Truman Presidency: The Emergence of an Asian Pacific Rim in American Foreign Policy: The Philippines, Indochina, Thailand, Burma, Malaya, and Indonesia*, Bethesda Md.: University Publications of America, 2001.

[34] Dianne Kirby, The Archbishop of York and Anglo-American Relations During the Second World War and Early Cold War, 1942 – 1955, *Journal of Religious History*, Vol. 23, No. 3 (October 1999), pp. 327 – 345.

[35] Dianne Kirby, Harry S. Truman's International Religious Anti-Communist Front, the Archbishop of Canterbury and the 1948 Inaugural Assembly of the World Council of Churches, *Contemporary British History*, Vol. 15, Issue 4 (2001), pp. 35 – 70.

[36] Dianne Kirby, Divinely Sanctioned: The Anglo-American Cold War Alliance and the Defence of Western Civilization and Christianity, 1945 – 1948, *Journal of Contemporary History* 35, No. 3 (2000), pp. 385 –412.

[37] Dianne Kirby, "Harry Truman's Religious Legacy: The Holy Alliance, Containment and the Cold War", in Dianne Kirby, ed., *Religion and the Cold War*, New York: Palgrave Macmillan Ltd., 2003.

[38] Dianne Kirby, "Harry Truman and Pius XII: Promoting Holy War Behind the Iron Curtain", Paper Delivered to the Annual Conference of the British Association of American Studies, Glasgow University, April 27, 1999.

[39] Dianne Kirby, "The Churches and Christianity in Cold War Europe", in Klaus Larres, ed., *A Campanion to Europe since 1945*, Blackwell Publishing Ltd., 2009.

[40] Dimitry Pospielovsky, *The Russian Church Under the Soviet Regime 1917 – 1982*, New York: St. Vladimir's Seminary Press, 1984.

[41] Dmitry Grigorieff, The Orthodox Church in America a Historical Survey, *Russian Review*, Vol. 31, No. 2 (April 1972), pp. 138 – 152.

[42] Douglas Johnson and Cynthia Sampson, eds., *Religion, The Missing Dimension of Statecraft*, New York: Oxford University Press, 1994.

[43] Elizabeth Spalding, "Harry S. Truman", *Features*, May 7, 2007.

[44] Eliot Abrams, ed., *The Influence of Faith: Religious Groups & U.S. Foreign Policy*, Lanham Maryland: Rowman & Littlefield Publisher, 2001.

[45] Elliot R. Goodman, *The Soviet Design for a World State*, New York: Columbia University Press, 1960.

[46] E. M. Bennett, The American Mission and the "Evil Empire": The Crusade for a Free Russia since 1881 by David S. Foglesong, *The Journal of American History*, Vol. 95, No. 1 (June 2008), pp. 217 – 218.

[47] Eric O. Hanson, *The Catholic Church in World Politics*, Princeton: Princeton University Press, 1987.

[48] Eric O. Hanson, *Religion and Politics in the International System Today*, New York: Cambridge University Press, 2006.

[49] Erik H. Erikson, *Identity: Youth and Crisis*, New York: Norton, 1968.

[50] Erik P. Hoffmann, Frederic J. Fleron, Jr., *The Conduct of Soviet Foreign Policy*, New York: Aldine Publishing Company, 1980.

[51] Fabio Petito and Pavlos Hatzopoulos, eds., *Religion in International Relations: the Return from Exile*, New York: Palgrave Macmillan, 2003.

[52] Felix Corley, *Religion in the Soviet Union: An Archival Reader*, London: Macmillan Press LTD, 1996.

[53] Fernando Henrique Cardoso and Enzo Faletto, *Dependency and Development in Latin America*, trans. Marjory Mattingly Urguidi, Berkeley: University of California Press, 1979.

[54] Firoozeh Kashani-Sabet, American Crosses, Persian Crescents: Religion and the Diplomacy of US-Iranian Relations, 1834 – 1911, *Iranian Studies*, Vol. 44, Issue5 (2011), pp. 607 – 625.

[55] Frances Stonor Saunders, *The Cultural Cold War: The CIA and the World of Arts and Letters*, New York: W. W. Norton &Company Inc. 1999.

[56] Frances Stonor Saunders, *Who Paid the Piper? The CIA and the Cultural Cold War*, Great Britain: Granta Books, 1999.

[57] Frank J. Coppa, "Pope Pius XII and the Cold War: The Post-war Confrontation between Catholicism and Communism", in Dianne Kirby, ed., *Religion and the Cold War*, New York: Palgrave Macmillan Ltd, 2003.

[58] Frank Ninkovich, *U. S. Information Policy and Cultural Diplomacy*, (Headline Series No. 308), New York: Foreign Policy Association, 1996.

[59] Frederick L. Schuman, *The Cold War, Retrospect and Prospect*, Baton Rouge: Louisiana State University Press,

[60] George M. Young, Jr., Review Article, *Journal for the Scientific Study of Religion*, Vol. 18, No. 2 (June 1979), pp. 205 – 209.

[61] George Washington, *Washington's Farewell Address*, 1796.

[62] G. Fisher, *Mindsets: The Role of Culture and Perception in International*

Relations, Yarmouth, Maine: Intercultural Press, 1988.
[63] Gunnar Adler-Karlsson, *Western Economic Warfare, 1947 – 1967: A Case Study in Foreign Economic Policy*, Stockholm: Almqvist & Wiksell, 1968.
[64] Gunnar Adler-Karlsson, *The Political Economy of East-West-South Co-Operation*, Wien: Springer-Verlag, 1976.
[65] Guth, James L., Cleveland R. Fraser, John C. Green, Lyman A. Kellstedt, and Corwin E. Smidt, "Religion and Foreign Policy Attitudes: The Case of Christian Zionism", In John C. Green, James L. Guth, Corwin E. Smidt, and Lyman A. Kellstedt, eds., *Religion and the Culture Wars: Dispatches from the Front*, Lanham, MD: Rowman and Littlefield, 1996.
[66] Halford J. Mackinder, The Geographical Pivot of History, *The Geographical Journal*, Vol. 23, No. 4 (April 1904), pp. 421 – 437.
[67] Harry S. Truman, *Mr. Citizen*, New York: Bernard Geis Associates, 1960.
[68] Harry S. Truman, *Truman Speaks*, New York: Columbia University Press, 1960.
[69] Heather J. Coleman, Atheism Versus Secularization? Religion in Soviet Russia, 1917 – 1961, *Kritika: Explorations in Russian and Eurasian History*, Vol. 1, No. 3 (Summer 2000), pp. 547 – 558.
[70] Herbert Feis, *From Trust to Terror: The Onset of the Cold War, 1945 – 1950*, New York: WW Norton, 1970.
[71] H. Jones, *Quest for Security—A History of U. S. Foreign Relations*, New York: The McGraw-Hill, 1996.
[72] H. M. Waddams, Communism and the Churches, *International Affairs*, Vol. 25, No. 3 (July 1949), pp. 295 – 306.
[73] Hugh Thomas, *Armed Truce: The Beginning of the Cold War, 1945 – 1946*, London: H. Hamiton, 1986.
[74] Ian Hurd, Legitimacy and Authority in International Politics, *International Organizations*, Vol. 53, No. 2 (1999), pp. 379 – 408.
[75] Ivan Vallier, The Roman Catholic Church: A Transnational Actor, *In-*

ternational Organization, Vol. 25, No. 3 (Summer 1971), pp. 479 – 502.

[76] Ivar Spector, *The Soviet Union and the Muslim World*, 1917 – 1958, Seattle: University of Washington Press, 1967.

[77] Jack Snyder, *Religion and International Relations Theory*, New York: Columbia University Press, 2011.

[78] James Axtell, *The School Upon a Hill: Education and Society in Colonial New England*, New York: Norton, 1975.

[79] James Callanan, *Covert Action in the Cold War: U. S. Policy, Intelligence and CIA Operations*, New York: Palgrave MacMillian, 2010.

[80] James D. Fearon, Domestic Political Audiences and the Escalation of International Disputes, *The American Political Science Review*, Vol. 88, No. 3 (September 1994), pp. 577 – 592.

[81] James Edward Miller, *The United States and Italy 1940 – 1950: The Politics and Diplomacy of Stabilization*, Chapel Hill and London, The University of North Carolina Press, 1986.

[82] James K. Polk: "Inaugural Address", March 4, 1845, *The American Presidency Project*, http://www.presidency.ucsb.edu/ws/?pid=25814.

[83] James L. Guth, William R. Kenan, Jr., *Religious Factors and American Public Support for Israel: 1992 – 2008*, Prepared for the Annual Meeting of the American Political Science Association Seattle, Washington, September 1 – 4, 2011.

[84] J. Bryan Hehir, "Religious Freedom and U. S. Foreign Policy: Categories and Choices", in *The Influence of Faith: Religious Groups and U. S. Foreign Policy*, ed. Elliott Abrams. Lanham MD: Rowman and Littlefield, 2001.

[85] Jean Meyendorff: *Orthodox Church: Its Past and Its Role in the World Today*, New York: St. Vladimir's Seminary Press, 1996.

[86] Jeffrey Haynes, Transnational Religious Actors and International Politics, *Third World Quarterly*, Vol. 22, No. 2 (2001), pp. 143 – 158.

[87] Jeffrey Haynes, *An Introduction to International Relations and Religion*,

London: Pearson Education Limited, 2007.

[88] Jeffrey Haynes, ed., *Routledge Handbook of Religion and Politics*, New York: Routledge, 2009.

[89] Jeffrey Haynes, *Religion, Politics and International Relations*, New York: Routledge, 2011.

[90] Jeremy R. Carrette, ed., *Religion and Culture*, New York: Routledge, 1999.

[91] Jeremy T. Gunn, *Spiritual Weapons: The Cold War and the Forging of an American National Religion*, Westport, CT: Praeger Publishers, 2009.

[92] Jill Edwards: The President, the Archbishop and the Envoy: Religion and Diplomacy in the Cold War, *Diplomacy & Statecraft*, Vol. 6, No. 2 (July 1995), pp. 490 – 511.

[93] John A. Rees, *Religion in International Politics and Development: the World Bank and Faith Institutions*, Cheltenham: Edward Elgar Publishing Ltd., 2011.

[94] John Anderson, *Religion, State and Politics in the Soviet Union and Successor States*, 1953 – 1993, New York: Cambridge University Press, 1994.

[95] John B. Judis, The Chosen Nation: *The Influence of Religion on U. S. Foreign Policy*, *Policy Brief* 37, March 2005, pp. 1 – 7.

[96] John Fiske, "Manifest Destiny", *Harper's Magazine*, Vol. 120 (1895), pp. 578 – 590.

[97] John J. Mearsheimer, *The Tragedy of Great Power Politics*, New York: Norton, 2001.

[98] John L. Esposito and Michael Watson, eds., *Religion and Global Order*, Cardiff: University of Wales Press, 2000.

[99] John Lewis Gaddis, *The United States and the Origins of the Cold War*, 1941 – 1947, New York: Columbia University Press, 1972.

[100] John Lewis Gaddis, *Strategies of Containment: a Critical Appraisal of American National Security Policy During the Cold War*, NewYork: Oxford University Press, 1982.

[101] John Lewis Gaddis, *We Now Know: Rethinking Cold War History*, Oxford: Clarendon Press, 1997.

[102] John Pollard, "The Vatican, Italy, and the Cold War", in Dianne Kirby, eds. , *Religion and the Cold War*, New York: Palgrave Macmillan Ltd. , 2003.

[103] John Shelton Curtiss, Religion as a Soviet Social Problem, *Social Problems*, Vol. 7, No. 4, Symposium on Social Problems in the Soviet Union (Spring 1960), pp. 328 – 339.

[104] John Winthrop, *A Model of Christian Charity*, 1630.

[105] John W. Spanier, *American Foreign Policy Since World War II*. Washington D. C. : CQ Press, 1992.

[106] Jonathan Fox and Shmuel Sandler, *Bringing Religion into International Relations*, New York: Palgrave Macmillan, 2004.

[107] Jonathan Fox, Religion as an overlooked element of international relations, *International Studies Review*, Vol. 3, No. 3 (Autumn 2001), pp. 53 –73.

[108] Jonathan Fox, Religious Discrimination: A World Survey, *Journal of International Affairs*, Vol. 61, No. 1 (2007), pp. 47 – 67.

[109] Jonathan R. Adelman, Deborah Anne Palmieri, *The Dynamics of Soviet Foreign Policy*, New York: Harper & Row, Publishers, Inc. , 1989.

[110] Jongsuk Chay, *Culture and International Relations*, New York: Praeger, 1988.

[111] Jordan Hupka, The Russian Orthodox Church as a Soviet Political Tool, *Constellations*, Vol. 2, No. 2 (Winter 2011), pp. 31 – 40.

[112] Joseph Kip Kosek, Faith in the Cold War, *Diplomatic History*, Vol. 35, No. 1 (January 2011), pp. 125 – 128.

[113] Joseph S. Nye, Jr. , Soft Power, *Foreign Policy*, No. 80 (Autumn 1990), pp. 153 – 171.

[114] Joyce and Gabriel Kolko, *The Limits of Power: The World and United States Foreign Policy*, 1945 – 1954, New York: Harper & Row, 1972.

[115] J. S. Conway, Review of Hanna-Maija Ketola, Relations between the

Church of England and the Russian Orthodox Church during the Second World War, 1941 – 1945, *ACCH Quarterly*, Vol. 18, No. 3 (September 2012), pp. 15 – 16.

[116] J. Wach, *Sociology of Religion*, Chicago: University of Chicago Press, 1944.

[117] Julie Reeves, *Culture and International Relations: Narratives, Natives, and Tourists*, London: Routledge, 2004.

[118] K. E. B., Anti-Religious Propaganda in Schools, *Soviet Studies*, Vol. 1, No. 4 (April 1950), pp. 392 – 396.

[119] Kenneth Osgood, *Total Cold War: Eisenhower's Secret Proposal Battle at Home and Abroad*, Lawrence, KS: University Press of Kansas, 2006.

[120] Ken R. Dark, ed., *Religion and International Relations*, Bashingstoke, Hampshire: Palgrave MacMillan, 2000.

[121] Kenneth W. Thompson, ed., *Moral Dimensions of American Foreign Policy*, New Brunswick, New Jersey: Transaction Publishers, 1984.

[122] Kevin M. Schultz, Religion as Identity in Postwar America: The Last Serious Attempt to Put a Question on Religion in the United States Census, *The Journal of American History*, Vol. 93, No. 2 (September 2006), pp. 359 – 384.

[123] Klaus Schwabe, *Woodrow Wilson, Revolutionary Germany, and Peacemaking, 1918 – 1919: Missionary Diplomacy and the Realities of Power*, Chapel Hill: University of North Carolina Press, 1985.

[124] K. Robbins, J. Fisher, *Religion and Diplomacy: Religion and British Foreign Policy 1815 – 1941*, Dordrecht: Republic of Letters Publishing, 2010.

[125] Kurt Glaser, *A Philosophy of American Foreign Policy*, Taipei, Graduate Institute of American Studies, Tamkang University, 1990.

[126] Lan Jackson, *The Economic Cold War: American, Britain and Eastwest Trade, 1948 – 63*, Basingstoke: Palgrave-Macmillan, 2001.

[127] Larry Witham, *A City upon a Hill: How Sermons Changed the Course of American History*, New York: Harper Collins Publishers Inc., 2007.

[128] Lee Marsden, *For God's Sake: The Christian Right and U. S. Foreign*

Policy, London & New York: Zed Books, 2008.

[129] Leo P. Ribuffo, "Religion in the history of U. S. Foreign Policy", in Elliott Abrams, ed., *The Influence of Faith: Religious Groups and U. S. Foreign Policy*, Lanham, Maryland: Rowman & Littlefield Publishers, Inc. 2001.

[130] Leo P. Ribuffo, Religion and American Foreign Policy: The Story of A Complex Relation, *The National Interest*, 52 (Summer 1998), pp. 36–51.

[131] Lucian N. Leustean, Constructing Communism in the Romanian People's Republic, Orthodoxy and State, 1948–1949, *Europe-Asia Studies*, Vol. 59, No. 2 (March 2007), pp. 303–329.

[132] Lucian N. Leustean, *Orthodoxy and the Cold War: Religion and Political Power in Romania*, 1947–1965, New York: Palgrave Macmillan, 2009.

[133] Lucian N. Leustean, *Eastern Christianity and the Cold War*, 1945–1991, London and New York: Routledge, 2010.

[134] Lucian N. Leustean, Religious Diplomacy and Socialism: The Romanian Orthodox Church and the Church of England, 1956–1959, *East European Politics and Societies*, Vol. 22, No. 7 (2008), pp. 7–43.

[135] Madeleine Albright, *The Mighty and the Almighty: Reflections on America, God, and World Affairs*, New York: Harper Collins Publishers, 2006.

[136] Mario Del Pero, The United States and "Psychological Warfare" in Italy, 1948–1955, *The Journal of American History*, Vol. 87, No. 4 (March 2001), pp. 1304–1334.

[137] Mario Einaudi, The Italian Elections of 1948, *The Review of Politics*, Vol. 10, No. 3 (July 1948), pp. 346–361.

[138] Mark Juergensmeyer, *The new Cold War? Religious Nationalism Confronts the Secular State*, Berkeley, CA: University of California Press, 1993.

[139] Mark Kramer, Ideology and the Cold War, *Review of International Studies*, Vol. 25, Issue 4 (October 1999), pp. 539–576.

[140] Marshall Poe, Moscow, the Third Rome: The Origins and Transforma-

tions of a "Pivotal Moment", *Jahrbücher für Geschichte Osteuropas*, Vol. 49, No. 3 (2001), pp. 1 – 17.

[141] Martin Palmer, *World Religions*, London: Harper Collins Publishers, 2002.

[142] Mary Grace Swift, Nikolai: Portrait of a Dilemma by William C. Fletcher, *Church History*, Vol. 39, No. 1 (March 1970), pp. 128 – 129.

[143] Matthew Spinka, Communist Russia and the Russian Orthodox Church, 1943 – 1962 by William B. Stroyen, *Church History*, Vol. 38, No. 2 (June 1969), pp. 277 – 278.

[144] Mayflower Compact, Nov. 11, 1620.

[145] Michael Bourdeaux, *Opium of the People: The Christian Religion in the U. S. S. R.*, London & Oxford: Mowbrays, 1977.

[146] Michael Mastanduno. *Economic Containment: CoCom and the Politics of East-West Trade*, Cornell University Press, 1992.

[147] Morrell Heald, Lawrence S. Kaplan, *Culture and Diplomacy: The American Experience*, Westport, Conn: Greenwood Press, 1977.

[148] M. S. Venkataramani, The United States and Thailand: the Anatomy of Super-Power Policy-Making, 1948 – 1963, *International Studies*, Vol. 12, No. 1 (January 1973), pp. 57 – 110.

[149] Murray Edelman, Sources of Popular Support for the Italian Christian Democratic Party in the Postwar Decade, *Midwest Journal of Political Science*, Vol. 2, No. 2 (May 1958), pp. 143 – 159.

[150] Nukhet A. Sandal, Patrick James, Religion and International Relations theory: Towards a Mutual Understanding, *European Journal of International Relations*, Vol. 17, No. 1 (2010), pp. 3 – 25.

[151] Peter C. Kent, *The Lonely Cold War of Pope Pius XII: The Roman Catholic Church and the Division of Europe*, 1943 – 1950, Montreal and Kingston: McGill-Queen's University Press, 2002.

[152] Peter C. Kent, "The Lonely Cold War of Pope Pius XII", in Dianne Kirby, ed., *Religion and the Cold War*, New York: Palgrave Macmillan Ltd., 2003.

[153] Peter J. S. Duncan, *Russian Messianism: Third Rome, Revolution, Communism and After*, London and New York: Routledge, 2000.

[154] Pew Research Center's Forum on Religion & Public Life, The Future of the Global Muslim Population: Projections for 2010 – 2030, January 2011, p. 14.

[155] Pew Research Center's Forum on Religion & Public Life, Global Religious Landscape, December 2012, p. 9.

[156] Philip E. Muehlenbeck, ed., *Religion and the Cold War: A Global Perspective*, Nashville, Tennessee: Vanderbilt University Press, 2012.

[157] Philip Seib, ed., Religion and Public Diplomacy, New Nork: Palgrave Macmillan, 2013.

[158] Philip Walters, The Living Church 1922 – 1946, *Religion in Communist Lands*, Vol. 6, Issue 4 (1978), pp. 235 – 243.

[159] Philip Walters, The Russian Orthodox Church, 1945 – 1959, *Religion in Communist Lands*, Vol. 8, No. 3 (1980), pp. 218 – 224.

[160] Philip Walters, The Russian Orthodox Church and the Soviet Union, *Annals of the American Academy of Political and Social Science*, Vol. 483 (January 1986), pp. 135 – 145.

[161] Ralph E. Weber, ed., *Talking with Harry: Candid Conversations with President Harry S. Truman*, Wilmington DE: Scholarly Resources Inc., 2001.

[162] Randall B. Woods & Howard Jones, *Downing of the Cold War*, Athens: The University of Georgia Press, 1991.

[163] Rawi Abdelal, et al., *Treating Identity as a Variable: Measuring the Content, Intensity, and Contestation of Identity*, Paper Prepared for Presentation at APSA, August 30-September 2, 2001, San Francisco.

[164] Robert A. Pollard, *Economic Security and the Origins of the Cold War, 1945 – 1950*, New York: Columbia University Press, 1985.

[165] Robert A. Seiple and Dennis R. Hoover, eds., *Religion & Security: The New Nexus in International Relations*, Lanham, Boulder: Littlefield Publishers, 2004.

[166] Robert A. Ventresca, The Virgin and the Bear: Religion, Society and the Cold War in Italy, *Journal of Social History*, Vol. 37, No. 2 (Winter 2003), pp. 439 – 456.

[167] Robert A. Ventresca, *From Fascism to Democracy: Culture and Politics in the Italian Election of* 1948, Toronto: University of Toronto Press, 2004.

[168] Robert H. Ferrell ed., *Dear Bess: The Letters from Harry to Bess Truman*, 1910 – 1959, New York: W. W Norton and Company, 1983.

[169] Robert V. Remini, *Andrew Jackson*, New York: Palgrave Macmillan, 2008, p. 1.

[170] Rodney Stark and Roger Finke, *Act of Faith: Explaining the Human Side of Religion*, Berkeley: University of California Press, 2000.

[171] Roy Palmer Domenico, "For The Cause of Christ Here in Italy": America's Protestant Challenge in Italy and the Cultural Ambiguity of the Cold War, Diplomatic History, Vol. 29, Issue 4 (September 2005), pp. 625 – 654.

[172] Ryan Dreveskracht, Just War in International Law: An Argument for a Deontological Approach to Humanitarian Law, *Buffalo Human Rights Law Review*, Vol. 16 (2010), p. 243.

[173] Sabrina Petra Ramet, ed., *Religious Policy in the Soviet Union*, New York: Cambridge University Press, 1993.

[174] Samuel P. Huntington, *The Clash of Civilization and the Remaking of World Order*, New York: Simon & Schuster Inc., 1996.

[175] S. Cohen, *Geography and Politics in a Divided World*, New York: Random House, 1963.

[176] Scott M. Thomas, Faith, History and Martin Wight: the Role of Religion in the Historical Sociology of the English School of International Relations, *International Affairs*, Vol. 77, No. 4 (October 2001), pp. 905 – 929.

[177] Scott M. Thomas, *The Global Resurgence of Religion and the Transformation of International Relations: The Struggle for the Soul of the Twenty-first Century*, New York: Palgrave MacMillan, 2005.

[178] Scott M. Thomas, A Globalized God, *Foreign Affairs*, Vol. 13, No. 11 (November/ December 2010), pp. 1 – 7.

[179] Silvio Pons, Stalin, Togliatti, and the Origins of the Cold War in Europe, *Journal of Cold War Studies*, Vol. 3, No. 2 (Spring 2001), pp. 3 – 27.

[180] Smith E. Timothy, *The United States, Italy and NATO*, 1947 – 1952, New York: St. Martin's Press, 1991.

[181] Spalding, Elizabeth Edwards, *The First Cold Warrior: Harry Truman, Containment, and the Remaking of Liberal Internationalism*, Kentucky: The University Press of Kentucky, 2006.

[182] Stephen E. Ambrose, *Rise to Globalism: America Foreign Policy: 1938 – 1970*, London: Penguin, 1971.

[183] Stephen J. Whitfield, *The Culture of the Cold War* (2nd), Baltimore: The Johns Hopkins University Press, 1996.

[184] Steven Merritt Miner, *Stalin's Holy War: Religion, Nationalism, and Alliance Politics, 1941 – 1945*, Chapel Hill: University of North Carolina Press, 2003.

[185] Stuart Croft, Religion and Foreign Policy, *Renewal*, Vol. 17, No. 1 (2009), pp. 15 – 21.

[186] Theodore R. Malloch, When War is Undertaken in Obedience to God: Just War Theory and the 1980's, *JASA* 35 (March 1983), pp. 47 – 50.

[187] Thomas A. Bailey, *America Faces Russia: Russian-American Relations from Early Times to Our Day*, New York: Cornell University Press, 1950.

[188] Timothy L. Smith, Refugee Orthodox Congregations in Western Europe, 1945 – 1948, *Church History*, Vol. 38, No. 3 (September 1969), pp. 312 – 326.

[189] Todd M. Johnson, et al., Christianity 2011: Martyrs and the Resurgence of Religion, *International Bulletin of Missionary research*, Vol. 35, No. 1 (January 2011), p. 29.

[190] Veselin Kesich, The Orthodox Church in America, *Russian Review*,

Vol. 20, No. 3 (July 1961), pp. 185 – 193.

[191] Viktor Fischl, *Moscow and Jerusalem: Twenty Years of Relations Between Israel and the Soviet Union*, London and New York: Abelard-Schuman, 1970.

[192] Vladimir Wozniuk, ed., *Understanding Soviet Foreign Policy: Reading and Documents*, New York: McGraw-Hill Publishing Company, 1990.

[193] Vojtech Mastny, *Russia's Road to the Cold War. Diplomacy, Warfare, and the Politics of Communism*, 1941 – 1945, New York: Columbia University Press, 1979.

[194] Walter A. McDougall, Promised Land, Crusader State: The American Encounter with the World Since 1776, Houghton Mifffin Company, 1997.

[195] Walter LaFeber, "The American Search for Opportunity, 1865 – 1913", in Warren I. Cohen, ed., *The Cambridge History of American Foreign Policy*, Vol. Ⅱ, Cambridge: Cambridge University Press, 1993.

[196] Walter Le Feber, *America, Russia, and the Cold War*, New York: McGraw-Hill, 1967.

[197] Walter Russell Mead, God's Country? *A Journal of Theology*, Vol. 47, No. 1 (Spring 2008), pp. 5 – 15.

[198] Wassilij Alexeev, The Russian Orthodox Church 1927 – 1945: Repression and Revival, *Religion in Communist Lands*, Vol. 7, No. 1 (1979), pp. 29 – 34.

[199] William A. Williams, *The Tragedy of American Diplomacy*, Cleveland: World, 1961.

[200] William B. Husband, Soviet Atheism and Russian Orthodox Strategies of Resistance, 1917 – 1932, *Journal of Modern History*, Vol. 70, No. 1 (1998), pp. 74 – 107.

[201] William C. Fletcher, *A Study in Survival: The Church in Russia*, 1927 – 1943, New York: The Macmillan Company, 1965.

[202] William C. Fletcher, *Religion and Soviet Foreign Policy*, 1945 – 1970,

New York: Oxford University Press, 1973.

[203] William. C. Wohlforth, Ideology and the Cold War, *Review of International Studies*, Vol. 26, Issue 2 (April 2000), pp. 327 – 331.

[204] William Howard Melish, Religious Developments in the Soviet Union, *American Sociological Review*, Vol. 9, No. 3 (June 1944), pp. 279 – 286.

[205] William H. McNeill, *America, Britain and Russia, Their Cooperation and Conflict* 1941 – 1946, London: Oxford University Press, 1953.

[206] William Inboden, *Religion and American Foreign Policy*, 1945 – 1960: *The Soul of Containment*, New York: Cambridge University Press, 2008.

[207] William Martin, The Christian Right and American Foreign Policy, *Foreign Policy*, No. 114 (Spring 1999), pp. 66 – 80.

[208] Williamson Murray, Alvin Berntein, MacGregor Knox, *The Making of Strategy: Ruler, States, and War*, New York: Cambrige University Press, 1994.

[209] Winston Churchill, "The Sinews of Peace", in Mark A. Kishlansky, ed., *Sources of World History*, New York: Harper Collins, 1995, pp. 298 – 302.

[210] X, The Sources of Soviet Conduct, *Foreign Affairs*, Vol. 25, No. 4 (July 1947), pp. 566 – 582.

[211] Xu Yihua, "Religion in Current Sino-U. S. Relations", in Douglas G. Spelman, ed., *The United States and China: Mutual Public Preceptions*, Washington, D. C.: Woodrow Wilson international Center for Scholars, 2011.

[212] Y. Golbet, *Political Geography and the World*, London: George Philip, 1955.

[213] Yosef Lapid and Friedrich Kratochwil, eds., *The Return of Culture and Identity in IR Theory*, Boulder: Lynne Rienner, 1996.

[214] *The New York Times*, March 12, 1948.

[215] *The New York Times*, April 13, 1948.

[216] *The Washington Post*, March 11, 1948.

[217] *The Washington Post*, April 10, 1948.

附录一　关于美国信息交流项目中道德与宗教因素的报告

1951年6月22日

Ⅰ. 问题

制定一种政策以应对美国信息交流项目中的道德与宗教因素。

Ⅱ. 目标

A. 增强外部世界对美国人生活中道德与宗教力量的历史与持续影响的了解。

B. 基于我们信仰的共同要素，促进与所有珍惜道德与精神价值的民族的相互尊重与相互理解。

C. 赢得所有民族的合作以捍卫道德与精神自由，反对共产主义者极权主义的威胁。

Ⅲ. 讨论

世界的发展把美国推到了世界领导的位置上。我们面临的一个问题是需要在我们的道德与精神能力方面树立信心，以符合这一领导地位的职责。此外，要唤醒世界各地珍惜道德与宗教自由的人们，使他们认识到需要反对极权主义对自由的侵犯。

欧内斯特·格罗斯先生（Mr. Ernest Gross）注意到，"自由世界寻求建立的力量有四个维度：军事的、政治的、经济的和道德的"。黎巴嫩哲学家、政治家查尔斯·哈比比·马利克（Charles Habib Malik）也表达了相似的思想。他说，如果苏联被引诱改变其共产主义理论与实践借以与西方和平相处的话，他们必将面临四个棘手的、难以简化的规则，也就是说，权力均势、正义均势、思想均势与精神均势。本文正是要讨论这四个规则。

当我们进行政治建设、军事建设和经济建设时，总体外交要求我们绝不能忽视道德与精神力量的建设。物质力量不能替代精神与信仰。

为达到"精神均势",有三种东西是必须的:(a)我们必须使他者相信我们自己道德与精神力量的持久力与可靠性;(b)我们必须使他者行动起来,以捍卫道德与精神自由;(c)在维护道德与精神价值时,我们必须利用与他者共享的利益以巩固所有珍视这些价值的民族之间的友谊和相互理解。

以下原因导致国外民众质疑美国的道德与精神资源:一方面,我们是嫉妒(envy)、恐惧以及妒忌性的批评(其通常以弱者对强者的情绪化态度为特征)的牺牲品。历史以及其自身的经历导致他们恐惧被辱骂的强国。与此同时,我们的敌人,特别是共产主义者,正在尽其所能激起反对我们的情绪。

但是不能把这些批评性态度的所有责任都推到他者身上。作为我们新角色的一种结果,聚焦在美国身上的强烈兴趣正产生一种贬损我们生活与制度的情势,而这在以前常被忽略。在国外,人们能够接触到的美国动画片和出版物常助长这种歪曲美国形象的观点。一些美国人在国内外炫耀我国资源、个人财富以及有幸生于美国的行为都导致了批评。美国人在国外的奢华生活激起了批评性的反应。进一步的事实是美国人自己很少与他们所生活社区的道德与宗教势力发生联系。这些道德与宗教势力倾向于得出这样一种刻板印象,即美国人是物质主义的,很少或不关心道德与精神价值。

一个信息项目不能改变美国人生活的事实,但是它能恰当地判定遭到贬损的方面,有助于纠正那些遭到误解的看法,并有助于充分地理解我们生活与制度中的道德与宗教价值。美国人生活中不好的方面不应被否认和掩盖。同样,也不应有不诚实的和虚假的宣传。其他民族也有问题。我们试图去展示的观点不应是我们已经实现的乌托邦,而应是很多人经过规划、实际行动能够实现我们和他者已实现的成就。然而,我们绝对不能允许有关我们社会病态的作品使人们的注意力偏离了具有代表性的和最好的作品。毕竟,这些具有代表性的和最好的作品对国外民众更为重要,而且商业性媒体通常很少涉及。我们也必须牢记在心的是,人们不仅对我们做了什么感兴趣,而且对我们生活于其中的原则感兴趣,即使我们的行为可能缺乏理念。国外对美国人生活、哲学和宗教的许多方面都不太了解。这是我们应该试图解释的地方。

为了清楚阐明经常被解释为与宗教、道德和精神价值无关，但事实上却是精神、宗教自由表现的问题，需要解释的一个基本事实是美国的政教关系。这对那些并不存在相似的政教分离制度的地区特别适用。这将有助于解释诸如某些教会控制下的大学拒绝政府援助、关于给予教区学校政府援助的长期论战等问题。通过证明在海外的美国学校、医院等的非官方地位，将有助于消除它们为美国政府代理人或为某些人的代理人的指控与怀疑。宗教观念作为一种至关重要的力量，在个人实现其结果的精神中起作用，但是它和其他道德说服一样没有制裁能力，需要通过解释来揭穿共产主义者关于"宗教是人民的鸦片"指控的虚假性，澄清美国境内的宗教力量不在政府的控制之下，解释宗教作为一种潜移默化的和有影响力的力量如何成为美国人生活中的一种强有力的组成部分。

必须小心翼翼地表明这种政教分离无论如何也不意味着与他者不能相容或对他者有敌意，也不意味着会妨碍政府与宗教组织合作。然而，它确实会避免国家对宗教组织的侵犯或利用，反过来它也否认宗教组织对政府机构拥有权威。

对很多美国制度的准确解释需要涉及道德与宗教的原则与动机。我们的教育体系、医院与公共卫生项目、法律、政治制度、适用于家庭和所有社会机构中的民主等在某种程度上都受到我们的道德和宗教遗产的影响。正如不考虑印度教就不能理解印度、不考虑伊斯兰教就无法理解中东、不研究孔教就无法理解中国一样，外国人不了解我们的精神背景也无法理解美国的制度。

使道德和宗教的思想与制度永存的方式为解释美国人生活的很多方面提供了极大的可能性。重点应放在各种正式的道德与宗教训练，如家庭、主日学校、各种青年组织、青年训练营和青年会议；数百万平信徒花费大量时间参加类似活动的事实；在美国大学中，对伦理、哲学、宗教的各种非专业性研究的强调或多或少对美国来说是特别的。平信徒对在生活中参加各种激发基督徒思想和行动的早餐俱乐部、午餐会团体、公共论坛等有相当大的兴趣同样也是真实的。美国人生活的很多方面都不能只有简单的解释，但是目前也没有很多机会解释这些基本的概念，如私有财产、权利平等、民主、个体对社会的义务、作为权利必然结果的责任以及作为我们社会秩序的其他基石。

最后，我们在信息交流项目中对美国人生活的道德与宗教方面的忽视与我们对军事力量、物质财富和经济权力的强调助长了我们刚才所提出的他者对我们的刻板印象与误解。美国政府不应鼓吹某一宗教信仰，但如果外国人想了解美国，我们必须使他们意识到美国人生活与制度中的道德与精神动机。

这同样也适用于美国的外交政策。如果撇开道德与宗教考虑，那么将很难解释和理解美国的很多外交政策。对外援助计划属于这一类别。人道主义源于这一原则，即个体和团体两者都为其"邻居"的福利担负一定责任，这被人们和政府用来证明对外援助的正义性。我们倾向于认为这一具有普世性的概念事实上与很多群体的经历相异，特别是与拥有数亿人的亚洲大陆的经历相异。在亚洲，人们坚持认为苦难是对之前所做错事的一种惩罚，受害者应顺从这种磨难以祈求在来世获得更好的生活。尽管印度教——佛教的教义正在衰落，但其被广泛接受说明需要考虑到目标群体的观念。

在许多非官方的项目与计划中需要特别注意道德与宗教动机。在非洲和亚洲的数百所学校和大学，大量的医院和医务室，众多的技术学校、农业和工业项目、救助活动等，只能以源于道德与宗教信念的恻隐之心来解释。而没有其他民族强调对外援助与救援，也是具有重大意义的。美国教会对"对外使命"的强调在很大程度上可以解释这些关切。

如果欧洲人考虑到大量美国人在中国及远东从事的人道主义服务，他们就能更好地理解美国对中国及远东的态度；那些作出人道主义贡献的数百万人对他们自身有个人的兴趣，听到很多有关他们的表示怜悯的讨论；这些人中的许多人现今身居美国新闻、工业、政治和政府等领域的关键位置上。

一般来说，同美国人有过接触的外交人员对我们都是比较友好的，这一点是令人鼓舞的事实。国内外美国学校毕业的毕业生、曾是美国医院的病人或雇员、在美国学校任教的教师，以及以这种或那种方式与美国人有过紧密合作的个人，在国外都是我们最忠诚的朋友。这也适用于所有那些与美国有共同宗教信念的所谓非基督教国家。不同大洲上基督徒之间的关系是在种族间和国家间培育相互理解和紧密关系的一个明显例证。顺便提一下，为了维持同国外的友谊以及建立新的友谊，我们必须关注非洲和亚洲的基督教少数群体。尽管在非苏联的亚洲，只有2%的人是基督徒，但其相对较高的教育程度比那些普通大众更有可能获得领导地位。然而，他们与基督教世界的联系倾向于使他们成为共产主义者和以共产主义为参照的活动分子的目标。因此,需要把他们牢记在心,但无论如何也不能把他们单独挑选出来,这是十分重要的。因为,那样的话,会导致他们落入掌权者手中,给予掌权者迫害他们的正当理由。

美国的平衡规划,或者促进对美国人生活和制度(包括道德与精神方面)充分理解的项目是不足的。如果要有效地应对共产主义的威胁,一种道德与精神攻势是必须的。

正如马利克博士所表明的那样:"共产主义宣扬摒弃上帝……共产党人……从情感上被剥夺了人性……与其神圣的出身和命运相分离;否认给予其接近真理的精神原则,而真理赋予其良知与渴求善行的意愿,这种善行赋予其心爱的权力;毫无希望地禁锢这冲突与失落的世界,到处聚焦其所有希望,到处建立其天堂……它只是一个没有持续性的幽灵,一个没有本质的或最后价值的碎片。"

"共产主义不但是一个在西方的信仰下不断变化的总的教条,而且从战争与和平的观点来看,它是一个绝对的国家……通过武力和颠覆以及诡计向全世界扩展其世界观、制度和权力。"

马利克博士宣称,要对付这种力量,物质性武器是不够的,我们必须建立一种"精神力量的均势"。"如果满足世界各地诚实的人们的精神需求,将能挖掘或创造出一种平衡好斗的共产主义信仰的、源于信仰的力量。"其关于复兴西方世界精神生活的建议是中肯的。事实上,这一点极其重要。没有这一点,有些人可能会质疑我们美国为履行世界领导责任而正在发展的个性力量以及必要的道德持久力的可能性。但是实现这一结果的各种必要行动在美国政府内是极其少见的。必须赋予各种非官方机构以发现或创建这种必要信念的责任。但是我们必须考虑和赞美那些努力工作以捍卫和促进过去四千年的思想、精神和名人的人们的努力,或通过公开支持,或提高某种形式的物质援助(如为之提供某种形式的必需品、教授其使用某些材料、为其提供旅游与研究便利)。这种支持必须谨小慎微,避免损害私人组织的有效性,或者超越政府功能的界限;但是在决定资助哪些个人或团体时,应先认定动机并评估可能的后果,这样我们才能在发展道德与精神力量方面提供资助。如果我们国家的领导人适当地注意自身的言辞与行为以使其在精神、道德和哲学问题上有尽可能深远的影响,那么我们将会得到大量的支持。通过演讲、参与适当的项目、会议、活动、宗教服务等，或通过褒奖值得表扬的行为和行动，以及相似的手段，政府官员能凭借直接行动或间接给予他们支持而促进这些目标的实现。

因此，我们的讨论一直局限在犹太教—基督教传统的道德与精神价值方面，且目标局限于那些对实现我们目的方面基本友好的目标。只要我们把我们的目标群体限制在那些喜欢伦理标准或宗教信仰的人群，而不管他们的种族或国籍，我们就拥有基于共同传统之上开展行动的大量措施。但威胁波及所有非共产主义宗教与哲学，威胁到所有大陆上思想与精神的自由。因此，必须在一个相对广泛的战线的基础上开展反击。这一种同心协力的努力意味着不同寻常的困难。共产主义在同这种机构联合与单一目的的对抗中拥有优势。因为，反对派不仅是分裂的，而且因意识形态与利益的内部冲突而被削弱。在多元要素之间建立"精神均势"的问题在很多方面与把主权国家联合在一个防御体系下的政治问题相一致。因为，其成功与否更多地依赖人们的信念而不是政府，要处理的议题也许更多地根植于民族主义，因此这更为艰难。

如果我们能首先思考必须避免的隐患，我们就能更有信心地应对这一问题：

第一，我们必须避免冒犯任何宗教团体。考虑到穆斯林、印度教徒、佛教徒，以及其他宗教徒的敏感性，这需加倍谨慎。

第二，我们必须避免任何改变他者宗教信仰的表现。鉴于我们已经被指控通过信息交流项目、第四点计划以及其他社会经济项目暗中破坏其他民族的社会制度，批评之声自然会出现。但那是一个判断力的问题，而不是不作为的理由。

第三，我们必须避免任何试图利用他者宗教来服务自身目的的表现。穆斯林已经对我们期望利用他们在基于其宗教信仰的基础上反对共产主义的行为表达了怀疑。为反对共产主义，以任何方式利用佛教、印度教和伊斯兰教的努力，或引诱这些宗教的成员去诠释他们的信仰，或使之采取与其基本教条不相符的方式行动，都可能会导致对类似提议的发起人的暴力回应。此外，缺乏对他者宗教的尊重可能很容易被理解为对自身宗教信仰愤世嫉俗的一种象征。

总之，我们必须避免任何被理解为干预他者宗教或为了隐蔽的目的试图"利用"他者宗教的行为。

在积极的方面,我们应试图把所有遭到共产主义威胁的人们联合进一个更大的道德和精神攻势中:第一,保护我们的几种信仰;第二,建立世界范围内的道德与精神协会和友好互信会。尽管在天主教徒、新教徒、东正教徒和犹太教徒之间存在基本的不同,但基督教信仰和犹太教信仰能为建立一种联合的努力提供一个广泛的基础。

然而,伊斯兰教、佛教、印度教、孔教(Confucianism)和神道教(shinto)也提供了不少受限的机会。事实上,几乎没有多少要素是相同的,但是那些相同的要素应被充分地利用。这些共同的要素包括:良知自由,尊重生命,尊重人文精神,承认个性及其不可剥夺的权利,对邻居的爱,信任,诚实,忠诚于自己的信仰,精神的优越性,等等。这些领域十分广泛,每一种情况都能唤起特别的考虑,但是总的来说在发现与信奉其他宗教信仰的人们之间的共同利益方面存在一个很广阔的空间。

探寻所有宗教的某个共同特征是不必要的。形成一个普世的折中主义(eclecticism)不是我们的目的。在应对具有特殊信仰的群体成员时,一个能被任何一个次群体共享的原则可能更为有用。在那里,不存在协议,需要探寻的是相互理解与尊重,而不是教条的改变。

这种精神攻势的更进一步的目标是加强国外非共产主义者抵制和回应共产主义威胁的决心。这需要细心。这种意识并不是已经存在,第一步应是确立有关这种威胁的本质的事实。因为共产主义的战略是向每一个地区都提出被精确计算的以唤起当地人不满的观念(通常是经济或政治领域的问题),并忽略他们意识形态中没有被完全接受的方面,而且并不是所有民族都意识到良知、信仰、宗教实践甚至是被共产主义强加的思想控制所产生的受限制的情形。苏联的隔离与宣传掩盖了这些事实,传播了苏联宗教信仰自由的虚幻景象。如果使非共产主义者相信共产主义不是一种规定的意识形态,而是对精神与宗教自由、所有宗教的自由、甚至是依附于宗教的权利都产生了巨大的威胁,那么生存以及使个体与群体的道德与精神价值永存的意愿将足以迫使其抵制共产主义。为克服某些人不愿意承认这种危险,我们必须使人们注意到共产主义的某些教义,指出其内在的虚伪性与矛盾,说明接受共产主义后的不可避免的灾难性后果:例如,对宇宙与历史的不容置疑的唯物主义解释,这毁灭人性,直接导致仇恨,并把暴力作为实现结果的一种手段;否认思想、精神、甚至行动自由权利并使身心都成为奴隶的极权主义;共产主义伦理否认基本的原则,如正义、怜悯、容忍、信任以及爱心；信奉暴力而不是智力作为解决非正义的途径；等等。不必使其相信每一点以确保使其抵制共产主义。如果生死攸关，一点足矣。对于每一位观众，这些要点应被精心挑选。为建立对共产主义的抵制，必须要做的事情之一是建立一种与共产主义意识形态完全无法调和的观念。如果这一观念被接受，那么就创建了反对共产主义的难以打破的心理防线。

一个多元世界秩序（每个人都有权坚持自己的哲学与精神自由，只要其尊重他者的类似权利）的哲学常比一元的、教条的意识形态更难"接受"。特别是当后者受到不择手段的强有力支持时。但是当可能的受害者充分意识到其"必须在一个不同的人类精神可以共存的世界与一个试图摧毁所有精神价值、奴役人类的无情的极权主义世界之间作出抉择"时，面对侵略性的极权主义力量，成为多元世界秩序弱点的多样性则成为其力量之源。

总之，面对要求我们必须付出最大努力的形势，总体外交要求我们必须利用我们的精神资源，而不只是利用军事、政治与经济资源。我们必须利用每一种资源以在美国的道德与精神资源与持久性方面建立信心；培育国际、种族间和宗教间的相互理解；团结所有珍惜精神自由的人们，坚决维护遭到共产主义侵犯的自由。

IV. 建议的行动

A. 所有信息交流项目、计划和作品应给予适当的认可，以显示美国人生活与制度中道德与宗教价值的重要性。

1. 应对道德与精神的力量和观念在形成美国人的生活与文化中所起的历史性影响和持续性影响作深思熟虑的解释。

2. 在介绍当代美国制度时，应适当地关注影响或形成这些制度的道德与宗教因素。（相关主题如教育、社会立法、社会服务活动与项目、提升教育的私人基金会的工作、对受难者的救助、卫生与教育项目、青年活动、提供机会以进行类似治疗的许多其他项目。）

3. 如果有关于人物生平的传记故事需要报道，那么应将之包含在关于道德与宗教活动的信息中。

4. 虽然有关道德与宗教主题的特别项目或计划是令人满意的，但道德与宗教要素应被视为是美国人生活与制度中固有的和基本的组成部分，而不是与它们相割裂的。

5. 所有项目、计划、作品的总体论调应给予特别的注意，以确保它们恰当地表达了道德与宗教考量。

B. 应该报道美国道德与宗教生活中一些有新闻价值的进步：例如，宗教团体的国际与国内会议；出版的有关道德、哲学和宗教的重要著作和论文；宗教组织的具有重大意义的决议或行动；国家领导人关于道德与宗教的公开声明；宗教组织发起的援助或社会行动项目；律师关于宗教主题的声明；等等。包含有关道德与宗教条款或章节的报纸杂志适于报道这一类型的问题。

C. 应该利用宗教领域的宗教节日、国家会议、纪念日以及其他值得注意的事件，以凸显美国人生活中的宗教作用。

D. 可以借目标团体的节日或宗教假日之机表达对其社会与宗教制度的兴趣。

E. 努力通过作品或个人联系鼓励宗教信仰自由与良知自由。特别要努力显示对他者道德与精神价值的绝对尊重，在维持宗教独立和良知自由方面培育一种拥有共同利益的意识。

F. 应以一种实事求是的、不带感情色彩的方式把共产主义的唯物主义意识形态、共产主义的不宽容以及无道德原则的行为方式指出来。

G. 不要长篇大论地表扬对信仰、道德魄力以及类似价值的忠诚。显示遭受共产主义压迫的个人经历将是特别有用的。

H. 应保持对其他民族宗教或哲学的尊重与理解的态度。

I. 其他民族通过观察与之接触的美国人，进而形成对美国人生活与制度的态度。驻扎在国外的美国官员应意识到对其所居社区的伦理与道德生活表示感兴趣十分重要，同时也可借此展示自身文化中的道德与精神传统。

J. 某一给定领域的所有信息交流项目的作品都应被仔细地审查，以看其是否适于实现总体目标。

K. 应充分考虑各地对道德与宗教事件的态度和反应，以避免产生冒犯。

L. 在基于内在价值，而不涉及一些外部权威的基础上讨论道德、伦理和宗教观念和项目时，尽可能避免贴上实际的、宗教的和教条似的标签。例如，诚实是一种美德，而不只是"基督教"或"犹太教"的一种美德。

M. 对有助于实现这一声明目标的主题开展一系列的宣传运动。

N. 制定利用优秀人才的计划以想出关于民主的有用分析以及有助于解释民主的哲学、精神自由的意义等的草案。

O. 通过规划的步骤逐步介绍新的项目、材料和计划，以避免被视为一种斗争的表现，并随着项目的进展，允许对每一措施进行评估。

警告

A. 避免任何话语或行动被解释为对他者道德与宗教价值的不友好、不关心、不体谅。

B. 避免被解释为宣传某些宗教的任何东西。

C. 避免对比宗教制度或教义。

D. 避免宣传任一教派的教义。就此而言，不宣传任何教义。

E. 避免过于强调美国人生活中的道德与宗教因素，比如强调超出事实依据的东西。

F. 避免任何自以为是的语调，或者暗示我们在宗教真理上拥有垄断权。

G. 避免向某一民族显示我们认为他们与我们一样。例如，我们不应向以色列过于显示犹太教对美国人生活的影响，或天主教对拉丁美洲的影响，这是因为目标群体可能对这些方面感兴趣。我们对美国人生活的规划应保持平衡。这将是保持宗教自由与宗教宽容的一种方式。

美国国务院
负责公共事务的助理国务卿
政策建议小组

档案来源：杜鲁门图书馆—杜鲁门文件—心理战委员会档案—00396SX

附录二 卡尔波夫致苏联人民委员会斯大林同志的报告

1945 年 3 月 15 日

按照莫洛托夫同志今年3月2日的指示，苏联人民委员会东正教事务委员会就天主教会和东正教会之间的相互关系以及教廷与俄罗斯东正教会过去的外部关系问题进行了初步研究，现就这一问题提供一些简短的材料和我的意见供您参考。

除了教条式的差异，东正教会和天主教会之间的主要区别在于东正教会有自己的公共教堂、信众群体，东正教会通过神职人员的帮助来实现自己的宗教道德目的，而罗马天主教会是种姓制度的神职人员组织，其信众无权参与教会生活。

众所周知，全世界罗马天主教会的权力都集中在一个人手中，即罗马教皇，他被看作基督在地球上的代理人。

东正教会没有全世界统一的宗教和行政中心，它是在教会大公原则（大公地方议会）基础上的国家独立教会的联盟。

普世传统认为君士坦丁堡牧首是平等的东正教主教中提出教会教条特点问题的第一人。

与此同时，东正教会自身的活动受宗教道德限制，罗马天主教会为将宗教和世俗权力集于一身在其整个历史中在任何情况面前都没有停止过斗争。

东正教会和天主教会的这些外部关系表明，二者无论在形式上还是在内容上都有所不同。

东正教会，特别是俄罗斯东正教会在其他国家不具有也不能有自己的外交代表，而罗马教皇，即梵蒂冈君主在其他国家则有自己的外交代表。

1870年教皇失去了领地和世俗权，通过教皇固执地坚持，在半个多世纪后通过与墨索里尼的法西斯政权结盟（拉特兰协议）终于于1929年恢复了失去的权力，教皇恢复了在梵蒂冈的世俗权，通过加强法律坚持不懈地努力到今天。

与法西斯政权的政治联盟加强了教廷的亲法西斯活动，这种情况在战争期间尤为突出。

罗马天主教会在对世界统治权的追逐过程中试图将东正教会纳入天主教会，这引发了持久不断的斗争。

在这场斗争中最著名的是东仪天主教会，罗马天主教会通过东仪天主教会成功地将乌克兰西部的一部分东正教徒纳入天主教会。

罗马天主教会把东仪天主教会看做是将西部地区居民从俄罗斯分离并完全纳入天主教会的过渡阶段。

俄罗斯东正教会以往在国内没有系统的采取有组织的斗争，除了主要分布在西部地区的组织，俄罗斯东正教会还在教堂和修道院设立了东正教联盟，用以加强东正教会在这些地区的宗教教育、传教和慈善目的。

根据主教公会材料的记载，到1914年一共有700多个主教辖区和教区联盟。最大的联盟是：华沙、明斯克、维尔纳、格罗德诺、霍尔姆斯克、莫吉廖夫、布列斯特—里托夫斯克、里加、里堡。

俄罗斯东正教会在俄罗斯境外也没有同天主教会进行斗争，它也没有为自己设定这样的任务。因此，它没有利用出现在罗马天主教会内部的旧天主教会来抗议教廷，而是同罗马教廷决裂。与天主教相比，这点更符合东正教。

俄罗斯东正教会在国外的活动缩减到只通过依附于大使馆、大都市中的传教机构与欧洲、亚洲、美洲一些大城市的东正教教堂来为海外的东正教徒服务。

在罗马、柏林、巴黎、伦敦、维也纳、布鲁塞尔、斯德哥尔摩、哥本哈根、布加勒斯特、北京、东京、德黑兰、布宜诺斯艾利斯以及世界上的一些其他城市都有东正教教堂。东正教最高议会材料显示，在1912年国外共有55个东正教教堂。一些海外教会以宗教道德和慈善为目的创立了慈善救济机构。

亚洲和美洲有东正教的宗教传教机构，其任务是通过慈善活动在异教徒和非正统居民中传播东正教。这些宗教机构坐落于中国、日本、朝鲜和北美。

耶路撒冷宗教传教机构在中东起到了重要的作用，1882年成立的俄罗斯皇家巴勒斯坦协会通过该机构进行活动。耶路撒冷传教机构和巴勒斯坦协会为朝圣者服务，并通过加强东正教在这些地区的影响来反对天主教。

综上所述，俄罗斯东正教会过去并没有用足够的力量来与天主教会抗争，现在它可以也应该在与已走上维护法西斯主义道路和企图将自己的势力伸入战后世界体系的罗马天主教会（和反对东仪天主教会）的对抗中发挥重要作用。

为了与教廷作斗争，除了东正教会之外，还应该利用与罗马天主教会相抗衡的旧天主教会。

苏联人民委员会东正教事务委员会认为可以从以下建议着手：

（1）采取措施让苏联的希腊天主教教区（东仪天主教教区）脱离教廷，随后使其加入俄罗斯东正教会。

为达到此目的，可采取以下措施：

a）在城市利沃夫建立东正教教区，赐予其主教利沃夫主教和捷尔诺波尔主教封号，用以团结利沃夫、斯坦尼斯拉夫、多罗毕其和捷尔诺波尔地区的东正教区。

b）赋予该教区主教和神职人员开展传教工作的权利。

c）从希腊天主教堂（东仪天主教堂）中选出一座作为大教堂受利沃夫教区差遣。

d）在克列缅涅茨、捷尔诺波尔地区巩固波恰耶夫修道院，将修道院院长设为利沃夫教区的副主教。

e）以牧首和俄罗斯东正教会主教公会的名义向牧师和东仪天主教信徒发出特别号召并在东仪天主教区广泛传播。

f）在东仪天主教会内部组织倡导郑重声明与教廷决裂，并征召东仪天主教会牧师过渡到东正教会。

（2）在苏联西部地区利用旧天主教组织对反对教廷和罗马天主教会采取的其他措施：

a）寻找机会在拉脱维亚和立陶宛组织旧天主教倡导人，将其看作教廷的反对派，支持并巩固他们的地位，向他们提供教堂、器具等。

b）帮助苏联的旧天主教组织和其他国家的旧天主教组织建立联系。

c）在里加、维尔纽斯、格罗德诺、卢茨克、利沃夫和切尔诺夫策这些城市成立东正教联盟，赋予它们进行传教和慈善活动的权利。联盟的主要任务是巩固东正教会和对抗天主教会。

（3）采取措施加强俄罗斯东正教会在国外的影响：

a）采取措施结束波兰东正教会的自治权，让其完全加入莫斯科牧首区牧首管辖的教区。

b）根据巴里（意大利）的俄罗斯东正教区和神职人员发出的请求，

将其纳入莫斯科牧首区。向巴里派遣莫斯科牧首区的代表。

c）根据穆卡切沃—普雷绍夫（乌克兰喀尔巴阡地区）东正教区的集体愿望和塞尔维亚东正教主教公会的同意，将穆卡切沃—普雷绍夫东正教区纳入莫斯科牧首区。为此可将穆卡切沃—普雷绍夫东正教区主教弗拉基米尔从贝尔格莱德请到莫斯科，然后再将其派往穆卡切沃。

d）加快都主教叶夫洛基由巴黎回到莫斯科的步伐。叶夫洛基都主教是欧洲地区东正教会的领导人，他表达了回归莫斯科牧首区的愿望。如果协议达成，莫斯科牧首区仅在法国就将拥有 57 个教会，此外，在英国、捷克、瑞典、澳大利亚、阿尔及利亚和摩洛哥还有一些教会。

如果叶夫洛基因病不能前往莫斯科，也可以请他的副主教——弗拉基米尔大主教到莫斯科来。

同时还要把在法国领导四个东正教区的修道院院长斯蒂芬·斯韦托扎罗夫和领导巴黎圣佛提教会会馆和联盟的大司祭洛斯斯基从巴黎请到莫斯科。现在两者都在书面上表达了与俄罗斯东正教会重新合并的愿望。

e）在今年 5 月派教会代表团访问英国，代表团一行 3 人以都主教尼古拉为首，作为对约克大主教访问莫斯科的回访。

该代表团的主要任务是试探在伦敦建立俄罗斯东正教区的基础，并与坎特伯雷大主教就英格兰教会参加世界基督教会代表会议问题进行商讨。

f）俄罗斯东正教主教公会可能会通过苏联外交人民委员会提出恢复以前国外的使馆东正教堂，首先要恢复的就是法国、意大利、匈牙利、捷克斯洛伐克、南斯拉夫、保加利亚、希腊、瑞典和巴勒斯坦的使馆教堂。

在恢复教堂建筑的同时，还要迅速建立依附于教堂的教区。为此，在必要的时候，莫斯科牧首区还应派遣牧师，最首要的是派遣教堂堂长。

这些教区应该以满足东正教信徒的精神需求和服务为己任，这意味着要在这些国家巩固东正教和普及莫斯科牧首区的声望。

随后，在这些教堂的基础上，可以恢复现今存在严重组织障碍的宗教传教机构。

g）为了使南斯拉夫、保加利亚和罗马尼亚的东正教会与俄罗斯东正教会的关系更为紧密，按照现有的邀请，在今年 3 月 25 日派出以普斯科夫和波尔霍夫斯克大主教格里高利为首的教会代表团一行四人赴索菲亚访问；派以基洛夫格勒和敖德萨主教谢尔盖为首的代表团一行五人赴贝尔格莱德访问；今年 4 月 5 日派以基希纳乌主教伊耶罗尼姆为首的代表团一行

5人赴布加勒斯特访问。

h）持有亚历山大和全非洲牧首克里斯托弗的邀请与安提阿和全东方牧首亚历山大的邀请，可以在今年夏天组织莫斯科牧首区牧首阿列克谢一世在副牧师随员的陪同下到中东国家（叙利亚、黎巴嫩、巴勒斯坦和埃及）进行访问。

回访的目的之一是调查在贝鲁特、大马士革、耶路撒冷、开罗和亚历山大组建俄罗斯东正教区的可能性，并与东方的牧首们商讨在莫斯科召开全世界基督教会代表会议的前提。

i）在俄罗斯东正教主教公会和全美菲奥菲尔都主教派遣的教会代表团所达成协议的基础上，派遣亚拉斯拉夫和罗斯托夫大主教阿列克在今年的5月至6月访问美国的全美东正教会。

如果菲奥菲尔都主教同意俄罗斯东正教主教公会的决议（菲奥菲尔代表团已赞同该决议），那么莫斯科牧首区将会在美国拥有自己的教区（督主教区），届时受莫斯科牧首区管辖的教会将由12个变成370个。

（4）组织全世界基督教会代表会议。

以对抗自以为拥有世界统治权的罗马教廷为目的，在莫斯科组织和举办全世界基督教会（非天主教）代表会议。

向俄罗斯东正教会建议召开该代表会议。

参加代表会议的首脑或代表可以来自以下教会：

东正教会：

俄罗斯东正教会、塞尔维亚东正教会、格鲁吉亚东正教会、君士坦丁堡东正教会、亚历山大东正教会、安提阿东正教会、耶路撒冷东正教会、保加利亚东正教会、罗马尼亚东正教会、希腊东正教会、芬兰东正教会。

非东正教教会：

奥地利教派旧教派教徒（苏联和罗马尼亚）、无宗派旧派教徒（苏联和美国）、科普特教会（埃及和埃塞俄比亚）、亚美尼亚格里高利教会（苏联、中东、巴尔干、法国和美国）、英格兰教会（大不列颠、美国和加拿大）、基督教新教和卫理公会（美国、英国、芬兰和苏联）。

此外，如果为了显示一些教会与俄罗斯东正教会的相互关系，这次代表会议还可以邀请旧天主教会（法国、美国、苏联）、世界浸礼会联盟（美国和英国）和福音派基督教（美国和苏联）的首脑和代表来参加。

在代表会议上可以做以下报告：

——完全站不住脚的天主教教条：罗马教皇是基督在世界上的代理人。

——圣经记载的教皇无错论教条。

——法西斯主义的反基督教理论。

——战前教廷的亲法西斯和反民主路线。

——战后教廷是希特勒主义的庇护者。

——苏联与俄罗斯东正教会，及英格兰教会与其他非东正教会在对抗法西斯的压迫时的同心同德。

——法西斯后起之秀"十字军远征军"对寺庙残暴毁坏。

——教廷企图干预战后世界组织。

本次代表会议的决议将会是世界所有基督信徒（非天主教）反对教廷活动和意图的重要抗议，毫无疑问本次会议将会在隔离教廷和降低教皇声望方面起到良好的作用。

为召开此次代表会议需准备5—6个月。

（5）其他措施：

如果政府赞成上述建议，还需要批准和采取以下措施：

a）在俄罗斯东正教会主教公会成立传教委员会，传教委员会将从事联盟和传教机构方面的工作。

b）为培养神职人员和传教士，按照莫斯科牧师神学课程的类型和大纲，在彼得格勒、基辅、明斯克、卢茨克、利沃夫和斯塔夫罗波尔这些城市开设宗教课程。

c）为了准备祈祷仪式书籍，给莫斯科牧首区和主教公会印刷其他出版物（现在是一个瓶颈），给予其开展海外传教活动的权力，允许莫斯科牧首区有自己的印刷厂与印刷机器。

在莫斯科为塞尔维亚教会、格鲁吉亚教会、安提阿和亚历山大教会各授予一所教堂，如同以前它们在莫斯科拥有自己的教会会馆一样。

为继续研究问题，恳请您就所提出的建议做指示。

苏联人民委员会东正教事务委员会主席：
乔治·格里高利耶维奇·卡尔波夫

档案来源：俄罗斯联邦国家档案馆6991—特殊文件1—卷宗29

后　　记

　　本书是在博士毕业论文基础上，经简单修改、完善而成的产物。在这一研究、写作的过程中，我得到了很多机构、老师、朋友、同学的帮助。若非如此，这本书的面世是难以完成的。

　　感谢复旦大学。复旦大学"博学而笃志，切问而近思"的校训，"文明、健康、团结、奋发"的校风，特别是"刻苦、严谨、求实、创新"的学风使有幸跻身于此求学的我受益匪浅，而本书的构思、写作、完善正是在复旦大学国际关系与公共事务学院求学期间进行的。感谢复旦大学美国研究中心和华东师范大学国际冷战史研究中心在我查询原始档案材料时提供的各种便利。作为国内外研究美国问题和冷战史的重镇，我在两处查阅到了不少美国与苏联的原始档案材料。感谢国家图书馆。作为国内规模最大的图书馆，馆内收藏了很多冷战时期美国与苏联的档案、著作、论文、缩微文献等文献资料。没有这些资料，就没有本书。感谢贵州师范大学历史与政治学院。作为一个中国西部院校的二级学院，学院在办公经费比较紧张的情况下，依然拿出一笔专项经费来资助青年教师出版学术成果，这种魄力至少使我这个"青椒"十分感激。

　　感谢恩师徐以骅教授。早在 2006 年 7 月，为帮助贵州高校中从事宗教教学与研究的青年学者了解最前沿的学术动态，先生积极联合亚洲基督教高等教育联合董事会（United Board for Christian Higher Education in Asia，简称 UBCHEA）在贵州师范大学举办了"中国基督教史研究"暑假讲习班，并力邀中国人民大学哲学与宗教系主任何光沪教授、中国社会科学院世界宗教研究所高师宁研究员加盟讲习班，为贵州高校的师生送去知识的雨露。先生的博学、睿智、儒雅以及高尚的人格魅力深深地吸引了我，并促使我为成为徐门弟子而奋斗。自入复旦大学求学以来，先生在学业、生活、工作上都给予了无微不至的关怀，使我这个"半路出家"的"土八路"成长为具备一定专业基础知识和研究能力的国际政治专业博士，让我们这些远离家乡的弟子深刻地感受到"如家"般的温暖。同时，本书的构思、框架的搭建、语句的润色等都是在恩师耐心细致的指导下完

后　记

成的。

感谢复旦大学的沈丁立教授、樊勇明教授、陈志敏教授。感谢三位教授在博士毕业论文开题、预答辩过程中给予的肯定与提出的诸多宝贵修改意见，学生从中受益匪浅。感谢博士论文的两名匿名评审专家和三名明审专家提出的宝贵修改意见，这些意见为论文的修改与完善指明了方向。本书的部分章节曾在《俄罗斯研究》、《太平洋学报》、《宗教与美国社会》（第十辑）、《贵州师范大学学报》（社会科学版）、《中国社会科学报》等报刊上发表。在这一过程中，得到了各期刊匿名评审专家及编辑诸多的宝贵修改意见。此外，本书的一部分还曾作为会议论文在外交学院举办的"第七届中国国际关系学会博士生论坛"上宣讲过，李少军研究员、苏长和教授、陈志瑞主编等提出了不少宝贵修改意见。在此，向诸位专家、学者表示衷心的感谢。

感谢涂怡超副教授、邹磊博士在博士论文选题、框架、措辞等方面提出的诸多宝贵建议。感谢罗辉博士、章志萍博士为博士论文写作提供的相关英文文献资料。感谢秦倩博士、林牧茵博士、赵冰博士、刘倩洁老师、史美林编辑等徐门的兄弟姐妹给予的关心与帮助。

感谢李因才博士、江宏春博士、左希迎博士、刘俊博士、杨紫翔博士、朱鸣博士、肖康康博士、John Lee 博士、甘德政博士、束必铨博士、朱耿华博士、徐瑶博士、康欣博士、西仁塔娜博士、甄妮博士等复旦的同窗好友，感谢各位在博士论文写作时提出的各种宝贵意见。同时感谢各位在学业与生活上对我的关心与帮助。这份友情我将永远铭记在心。

当然，最应感谢的是我的家人。你们的理解、支持与鼓励，是我最强大的精神支柱。

最后，感谢所有关心、帮助过我的亲人、朋友。

贾付强

2014 年 7 月 28 日于贵州师范大学